Be a Master of
Reading

펴낸이   김기훈 | 김진희
펴낸곳   (주)쎄듀 | 서울특별시 강남구 논현로 305 (역삼동)
발행일   2024년 8월 30일 초판 1쇄
내용문의   www.cedubook.com
구입문의   콘텐츠 마케팅 사업본부
        Tel. 02-6241-2007
        Fax. 02-2058-0209
등록번호   제 22-2472호
ISBN   978-89-6806-431-9
        978-89-6806-429-6 (세트)

천일문 독해

BASIC Explanation 설명글

저자

김기훈
現 ㈜쎄듀 대표이사
現 메가스터디 영어영역 대표강사
前 서울특별시 교육청 외국어 교육정책자문위원회 위원
저서   천일문 / 천일문 Training Book / 천일문 GRAMMAR
       첫단추 BASIC / Grammar Q / ALL씀 서술형 / Reading Relay
       어휘끝 / 어법끝 / 쎄듀 본영어 / 절대평가 PLAN A
       The 리딩플레이어 / 빈칸백서 / 오답백서
       첫단추 / 파워업 / 쎈쓰업 / 수능영어 절대유형 / 수능실감 등

쎄듀 영어교육연구센터

쎄듀 영어교육센터는 영어 콘텐츠에 대한 전문지식과 경험을 바탕으로
최고의 교육 콘텐츠를 만들고자 최선의 노력을 다하는 전문가 집단입니다.

오혜정 수석연구원   **한예희** 책임연구원   **장정문** 선임연구원   **구민지** 전임연구원   **정예영** 전임연구원
이누리 연구원   **변효진** 연구원   **박정원** 연구원   **김미정** 연구원

검토에 도움을 주신 분들

구대만 선생님(대치잇올스파르타)   권영진 선생님(경동고)   길성윤 선생님(길선생 영어학원)
김정은 선생님(조이력 영어학원)   김지연 선생님(송도탑영어학원)   박수진 선생님(서울 송파 이은재영어학원)
이선재 선생님(경기 용인 E-Clinic)   이헌승 선생님(아잉카아카데미)   한재혁 선생님(현수학영어학원)

마케팅   콘텐츠 마케팅 사업본부
제작   정승호
영업   문병구
인디자인 편집   올댓에디팅
디자인   윤혜영
일러스트   제니곽, 박하영
영문교열   James Clayton Sharp

이 책을 쓰며

천일문 독해 시리즈는 천일문 시리즈를 근간으로 하는 지문 독해 학습서입니다. 천일문 시리즈는 개별 문장의 정확한 해석을 학습 목표로 하며, 천일문 독해 시리즈는 **지문 독해 학습**을 목표로 새롭게 선보이는 것입니다.

이 시리즈를 준비하면서, 독해 학습 효과를 극대화한 **진정한 독해 교재**를 만들기 위해 깊이 고민하고 연구했습니다. 연구 결과를 책으로 구현하기까지, 알고 있던 독해 이론들을 다시 정리하고, 효과적인 독해 학습 방법에 대한 최신 논문들도 하나하나 검토했습니다. 또한, 킬러 문항 배제 정책 이후의 미묘한 출제 변화와 그것이 학생들의 오답률에 미친 영향을 꼼꼼히 분석하였습니다. 이러한 연구 활동은 학생들이 실제로 겪고 있는 어려움과 고민을 헤아리는 탄탄한 기반이 되었습니다.

학습 대상이 되어야 할 좋은 글은 무엇인지에 대해서도 생각해 보았습니다. 글쓰기의 궁극적 목적과 방향은 주제 및 요지를 정확하고 알기 쉽게 전달하는 것입니다. 대부분의 평범한 글은 이를 충실히 수행하므로 읽는 사람이 어렵지 않게 파악할 수 있습니다. 그러나 시험에 출제되는 일부 글은 그렇지 않습니다. 마치 어떻게 하면 이해가 어려울지를 고민하면서 쓴 것처럼 느껴집니다.

따라서 쉽게 읽히는 글이나 단순히 정보만 나열된 글은 고등학생들의 학습 대상이 아닙니다. 이러한 글은 아무리 읽어도 독해 실력이 잘 늘지 않습니다. 어휘의 표면적 의미(문자 그대로의 의미)만 알면 누구나 쉽게 이해할 수 있기 때문입니다. 집중적으로 학습해야 할 글은 **이해를 방해하는 요소가 있는 글, 논리 사고력을 키워주는 글**입니다. 이런 특성을 가진 120개의 지문을 엄선하였고, 이를 다시 수준에 맞게 다듬고, 길이 조정과 검수를 거쳐 각 30개씩 총 네 권에 나눠 실었습니다.

또한 일선에 계신 선생님들을 만나 뵙고 내부 구성과 요소들에 대한 조언을 반영했습니다. 그 조언들에 따라 연구원들과 함께 수정을 거듭하고 아이디어를 모았습니다. 방향이 정해진 뒤에는 원고 작업과 개선에 매진하여 선택지 하나에도 그 몇 배의 고민과 지난 집필 경험을 담았습니다.

힘든 과정이었지만, 한 지문, 한 지문 원고를 완성하면서 느끼는 만족감과 즐거움도 그만큼 커졌습니다. 어느새 출간을 앞두고 보니, 어서 빨리 학생들과 함께 나누고 싶은 마음 또한 커집니다. **진정한 독해력이 그 어느 때보다 중요한 시기**입니다. 이 시리즈가 학생 여러분의 독해 고민을 해결해 드릴 수 있으리라 믿습니다. 이 의미 있는 여정의 결과를 함께할 모든 학생 여러분에게 진심을 담아 응원을 전합니다!

저자

SERIES *COMPOSITION* 시리즈 구성에 대하여

좋아하는 장르의 드라마나 영화를 계속 시청하다 보면 전개가 익숙하게 느껴지고 결말, 때로는 반전까지 예측할 수 있게 됩니다. 그 이유는 로맨스, 코미디, 스릴러, 모험, 액션, SF, 판타지 등 장르마다 대중을 사로잡는 고유한 플롯(plot: 구성)이 있기 때문입니다. 예를 들어, 모험(Adventure) 장르는 주인공이 어떤 이유로 집을 떠나 다양한 고난의 여정을 거치며 성장을 이루고 돌아오는 이야기를 주로 담고 있습니다. 이 플롯을 알면 전개되는 내용을 더 잘 이해할 수 있고, 요약해서 전달하거나 기억하기도 쉽습니다.

학생들이 가장 많이 접하고 훈련해야 하는 글의 플롯은 아래 두 가지 유형입니다. 목표로 하는 시험에 가장 높은 비율로 등장하며, 교육적으로도 상당히 유용합니다.

 **Argument Passages: 주장글**
글쓴이의 주장(argument)을 담고 있습니다.

 **Explanation Passages: 설명글**
사실(facts) · 정보(information)를 설명합니다.

(좀 더 상세한 설명은 p. 12~13 Understanding ARGUMENT and EXPLANATION Passages 참고)

이 두 가지 유형의 전개에 익숙해지면 독해력이 탄탄하게 올라갑니다. 주제문과 세부 사항에 대한 이해력이 향상되어 자신감이 길러지고, 읽는 동안 생각이 이리저리 흩어지지 않고 핵심에 집중할 수 있게 해줍니다.

이를 위해, 일정 기간 한 가지 유형에만 집중하는 것이 필요합니다. 마치 좋아하는 장르를 계속해서 시청하면 플롯을 꿰뚫게 되는 것과 같은 이치입니다. 천일문 독해 시리즈는 한 권에서 한 가지 유형만 온전히 다루는 방식으로 하여 레벨 당 두 권으로 구성했습니다. 각 레벨의 두 권을 모두 학습한 뒤에는 다양한 글이 섞여 나오는 기존의 학습서를 어느 것이든 선택하여 학습을 이어가시면 됩니다. 지문의 평균 길이가 150~180단어이므로, 본인이 모르는 단어가 10개 이하인 것을 선택하는 것이 바람직합니다.

	BASIC A	BASIC E	ESSENTIAL A	ESSENTIAL E
글 유형	주장글	설명글	주장글	설명글
난이도	고1 (2, 3등급)		고2 (2, 3등급)	
병행학습	천일문 기본(BASIC)편과 병행 권장		천일문 핵심(ESSENTIAL)편과 병행 권장	

BOOK *COMPOSITION*

책은 다음 세 가지 요소로 구성되어 있습니다.

1. 본책

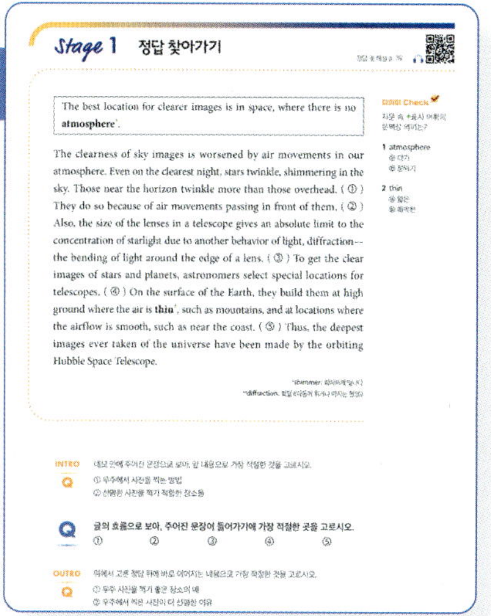

기출 간접 연계 지문을 수록했습니다. 소재는 유사하지만 내용이 다르므로 시험과 근접한 느낌으로 학습할 수 있습니다.

학평, 모평, 수능의 소재는 반복하여 출제되는 경향이 있습니다. 예를 들어, Richard Dawkins의 <이기적 유전자(The Selfish Gene)>는 2011~12년에 자주 출제되었고 2021학년도에 다시 등장했습니다. 최근에는 AI가 계속해서 출제되고 있습니다.

이 책을 가이드 삼아, 문제 푸는 것에서 한 발짝 더 나아가 소재에 대한 배경지식과 관련 어휘를 정리해 보세요. 실전에서 발휘할 수 있는 소중한 자산이 될 것입니다.

(좀 더 상세한 설명은 p. 6 Key Aspects & Applications (주요 부분과 활용법) 참고)

2. 함께 풀면 좋은 기출문제

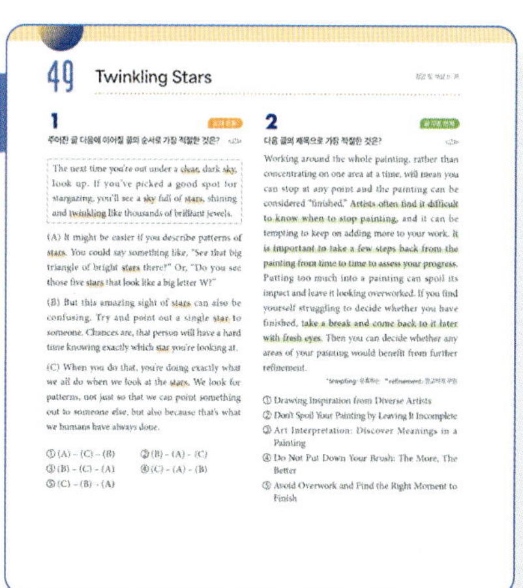

본책의 지문마다 연계되는 기출문제를 두 개씩 실었습니다. 지문 소재나 글 구조가 기출에서 어떻게 출제되었는지 알 수 있으며, 독해 학습법 중 하나인 narrow reading 으로 활용할 수 있습니다.

*narrow reading: 하나의 소재 또는 같은 작가의 글을 집중해서 읽는 학습법. 특히 어휘력 습득과 배경지식 증진에 도움이 됩니다.

3. 정답과 해설

직독직해와 각 문제에 대한 친절하고도 자세한 해설을 실었습니다. 맞은 문제라도 해설을 참고하여 자신의 추론이나 사고 과정이 올바른지 꼼꼼히 확인해 보세요.

일러두기 /, // 의미 단위 표시 ( ) 형용사구 [ ] 형용사절
- 일반적인 어구의 끊어 읽기는 /로 표시하였고, 절과 절의 구별은 //로 표시하였습니다. 다만, 더 큰 절 내의 부속절은 /로 표시하였습니다.

KEY ASPECTS *& APPLICATIONS*

54 Cooking

Food Science 식품학

요리는 음식을 만드는 일이라는 단순한 의미를 넘어
예술, 역사, 사회 등 다양한 학문적 관점에서 바라볼 수 있습니다.

요리사(chef)는 재료(ingredient)와 양념(seasoning)을
창의적으로 선택하고 조합하여 혁신적인 요리법
(cooking, recipe, cuisine)을 개발합니다.

이는 마치 예술가의 창작 과정을 보는 듯하게 합니다.

1. 핵심 소재 소개

지문의 소재와 배경지식을 간단히 정리했습니다. 소재와
관련된 핵심 기출 어휘도 함께 살펴볼 수 있습니다.

*지문을 읽고 문제를 푼 뒤에 살펴보는 방법도 있습니다.

Words & PHRASES

✦표시 되어있는
지문 속 어휘를
다의어 Check✔
에서 고르세요

☐ describe	묘사하다, 서술하다(= depict, portray)	• description 묘사, 서술 ▸ describe A as B A를 B로 묘사하
☐ refer to A✦	A를 언급하다; A를 지칭하다; A를 참고하다	
☐ innate	선천적인, 타고난(= inherent, inborn)	
☐ store	보관하다, 저장하다; 상점(= shop)	
☐ challenging	도전적인, 도전 의식을 북돋우는, 어려운; 저항하는	• challenge 도전; 도전하다; 이의 제기하다
☐ pass on to A	A에게 전달하다[넘겨주다]	
☐ underlying✦	(다른 것의) 밑에 있는; 근본적인(= fundamental); 잠재적인	
☐ principle	원칙, 원리	cf. principal 주요한; 교장
☐ grasp✦	꽉 잡다; 완전히 이해하다; 이해	
☐ fundamental	기본 원칙, 핵심; 근본적인	
☐ grain	곡물; 알갱이	
☐ varying	바뀌는, 변화하는; 가지각색의	cf. varied 다양한; 다채로운
☐ mastery	숙달, 숙련; 지배(력)	
[선택지]		
☐ approach	접근(법); 다가오다[가다], 접근하다(= come near)	

2. 어휘 주석 Words & PHRASES

지문에 나오는 어휘의 의미, 유반의어, 관련어구 등을 미리
학습할 수 있습니다.

✦ 표시는 다의어를 뜻하며, 여러 뜻 중 지문에서 사용된
의미를 묻는 문제가 다음 페이지의 지문 오른쪽에 마련
되어 있습니다.

*지문에서 모르는 어휘가 평균 5개 미만인 경우, 어휘를 미리
학습하지 말고 바로 문제 풀기에 도전하는 것이 더 좋습니다.
모르는 어휘가 보이면 문맥으로 추론해 읽어보고 나중에 확인하
는 방식으로 학습해 보세요.

3. *Stage* 1 정답 찾아가기

대의(주장, 요지, 주제, 제목), 함의 추론, 빈칸, 무관 문장, 순서, 문장 넣기 유형으로 구성했습니다.

- 지문을 읽고 ✦ 표시된 굵은 글씨 어휘의 문맥상 의미를 **다의어 Check** ✔에서 확인하세요.

- QR코드를 이용하여 음성 녹음파일을 들어볼 수 있습니다. 복습할 때 활용하세요.

Stage 1 정답 찾아가기

정답 및 해설 p. 38

> The best location for clearer images is in space, where there is no **atmosphere**✦.

The clearness of sky images is worsened by air movements in our atmosphere. Even on the clearest night, stars twinkle, shimmering in the sky. Those near the horizon twinkle more than those overhead. (①) They do so because of air movements passing in front of them. (②) Also, the size of the lenses in a telescope gives an absolute limit to the concentration of starlight due to another behavior of light, diffraction—the bending of light around the edge of a lens. (③) To get the clear images of stars and planets, astronomers select special locations for telescopes. (④) On the surface of the Earth, they build them at high ground where the air is **thin**✦, such as mountains, and at locations where the airflow is smooth, such as near the coast. (⑤) Thus, the deepest images ever taken of the universe have been made by the orbiting Hubble Space Telescope.

*shimmer: 희미하게 빛납니다
**diffraction: 회절 ((파동이 휘거나 퍼지는 현상))

다의어 Check ✔
지문 속 ✦표시 어휘의 문맥상 의미는?

1 atmosphere
ⓐ 대기
ⓑ 분위기

2 thin
ⓐ 얇은
ⓑ 희박한

INTRO Q 네모 안에 주어진 문장으로 보아, 앞 내용으로 가장 적절한 것을 고르시오.
① 우주에서 사진을 찍는 방법
② 선명한 사진을 찍기 적합한 장소들

Q 글의 흐름으로 보아, 주어진 문장이 들어가기에 가장 적절한 곳을 고르시오.
①   ②   ③   ④   ⑤

OUTRO Q 위에서 고른 정답 뒤에 바로 이어지는 내용으로 가장 적절한 것을 고르시오.
① 우주 사진을 찍기 좋은 장소의 예
② 우주에서 찍은 사진이 더 선명한 이유
③ 우주에서 찍은 가장 선명한 우주 사진

문제 유형마다 정답을 찾아가는 올바른 과정이 있습니다. 체계적인 문제 풀이를 습관화할 수 있도록 본 문제에 대한 사전, 사후 문제를 두었습니다.

INTRO Q   본 문제를 풀기 위한 사전 문제
OUTRO Q   정답을 검증하기 위한 사후 문제

문제 유형별 INTRO, OUTRO 문제 모음

❶ 주장, 요지, 주제, 제목	INTRO Q	윗글의 중심 소재는 무엇인지 고르시오.
❷ 함의 추론	INTRO Q	밑줄 친 어구의 ○○가 의미하는 것을 고르시오.
❸ 빈칸	INTRO Q	빈칸 문장으로 보아, 찾아야 할 내용으로 알맞은 것을 고르시오.
❹ 무관 문장	INTRO Q	첫 문장으로 보아, 앞으로 전개될 내용으로 가장 적절한 것을 고르시오.
	OUTRO Q	위 문제에서 선택한 정답 문장의 내용을 고르시오.
❺ 순서	INTRO Q1	네모 안에 주어진 글의 핵심 내용으로 적절한 것을 고르시오.
	INTRO Q2	(A)~(C)의 내용으로 알맞은 것끼리 짝지으시오.
❻ 문장 넣기	INTRO Q	네모 안에 주어진 문장으로 보아, 앞 내용으로 가장 적절한 것을 고르시오.
	OUTRO Q	위에서 고른 정답 뒤에 바로 이어지는 내용으로 가장 적절한 것을 고르시오.

＊주어진 질문에 답하시오.

[1]The clearness of sky images is worsened by air movements in our atmosphere.

◀ 글의 핵심 소재가 되는 문제점(problem)과 원인을 밝힌다.

[2]Even on the clearest night, stars twinkle, shimmering in the sky.

◀ 문장 1의 내용을 구체적으로 부연 설명한다.

[3]Those near the horizon twinkle more than those overhead.

[4]They do so because of air movements passing in front of them.

1 밑줄 친 They do so의 의미로 알맞은 것은?
ⓐ 머리 위로 보이는 별이 더 반짝거린다.
ⓑ 지평선 부근의 별이 더 반짝거린다.
ⓒ 맑은 날씨에 별이 더 반짝거린다.

2 문장 1~4를 한 문장으로 표현할 때 빈칸에 알맞은 것은?
→ The air ______________ the view of stars.
ⓐ reflects
ⓑ affects
ⓒ clears

[5]**Also,** the size of the lenses in a telescope gives an absolute limit to the concentration of starlight due to another behavior of light, diffraction— **the bending of light around the edge of a lens.**

◀ Also (또한)
앞 내용에 대한 또 다른 내용을 덧붙인다.

3 문장 5를 간단히 표현할 때 빈칸에 알맞은 것은?
→ another ______________ contributing to the lack of clarity in sky images
ⓐ device
ⓑ result
ⓒ factor

TIP 대시(—)의 역할: 추가 설명
앞에 나온 어구를 구체적으로 풀어서 설명하거나, 부수적 정보를 주는 동격을 나타낸다.
문장 5에서는 대시 이후(the bending ~)가 바로 앞의 diffraction에 대해 보충 설명한다.
대시(—) 두 개를 써서, 문장 중간에 정보를 삽입하기도 한다.
It was a *historic moment* — **one that would be remembered for generations** — when the treaty was finally signed.
조약이 마침내 체결되었을 때는 수 세대에 걸쳐 기억될 역사적인 순간이었다.

[6]To get the clear images of stars and planets, astronomers select special locations for telescopes.

◀ 문제점(problem)을 없애는 방법/해결책(solution)을 설명한다.

[7]On the surface of the Earth, (a) they build (b) them at high ground where the air is thin, such as mountains, and at locations where the airflow is smooth, such as near the coast.

4 밑줄 친 (a)와 (b)가 가리키는 대상을 문장 6에서 각각 찾아 쓰시오.
(a):
(b):

5 지금까지 내용으로 보아, 천체 이미지의 선명도를 떨어뜨리는 것에 해당하지 않는 것은?
ⓐ air movements
ⓑ light bending
ⓒ smooth airflow

[8]The best location for clearer images is in space, where there is no atmosphere.

[9]**Thus,** the deepest images ever taken of the universe (make) by the orbiting Hubble Space Telescope.

◀ Thus (따라서)
앞 내용으로 인한 결과를 나타낸다.

6 괄호 안의 단어를 어법상 알맞은 형태로 쓰시오. (완료형으로 쓸 것)

4. *Stage 2* 한 문장씩 뜯어보기

독해력은 하루아침에 향상되는 것이 아닙니다. '문제를 많이 풀면 언젠가는 되겠지'와 같은 막연한 기대는 하지 않는 것이 좋습니다. 수능 유형 문제만 풀고 넘어가지 말고, 지금 학습하는 책의 내용 하나하나를 충실하게 습득하는 것이 무엇보다 중요합니다.

- **문장별 또는 소문단별 핵심 요약:** 글을 문장별로 또는 두세 문장의 작은 의미 덩어리로 나눠 다른 말로 요약해 보는 훈련입니다. 정확한 흐름 파악과 말바꿈(paraphrasing), 유반의어 습득에 도움이 됩니다. 고학년으로 올라갈수록 단어 하나하나의 세세한 이해보다는 요약하여 흐름을 이해하는 능력이 중요하므로 이에 대한 탄탄한 기본기를 다질 수 있습니다.

- **지칭어/대용어 파악:** 영어는 반복을 피하려는 특성이 있어서 같은 대상이라도 계속해서 다른 말로 표현합니다. 지칭어나 유의어뿐만 아니라 그 문맥에서만 의미가 통하는 다른 말도 사용합니다. 앞서 나온 어구를 달리 표현한 어구를 제대로 간파하면서 읽어 내려가는 능력을 길러야 합니다.

- **내용 예측:** 예측은 독해에서 아주 중요한 역할을 합니다. 예측한 대로 내용이 흘러가면 독해 속도가 빨라지고, 예측이 맞지 않으면 맞지 않는 대로 독해 몰입도가 올라갑니다. 마치 영화에 반전이 있을 때 더 몰입되는 것과 같습니다. 따라서 예측하고 틀리는 것을 겁내지 말고 습관화해야 합니다.

*학자들은 독해를 'psychological guessing game'이라고 정의 내리기도 합니다. 독해란 앞으로 전개될 내용을 예측하고 맞는지 확인하는 과정의 연속이라는 의미입니다.

- **기타 문제:** 어법, 어휘, 문장 전환, 직독직해 등 다양한 문제로 구성하였습니다.

- **TIP:** 해당 문장을 정확하게 해석하는 데 필요한 구문 지식을 정리하였습니다.

- **문장 오른쪽 설명부:** 글의 흐름 판단에 도움이 되는 내용, 어법 및 구문 설명, 독해 시 주의 사항 등을 정리했습니다.

Stage 3   요약하기

◆ 글의 내용을 아래와 같이 요약할 때, 빈칸 (A), (B)에 들어갈 가장 적절한 말을 <조건>에 맞게 쓰시오.

To get clear images of stars and planets despite air (A) ____________ and diffr
astronomers place telescopes in locations with a thin or stable atmosphere, or (
(B) ____________.

조건   <보기>의 단어 중에서 골라 그대로 쓸 것
보기   space / sky / interference / temperature

---

5. *Stage* 3 요약하기

글쓴이가 말하고자 하는 핵심과 그에 대한 주요 세부 사항을 담고 있습니다. Stage 2에서 내용을 세세하게 살펴보았다면, Stage 3에서는 글의 큰 흐름을 간략히 정리해 보는 것으로 마무리합니다.

---

49   Twinkling Stars

정답 및 해설 p. 39

1   소재 연계

주어진 글 다음에 이어질 글의 순서로 가장 적절한 것은? <고1>

The next time you're out under a clear, dark sky, look up. If you've picked a good spot for stargazing, you'll see a sky full of stars, shining and twinkling like thousands of brilliant jewels.

(A) It might be easier if you describe patterns of stars. You could say something like, "See that big triangle of bright stars there?" Or, "Do you see those five stars that look like a big letter W?"

(B) But this amazing sight of stars can also be confusing. Try and point out a single star to someone. Chances are, that person will have a hard time knowing exactly which star you're looking at.

(C) When you do that, you're doing exactly what we all do when we look at the stars. We look for patterns, not just so that we can point something out to someone else, but also because that's what we humans have always done.

① (A) – (C) – (B)   ② (B) – (A) – (C)
③ (B) – (C) – (A)   ④ (C) – (A) – (B)
⑤ (C) – (B) – (A)

2   글 구조 연계

다음 글의 제목으로 가장 적절한 것은? <고1>

Working around the whole painting, rather than concentrating on one area at a time, will mean you can stop at any point and the painting can be considered "finished." Artists often find it difficult to know when to stop painting, and it can be tempting to keep on adding more to your work. It is important to take a few steps back from the painting from time to time to assess your progress. Putting too much into a painting can spoil its impact and leave it looking overworked. If you find yourself struggling to decide whether you have finished, take a break and come back to it later with fresh eyes. Then you can decide whether any areas of your painting would benefit from further refinement.

*tempting: 유혹하는 **refinement: 정교하게 꾸밈

① Drawing Inspiration from Diverse Artists
② Don't Spoil Your Painting by Leaving It Incomplete
③ Art Interpretation: Discover Meanings in a Painting
④ Do Not Put Down Your Brush: The More, The Better
⑤ Avoid Overwork and Find the Right Moment to Finish

---

6. 함께 풀면 좋은 기출문제

본책의 지문과 소재가 같은 기출문제는 <소재 연계>, 구조가 같은 글은 <글 구조 연계>로 제시하였습니다.

연계되는 어휘, 어구, 표현, 구문을 형광펜으로 표시하였으므로 쉽게 확인할 수 있습니다.

CONTENTS

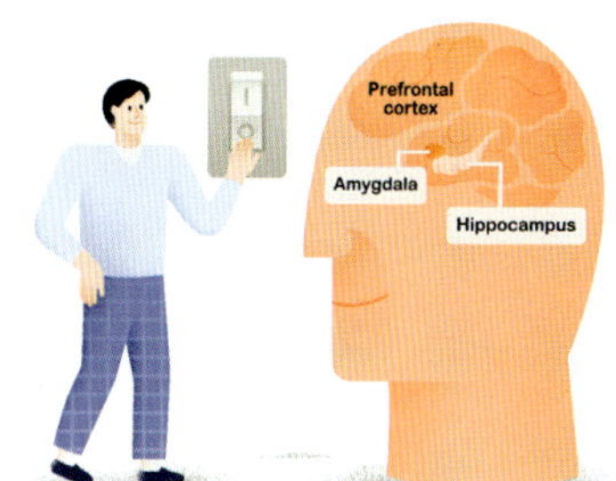

BASIC A

UNDERSTANDING
ARGUMENT and EXPLANATION Passages

앞서 살펴본 바와 같이, 글의 두 가지 유형별 특색을 잘 알아두어 구별하는 것은 독해력 향상에 도움이 됩니다.
두 가지 유형의 특징은 아래와 같습니다.

 ## 주장글 (ARGUMENT PASSAGES)

주요 목적은 읽는 이가 글쓴이의 주장, 특정 관점을 받아들이도록 설득하는 것입니다. (persuasive passages라고도 합니다.)
즉, 읽는 이의 생각이나 행동에 영향을 미치고자 합니다. 신문 사설, 정치 연설, 광고 등이 이에 속합니다.

1. 주제문
소재나 주제에 대한 글쓴이의 주관적 관점을 명확히 서술합니다.
e.g. A는 훌륭한[가장 좋은, 바람직한 등] ~이다 / ~해야 한다 / ~하면 안 된다 / ~하라 / ~하지 마라 등

2. 주요 세부 사항
주로, 설득력이 강한 객관적 사실, 통계, 전문가 의견 등을 내세워 글쓴이의 주관적 관점을 타당성 있게 뒷받침합니다.

[1]Face-to-face interaction is a uniquely powerful — and sometimes the only — way to share many kinds of knowledge, from the simplest to the most complex. [2]It is one of the best ways to stimulate new thinking and ideas, too. [3]Most of us would have had difficulty learning how to tie a shoelace only from pictures, or how to do arithmetic from a book. [4]Psychologist Mihàly Csikszentmihàlyi found, while studying high achievers, that a large number of Nobel Prize winners were the students of previous winners: they had access to the same literature as everyone else, but personal contact made a crucial difference to their creativity. ~ *arithmetic: 계산 **literature: (연구) 문헌	**문장 1~2(주제문)** 대면 상호작용의 중요성과 우월성 (← **1** 대면 상호작용(소재)은 다양한 지식을 공유하는 데 매우 강력하며, **2** 새로운 생각과 아이디어를 자극하는 최고의 방법 중 하나이다.) **문장 3~4(주요 세부 사항)** 근거1: **3** 사람들은 그림만으로 신발 끈 묶는 법을 배우거나 책으로 계산을 배우는 데 어려움을 겪는다. (→ 대면 상호작용이 중요함을 객관적 사실로 뒷받침) 근거2: **4** 심리학자 미하이 칙센트미하이는 많은 노벨상 수상자들이 (대면 상호작용이 가능한) 이전 수상자들의 제자였음을 발견했다. (→ 전문가의 말로 뒷받침)

또는 이야기 방식으로 전달하기도 합니다. 이야기의 문제 해결, 등장인물의 행동 등이 주제문을 뒷받침합니다.

[1]Rewarding business success doesn't always have to be done in a material way. [2]A software company I once worked for had a great way of recognizing sales success. [3]The sales director kept an air horn outside his office and would come out and blow the horn every time a salesperson settled a deal. ~ [7]You should have seen the way the rest of the sales team wanted the air horn blown for them.	**문장 1(주제문)** 성공 보상은 물질적이지 않은 방식으로도 가능하다. (← **1** 사업 성공에 대한 보상이 언제나 물질적 방식이어야 하는 것은 아니다.) **문장 2~7(주요 세부 사항)** 영업 계약이 성사될 때마다 영업 이사가 에어 혼(공기로 작동하는 경적)을 불어 큰 소리를 내었다. ~ 결국 모두가 자신에게 그 에어 혼이 불리기를 원했다. (→ 즉, 비물질적 보상인 에어 혼으로도 충분한 업무 동기가 된다.)

 ## 설명글(EXPLANATION PASSAGES)

주요 목적은 읽는 이에게 소재[주제]를 알리고, 설명하고, 묘사하는 것입니다. (expository passages라고도 합니다.)
교육적으로 유용하고 흥미로운 사실과 정보를 담고 있습니다. 교과서 본문, 단계별 지침을 담은 안내서, 백과사전 내용 등이 이에 속합니다.

1. 주제문
설명하고자 하는 소재[주제]를 다양한 표현으로 소개합니다. 주제문을 명시하지 않는 경우가 더 많습니다.
e.g. ~의 이점[원인, 결과, 역할, 방법 등]에는 몇 가지가 있다 등

2. 주요 세부 사항
소재에 대해 상세한 객관적·사실적 정보와 설명을 제공합니다. 용어나 개념을 자세히 소개하여 이해를 돕기도 합니다.
읽는 이에게 어떤 주관적 관점을 설득하려 하지 않습니다.

*주장글과 설명글 모두 객관적·사실적 정보가 등장할 수 있습니다. 하지만 주장글의 사실들은 읽는 이가 특정 관점을 받아들이도록 설득하거나 특정 행동을 유도하기 위해 사용합니다.

[1]Vegetarian eating is moving into the mainstream as more and more young adults say no to meat, poultry, and fish. [2]According to the American Dietetic Association, "approximately planned vegetarian diets are healthful, are nutritionally adequate, and provide health benefits in the prevention and treatment of certain diseases." [3]But health concerns are not the only reason that young adults give for changing their diets. [4]Some make the choice out of concern for animal rights. ~ [6]Others turn to vegetarianism to support the environment. ~	**문장 1(도입문)** 점점 더 많은 젊은이들이 육식 대신 채식을 하고 있다. **문장 3(주제문)** 젊은이들이 식단을 바꾼 여러 이유가 있다. (← **3** 젊은이들이 식단을 바꾼 이유는 건강에 대한 염려 때문만은 아니다.) **문장 2, 4, 6 등(주요 세부 사항)** 이유1 **2** 건강에 좋아서 이유2 **4** 동물의 권리를 위해 이유3 **6** 환경을 위해

즉 위에서 등장하는 전문가의 말, 사실 등은 '채식주의가 바람직하다'는 견해를 갖거나 '채식'을 하도록 읽는 이를 설득하기 위한 것이 아니고, '채식 선호가 증대되는 현상의 이유'를 나열하여 설명하는 것입니다.

* 주제문이 없는 글
주장글, 설명글에서 세부 사항만으로도 주제를 충분히 알 수 있는 경우, 주제문을 명시적으로 나타내지 않기도 합니다. 따라서 세부 사항이 견해나 주장을 뒷받침하는 근거 또는 증거에 해당하는지, 아니면 어떤 것을 구체적으로 설명하여 이해시키려는 것인지에 따라 글의 주제를 판단하면 됩니다.

Explanation

Be informed about specific subjects
and interesting facts!

31

Explanation Passages

60

Society / Culture

Solo Dining 혼자 밥 먹기

1인 가구가 늘면서 혼밥(혼자 밥 먹기)에 대한 인식도 변화했습니다. 혼공(혼자 공부하기), 혼영(혼자 영화 보기), 혼쇼(혼자 쇼핑하기), 혼행(혼자 여행하기) 등 나홀로 삶에 대한 말들이 점점 늘고 있어요.

얼마 전까지만 해도 혼자 무엇을 한다고 하면 친구가 없거나 사회성이 없다고 보는 부정적인 시선이 있었습니다.

하지만 이제는 하나의 문화 현상으로 정착하였고 나홀로 족들을 위한 정부 정책이나 사회 인프라도 계속해서 증가하는 추세입니다.

타인의 눈치를 보던 시대는 지나가고 자기가 원하는 것을 추구하는 삶이 중요한 시대이므로 나홀로 문화는 더 활발해질 전망입니다.

Words & PHRASES

✦표시 다의어는 지문 속 의미를 **다의어 Check✔** 에서 고르세요.

☐ dining	식사	• dine 식사를 하다, 만찬을 들다
☐ in public	사람들이 있는 곳에서, 대중 앞에서	
☐ be associated with	~와 연관[관련]되다	• associate 어울리다, 교제하다; 연합하다; 관련짓다
☐ isolation	고립, 격리; 분리	• isolate 고립시키다, 격리하다; 분리하다
☐ statistics	통계 (자료); 통계학	
☐ party✦	정당; 파티; 단체, 일행; 당사자	
☐ reservation	예약(= booking)	• reserve (훗날을 위해) 남겨두다; 예약하다
☐ surrounding	주위의, 인근의; 둘러싸는	• surround 둘러싸다, 에워싸다
☐ consider A (as) B	A를 B로 간주하다[여기다](= view A as B)	
☐ article✦	글, 기사; 조항; 물품; ((문법)) 관사	
☐ eat out	외식하다	
☐ by oneself	혼자서; 도움을 받지 않고	
☐ company✦	일행; 함께 있는 것; 친구; 회사	
☐ suppose	(사실이라고) 가정하다; 생각하다, 추측하다	
☐ argue	주장하다; 말다툼하다	
[선택지]		
☐ promote	승진[진급]시키다; 촉진[증진]하다, 장려하다(= encourage); 홍보하다	
☐ independence	독립, 자립(↔ dependence 의존, 의지); 독립심	
☐ rise	증가, 상승; 출현, 발생; 오르다	

For a long time, dining alone in public has been associated with loneliness and social isolation. Recent statistics, however, show that the number of solo diners has more than doubled in the past two years, making a **party**[+] of one the fastest-growing size for restaurant reservations in the UK. The stigma surrounding solo dining is starting to disappear, with some people even considering those who dine alone in public as confident and successful individuals enjoying the fruits of their labor. One person said to the BBC after an **article**[+] on solo dining was published, "I remember a time, only a few years ago, when I found the idea of eating out alone to be depressing. I would view solo diners as sad and lonely people. Now, I eat out by myself quite often, and sometimes prefer it to the **company**[+] of others. I suppose solo diners really aren't solo any more at all." Some even argue that eating alone is like having dinner with someone you love.

*stigma: 낙인

다의어 Check ✔

지문 속 ✦표시 어휘의 문맥상 의미는?

1 party
ⓐ 일행
ⓑ 정당

2 article
ⓐ 물품
ⓑ 기사

3 company
ⓐ 회사
ⓑ 함께 있는 것

INTRO

윗글의 중심 소재는 무엇인지 첫 문장에서 찾아 쓰시오. (네 단어)

윗글의 주제로 가장 적절한 것을 고르시오.
① solo dining as a way to promote independence
② the rise of solo dining in public as a social trend
③ causes of the decrease in the number of solo diners
④ negative views on solo dining and its social problems
⑤ benefits of solo dining for those who prefer being alone

Stage **2** 한 문장씩 뜯어보기

◆ 주어진 질문에 답하시오.

> **1**For a long time, dining alone in public has been associated with loneliness and social isolation.

> **2Recent statistics, however**, show that the number of solo diners has more than doubled in the past two years, <u>1인 일행을 가장 빠르게 증가하는 규모가 되게 했다</u> for restaurant reservations in the UK.

첫 문장에서 이전의 일반 경향을 먼저 이야기한 후 역접 연결어 however로 최근 변화된 경향을 언급하며 주제가 등장한다.

make+O+C(명사/형용사) (O를 C가 되게 만들다[하다])

1 밑줄 친 우리말과 일치하도록 괄호 안의 어구를 모두 활용하여 영작하시오.
(a party / the fastest-growing size / one / of / making)

→ ______________________________

> **3**The stigma surrounding solo dining is starting to disappear, **with some people** even (a) <u>**considered**</u> those who dine alone in public as confident and successful individuals (b) <u>enjoying</u> the fruits of their labor.

2 밑줄 친 (a), (b)가 어법상 옳으면 O, 틀리면 X로 표시하고 바르게 고치시오.
(a):
(b):

> **TIP★** **with + O´+ v-ing/p.p.** (O´가 ~한[된] 채로, ~하면서[되면서], ~하며[되며])
> 분사 앞의 O´가 분사의 의미상 주어로, O´와 분사의 관계가 능동이면 v-ing, 수동이면 p.p.를 쓴다.
> **With *the table* prepared and *the candles* providing a soft light**, the dining room
> └─수동관계─┘　　　　└─능동관계─┘
> looked nice. 식탁이 차려지고 촛불이 은은한 불빛을 내며, 식당은 멋져 보였다.

3 문장 1~3을 간단히 표현할 때 알맞은 것은?
ⓐ 혼밥에 대한 오명의 심각성　　ⓑ 혼밥에 대한 인식의 변화　　ⓒ 혼밥을 자주 하는 것의 문제점

> **4**One person said to the BBC after an article on solo dining was published, "I remember a time, only a few years ago, when I found the idea of eating out alone to be depressing.

> **5**I **would** view solo diners as sad and lonely people.

would의 주요 의미
1. ~일[할] 것이다 ((현재나 미래에 대한 추측))
2. ~하곤 했다 ((과거의 습관))
3. ~해 주시겠어요? ((요청))

4 문장 5를 우리말로 해석하시오.

[6]Now, I eat out by myself quite often, and sometimes prefer it to the company of others.

[7]I suppose solo diners really aren't solo any more at all."

[8]Some even argue that eating alone is like having dinner with someone you love.

5 문장 6~8을 간단히 표현할 때 빈칸에 알맞은 것은?

→ a change in ______________ towards solo dining

ⓐ norms   ⓑ attitude   ⓒ strategy

Stage **3**   요약하기

◆ 글의 내용을 아래와 같이 요약할 때, 빈칸 (A)~(C)에 들어갈 가장 적절한 말을 <조건>에 맞게 쓰시오.

Once seen as a sign of (A) ______________, solo dining in the UK has rapidly (B) ______________; many now (C) ______________ eating alone as a sign of confidence and self-love.

> (조건) 1. <보기>의 단어 중에서 골라 쓸 것
> 2. 필요하면 문맥과 어법에 맞게 변형할 것
> 3. 각각 한 단어로 작성할 것
> (보기) success / avoid / view / decline / grow / loneliness

Solomangarephobia 솔로맨게어포비아

'밥을 먹다'라는 의미의 이탈리아어 mangiare가 쓰인 용어로, 사람들 사이에서 혼자(solo) 밥 먹는 것에 대한 공포증(phobia)을 뜻한다. 아래와 같은 팁이 도움이 될 수 있다.
1. 다른 사람들은 누가 혼자 먹는지 전혀 신경 쓰지 않는다는 것을 명심한다.
2. 음식에만 집중한다. (혼자라는 사실을 잊어버릴 수도 있다.)
3. 계산대 등 직원들과 가까운 자리에 앉는다. (상황을 보고 그들과 대화를 나눌 수도 있다.)
4. 주문을 기다릴 때 스마트폰을 보거나 바깥 풍경을 본다.

Astronomy

Galaxies 은하계

은하계는 우주(space, cosmos, universe)라는 바다에 떠 있는 별들의 섬이라 할 수 있습니다.
은하계의 형성(formation)과 진화(evolution)는 우주 역사의 열쇠를 쥐고 있어요.

수많은 은하계 중에서, 우리 태양계(solar system)가 속한 은하는
대문자를 써서 the Galaxy라 하고 우리말로 (우리)은하,
또는 은하수라고 표현합니다.

고대 그리스·로마인들은 이 밤하늘의 별빛 띠를 보고
'우유가 흐르는 강' 같다고 생각했다고 해요.

그래서 우리은하는 the Milky Way라고도 불립니다.
(실제로는 납작한 원반 모양의 나선형(spiral)이에요.)
추가로, 소문자 galaxy는 우리은하가 아닌 외부 은하
(external galaxies)를 뜻합니다.

Words & PHRASES

✦표시 다의어는
지문 속 의미를
다의어 Check✔
에서 고르세요.

☐ astronomer	천문학자	• astronomy 천문학 • astronomical 천문(학)의; 천문학적인
☐ barely	거의 ~ 않는; 겨우, 간신히(= scarcely)	
☐ galaxy	은하(계)	
☐ observe✦	~을 보다; 관찰[관측]하다; (규칙을) 준수하다	• observation 관찰 • observance (규칙의) 준수
☐ note	~에 주목하다; 언급하다; 메모; 쪽지	
☐ faint	약한; 희미한; (가능성 등이) 아주 적은; 실신(하다)	
☐ spiral	나선형(의); 소용돌이	
☐ oval	타원형(의)	
☐ regular	규칙적인; 균형 잡힌, 고른(↔ irregular 고르지 못한; 불규칙한)	
☐ origin	기원, 근원	• original 원래의; 최초의; 독창적인
☐ external	외부의; 외국의(↔ internal 내부의; 국내의)	
☐ decade	10년, 10년간	
☐ settle✦	정착하다; 해결하다	• settlement 정착; 해결
☐ demonstrate	증명하다(= prove); 시위하다(= protest)	
☐ separate	분리된; 별개의; 분리하다	• separation 분리; 헤어짐
☐ vast	거대한, 방대한(= huge)	• vastly 방대하게; 대단히
☐ canvas	캔버스 (천); 화폭; 유화	

Before the twentieth century, astronomers barely understood our own galaxy. They had **observed**[+] hundreds of stars within the Milky Way, but also noted it had many faint regions of light, called nebulae. Some of these nebulae were gas clouds associated with the births and deaths of stars. But some looked different. They had spiral or oval shapes that suggested they were more regular than a cloud. The origin of these nebulae was debated in 1920 by two famous astronomers. One, Harlow Shapley, argued that everything in the sky was part of the Milky Way; the other, Heber Curtis, proposed that some of these nebulae were external galaxies outside our own galaxy. It was predicted that it would take several decades before this debate would finally be **settled**[+]. Using the most powerful equipment available at the time, Edwin Hubble was able to demonstrate that some nebulae were in fact separate galaxies. The universe had suddenly opened up into a vast canvas. Other galaxies

____.

*nebulae: 성운 ((구름 모양으로 펼쳐 보이는 천체))

다의어 Check ✔

지문 속 ✦표시 어휘의 문맥상 의미는?

1 observe
  ⓐ (규칙을) 준수하다
  ⓑ 관측하다

2 settle
  ⓐ 해결하다
  ⓑ 정착하다

 **INTRO**

 **Q** 빈칸 문장과 선택지 구성을 고려하여 찾아야 할 내용을 예상할 때, 빈칸을 완성하시오.

→ ________________에 대한 서술

Q 윗글의 빈칸에 들어갈 말로 가장 적절한 것을 고르시오.
  ① had finally found their missing piece
  ② solved the secrets of the universe
  ③ were not discovered at that time
  ④ looked like irregular gas clouds
  ⑤ did exist beyond our own

Stage 2 　한 문장씩 뜯어보기

◆ 주어진 질문에 답하시오.

¹Before the twentieth century, astronomers **barely** understood our own galaxy.

²They had observed hundreds of stars within the Milky Way, but also noted it had many faint regions of light, called nebulae.

³Some of these nebulae were gas clouds associated with the births and deaths of stars.

⁴But some looked different.

> **(준)부정어 barely**
> '부정'의 의미를 지닌 어구에 주의한다. barely 외에도 hardly, scarcely, rarely, seldom 등을 포함한 어구는 '거의[좀처럼] ~ 않는'이라는 부정의 의미로 알맞게 해석해야 한다.

1 문장 1~4를 한 문장으로 표현할 때 빈칸에 알맞은 것은?

→ Astronomers were _______________ about the faint nebulae they saw in the Milky Way.

ⓐ unsure　　　　ⓑ mistaken　　　　ⓒ informed

⁵They had spiral or oval shapes that suggested they were more regular than a cloud.

2 밑줄 친 They가 지칭하는 것을 표현할 때 빈칸에 알맞은 것을 문장 3~4에서 찾아 쓰시오. (한 칸에 한 단어, 변형 없이 쓸 것)

→ nebulae that _________ _________ from the ones that were _________ _________

⁶The origin of these nebulae was debated in 1920 by two famous astronomers.

⁷**One**, Harlow Shapley, argued that everything in the sky was part of the Milky Way; **the other**, Heber Curtis, proposed that some of these nebulae were external galaxies outside our own galaxy.

> **<one ~, the other ...>**
> 문맥상 두 천문학자의 의견을 대조하며 설명하고 있다.

3 문장 6~7을 한 문장으로 표현할 때 빈칸에 알맞은 것은?

→ The two astronomers debated whether the nebulae were part of the Milky Way or _______________ galaxies.

ⓐ similar　　　　ⓑ spiral　　　　ⓒ other

⁸It was predicted that it **would** take several decades before this debate **would** finally be settled.

1. will의 과거형 (시제 일치)	She was confident that her idea **would** succeed. 그녀는 자신의 아이디어가 성공하리라 확신했다.
2. ~하곤 했다 (과거에 자주 있던 일)	During his childhood, he **would** spend hours playing in the garden. 어린 시절 동안 그는 정원에서 놀며 시간을 보내곤 했다.
3. ~일[할] 것이다 (현재 또는 미래의 추측이나 가능성)	It **would** soon be dark. 곧 어두워질 것이다.

⁹Using the most powerful equipment available at the time, Edwin Hubble was able to demonstrate that some nebulae were in fact separate galaxies.

연결어는 생략되는 경우가 많다. 문장 간의 논리적 관계에 따라 적절한 연결어를 생각하면서 읽을 수 있어야 한다.

4 문장 9의 앞에 올 연결어로 가장 적절한 것은?

ⓐ Similarly   ⓑ Still   ⓒ In other words

5 문장 9를 간단히 표현할 때 빈칸에 알맞은 것은?

→ Edwin Hubble proved that _______________________________.

ⓐ both were wrong   ⓑ Heber Curtis was right   ⓒ Harlow Shapley was right

¹⁰The universe had suddenly opened up into a vast canvas.

¹¹Other galaxies did exist beyond our own.

Stage 3 요약하기

◆ 글의 내용을 아래와 같이 요약할 때, 빈칸 (A)~(C)에 들어갈 가장 적절한 말을 <조건>에 맞게 쓰시오.

Astronomers (A) _____________ whether the different-looking nebulae were part of the Milky Way; Hubble later (B) _____________ them as separate galaxies, (C) _____________ our understanding of the universe.

조건   1. <보기>의 단어 중에서 골라 쓸 것
2. 필요하면 문맥과 어법에 맞게 변형할 것
3. 각각 한 단어로 작성할 것

보기   reveal / debate / preserve / expand / remove

33

Cognitive Bias 인지 편향

인지 편향의 종류와 원인은 매우 다양하며, 이를 소개하거나 최소화하는 방안이 자주 출제되고 있습니다.

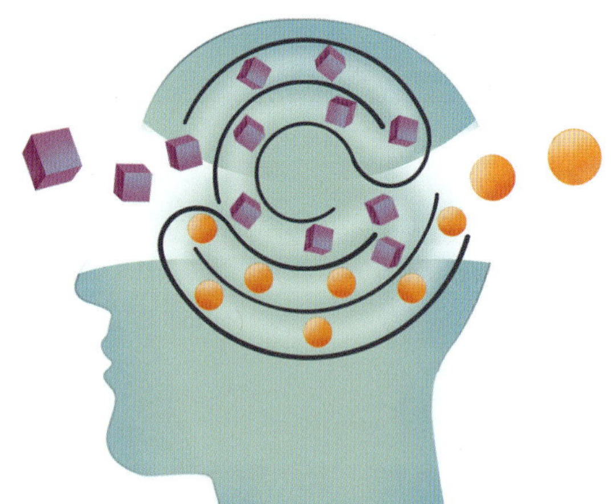

인지 편향은 쉽게 말해 사고 오류(thinking errors)를 뜻합니다.

인간은 종종 경험을 토대로 어떤 현상을 주관적(subjective)으로 추론(reasoning)하기 때문에 객관적(objective)이라거나 합리적(rational, reasonable)이라 보기 어렵습니다.

이는 문제해결, 판단(judgment), 결정(decision), 인간관계(relationships) 등에 영향을 미칠 수 있습니다.

Words & PHRASES

✦표시 다의어는
지문 속 의미를
다의어 Check✔
에서 고르세요.

☐ attribute A to B	A를 B의 탓으로 돌리다(= blame A for[on] B)	
☐ poor✦	가난한; (질적으로) 좋지 못한, 형편없는	• poorly 좋지 못하게, 저조하게
☐ performance	공연, 연주; (과제 등의) 수행; 성과, 성적	• performer 공연자; 행위자(= actor)
☐ cause	원인; 이유; ~을 야기하다	
☐ ignore	무시하다(= disregard); 못 본 척하다	• ignorance 무지, 무식
☐ responsibility	책임(감), 의무(감)	▶ be responsible for ~에 대한 책임이 있다
☐ advisor[-ser]	상담사, 조언자; 고문	
☐ show up	나타나다(= appear); ~을 나타내다	
☐ point to A	(이유로) A를 들먹이다; A를 시사하다	
☐ circumstance	상황, 환경; (일의) 전후 사정	• circumstantial 정황적인; 상황과 관련된
☐ course	방향; 진로; 강좌, 과목	
☐ load	짐; 부담; (짐을) 싣다(↔ unload (짐을) 내리다)	
☐ nod	(고개를) 끄덕이다	(nodded-nodded-nodding)
☐ matter	물질; 문제; 중요하다	
☐ personality	성격, 인격; 개성	
☐ trait	(성격상의) 특성, 특징	
☐ underestimate	과소평가하다(↔ overestimate 과대평가하다)	
☐ play✦	놀다; (역할을) 하다; 영향(을 미치다), 작용(하다)	▶ play a role 역할을 하다 ▶ at play 놀고 있는; 작용하고 있는

> However, the student attributes their **poor**✦ performance to external causes, ignoring their own responsibility.

According to Actor-Observer Bias, we are more likely to attribute the behavior of others to internal causes, while attributing our own behavior to external causes. (①) Suppose a student who is performing poorly is having a talk with a school advisor. (②) The student shows up late. (③) When asked about the reasons that led to their poor grades, the student explains them by pointing to external circumstances: the heavy course load, family issues, and stress. (④) The advisor nods in understanding, but in reality has a different opinion on the matter: they are attributing the student's performance to their personality traits, underestimating the role that circumstances might have **played**✦. (⑤) In reality, both factors are likely at play here.

다외어 Check ✔

지문 속 ✦표시 어휘의 문맥상 의미는?

1 poor
ⓐ 가난한
ⓑ 좋지 못한

2 play
ⓐ 놀다
ⓑ (역할을) 하다

INTRO

Q 네모 안에 주어진 문장으로 보아, 앞 내용으로 가장 적절한 것을 고르시오.
① 낮은 성적은 학생 개인의 책임이 아니라는 내용
② 낮은 성적을 외부 요인 탓으로 돌리지 않는다는 내용

Q 글의 흐름으로 보아, 주어진 문장이 들어가기에 가장 적절한 곳을 고르시오.
①   ②   ③   ④   ⑤

OUTRO

Q 위에서 고른 정답 뒤에 바로 이어지는 내용으로 가장 적절한 것을 고르시오.
① 낮은 성적은 외부 요인 탓이라는 것
② 낮은 성적은 학생의 성향 때문이라는 것
③ 낮은 성적에는 내외부 요인이 모두 작용한다는 것

Stage 2 한 문장씩 뜯어보기

◆ 주어진 질문에 답하시오.

> [1] According to Actor-Observer Bias, we are more likely to attribute the behavior of others to internal causes, **while** attributing our own behavior to external causes.

while (~에 반하여)
= whereas
여기서 접속사 while은 앞뒤의 내용을 대조하는 의미이다.

> [2] **Suppose** a student who is performing poorly is having a talk with a school advisor.

Suppose (that) (~라고 가정해 보자)
앞 내용에 대한 사례나 가상의 일을 언급할 때 suppose, imagine, say 등이 쓰일 수 있다.

> [3] The student shows up late.

> [4] When asked about the reasons that led to their poor grades, the student explains them by pointing to external circumstances: the heavy course load, family issues, and stress.

콜론(:)의 역할 1
앞서 언급된 어구에 대한 예를 나열한다.

1 문장 4를 간단히 표현할 때 빈칸에 알맞은 것은?

→ The student thinks the reason for poor grades is ______________ factors.

ⓐ personal
ⓑ cognitive
ⓒ situational

> [5] **The advisor** nods in understanding, but in reality has a different opinion on the matter: **they** are attributing **the student**'s performance to **their** personality traits, underestimating the role that circumstances might have played.

콜론(:)의 역할 2
앞서 언급된 어구에 대한 상세한 설명을 제시한다.

2 문장 5를 간단히 표현할 때 빈칸에 알맞은 것은?

→ The advisor thinks the reason for poor grades is ______________ factors.

ⓐ internal
ⓑ unknown
ⓒ environmental

> **TIP★** **단수명사를 지칭하는 they, them, their**
>
> 성(性)이 불분명한 일반적 의미의 단수명사를 지칭하는 데 복수대명사 they, them, their를 사용할 수 있다. he 또는 she를 사용하는 것보다 덜 어색하게 느껴지며, 점점 더 보편적으로 사용된다.
>
> When **a person** goes on a trip, **they** often buy gifts for **their** friends.
> 여행을 가면 종종 친구들을 위한 선물을 산다.

⁶However, the student attributes their poor performance to external causes, ignoring their own responsibility.

3 지금까지 내용으로 보아, Actor-Observer Bias에서 the student와 the advisor에 해당하는 역할을 찾아 연결하시오.

(a) the student •   • Actor
(b) the advisor •   • Observer

⁷In reality, <u>both factors</u> are likely at play here.

4 밑줄 친 <u>both factors</u>가 의미하는 것을 아래와 같이 풀어 쓸 때 빈칸에 알맞은 것을 본문에서 찾아 쓰시오.

→ both _______________ causes (personality traits and responsibility) and
_______________ causes (the heavy course load, family issues, and stress)

5 글의 주제문에 해당하는 문장의 번호를 쓰시오. (하나만 쓸 것)

Stage 3 요약하기

◆ 글의 내용을 아래와 같이 요약할 때, 빈칸 (A), (B)에 들어갈 가장 적절한 말을 <조건>에 맞게 쓰시오.

In the Actor-Observer Bias example of a student, the performer blames their negative outcome on (A) _______________ factors while the observer blames it on (B) _______________ factors of them.

> (조건) 1. <보기>의 단어 중에서 골라 쓸 것
> 2. 필요하면 문맥과 어법에 맞게 변형할 것
> 3. 각각 한 단어로 작성할 것
> (보기) common / person / circumstance / culture

Shrinkflation 슈링크플레이션

기업은 이윤 극대화를 목표로 물건을 생산해서 판매하는 생산 주체입니다.
이를 달성하기 위해 여러 전략을 펼칠 수 있어요.

기업(company, business)이 이윤(profit)을 극대화하기 위해
많이 쓰는 전략(strategy)은 다음과 같아요.

- 원자재(raw material) 등의 생산 비용(cost, expense)을
  낮추는(reduce) 전략
- 제품 가격(product price)을 올리는(raise) 전략

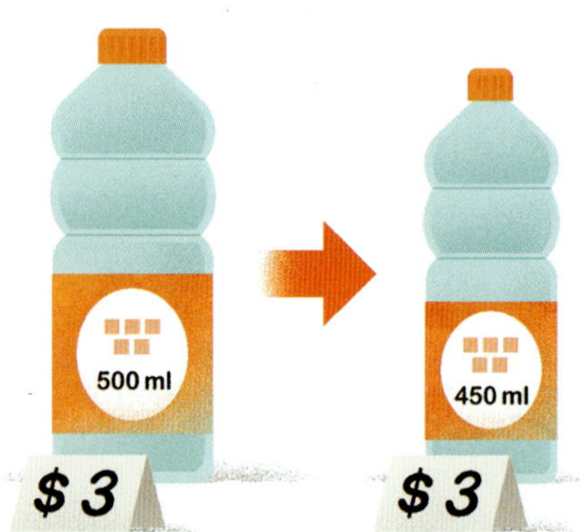

Words & PHRASES

✦ 표시 다의어는
지문 속 의미를
다의어 Check ✔
에서 고르세요.

☐ term✦	기간; 용어; 학기	
☐ be made up of	~로 구성되다(= consist of, be composed of)	
☐ shrink	줄어들다; 움츠러들다	(shrank[shrunk]-shrunk)
☐ inflation	팽창; 인플레이션, 물가 상승(↔ deflation 수축; 디플레이션, 물가하락)	
☐ raw material	원자재, 원료	
☐ labor	(육체) 노동(력); 분만; 노동을 하다	
☐ volume✦	(시리즈 책의) 권; 용량; 양; 음량	
☐ enable O to-v	O가 v할 수 있게 하다	
☐ preserve	(위험에서) 보호하다; 보존하다, 유지하다	
☐ profit	이익, 이윤(↔ loss 손실, 손해); 이익을 얻다	▶ make a profit 이익[이윤]을 내다
☐ margin	가장자리; (페이지의) 여백; 차이	*cf.* profit margin 수입과 생산 비용의 차이, 이윤 폭
☐ maintain✦	유지하다, 지속하다; 주장하다(= insist)	• maintenance 유지, 지속; (보수) 관리
☐ competitive	경쟁하는; 경쟁력 있는, 뒤지지 않는	• competitor (사업에서) 경쟁상대; (시합의) 참가자 • competitiveness 경쟁력
☐ market share	시장 점유율	
☐ switch to A	A로 바꾸다[전환하다]; A로 갈아타다	
☐ slightly	약간, 조금	• slight 약간의, 조금의
☐ minimize	최소화하다(↔ maximize 극대화하다)	

Shrinkflation is a **term**✦ made up of two separate words: shrink and inflation. Shrinkflation happens when companies reduce the size of their products while keeping the price the same.

(A) When raw materials or labor become more expensive, they need to find ways to save money. One way is to reduce the weight, **volume**✦, or quantity of their products, enabling them to preserve their profit margins.

(B) This helps them **maintain**✦ or increase their profits while keeping their prices competitive with other brands. Companies often use shrinkflation to deal with higher production costs.

(C) Companies might also use shrinkflation to keep their market share. If they raise their prices, customers might switch to another brand. By reducing product sizes slightly, they minimize the risk of losing customers to competitors while still making a profit.

다의어 Check ✔

지문 속 ✦표시 어휘의 문맥상 의미는?

1 term
ⓐ 기간
ⓑ 용어

2 volume
ⓐ 음량
ⓑ 용량

3 maintain
ⓐ 주장하다
ⓑ 유지하다

INTRO

1. 네모 안에 주어진 글의 핵심 내용으로 적절한 것을 고르시오.

① 슈링크플레이션의 의미와 발생하는 때
② 슈링크플레이션 확산에 따른 결과

2. (A)~(C)의 내용으로 알맞은 것끼리 짝지으시오.

(1) 생산비 상승에 대한 설명 및 대처 방법   •   • (A)
(2) 슈링크플레이션의 효과 및 목적(생산비 상승에 대처) •   • (B)
(3) 슈링크플레이션의 추가 목적 및 효과   •   • (C)

주어진 글 다음에 이어질 글의 순서로 가장 적절한 것을 고르시오.

① (A)–(C)–(B)   ② (B)–(A)–(C)   ③ (B)–(C)–(A)
④ (C)–(A)–(B)   ⑤ (C)–(B)–(A)

◆ 주어진 질문에 답하시오.

[1] Shrinkflation is a term made up of two separate words: shrink and inflation.

[2] Shrinkflation happens when companies reduce the size of their products while keeping the price the same.

[3] (a) This helps (b) them maintain or increase their profits while keeping their prices competitive with other brands.

1 밑줄 친 (a)와 (b)가 의미하는 것을 문장 2에서 각각 찾아 쓰시오. (한 단어)

(a):

(b):

[4] Companies often use shrinkflation to deal with higher production costs.

2 문장 3~4를 간단히 표현할 때 빈칸에 알맞은 것은?

→ one of the purposes of shrinkflation: _______________ production costs

ⓐ reducing

ⓑ measuring

ⓒ understanding

[5] When raw materials or labor become more expensive, they need to find ways to save money.

3 밑줄 친 부분이 설명하는 것을 문장 4에서 찾아 쓰시오. (세 단어)

[6] One way is to reduce the weight, volume, or quantity of their products, enabling them to preserve their profit margins.

4 문장 5~6을 한 문장으로 표현할 때 빈칸에 알맞은 것은?

→ One way to cut production costs is to _______________ the products.

ⓐ promote

ⓑ downsize

ⓒ overproduce

[7]Companies might **also** use shrinkflation to keep their market share.

5 문장 7을 간단히 표현할 때 빈칸에 알맞은 것은?

→ another purpose of shrinkflation: ______________ their market share

ⓐ increasing

ⓑ minimizing

ⓒ maintaining

[8]If they raise their prices, customers might switch to another brand.

[9]By reducing product sizes slightly, they minimize the risk of losing customers to competitors while still making a profit.

Stage 3 요약하기

◆ 글의 내용을 아래와 같이 요약할 때, 빈칸 (A)~(C)에 들어갈 가장 적절한 말을 <조건>에 맞게 쓰시오.

Shrinkflation involves (A) ______________ product sizes to manage costs and maintain (B) ______________ without (C) ______________ prices, thus preserving market competitiveness.

조건 <보기>의 단어 중에서 골라 그대로 쓸 것

보기 raising / inflations / saving
profits / reducing / marketing

Skimpflation 스킴플레이션

'지나치게 아끼다'라는 뜻의 skimp와 inflation의 합성어로 기업이 제품의 크기나 양은 유지하면서 품질을 떨어뜨리는 것을 말한다. 예를 들어, 햄버거 가게에서 양상추를 값싼 양배추로 대신하거나, 오렌지 주스의 과즙 함량을 낮추는 경우이다.

기업의 전략에 속지 않으려면 비판적인 소비자 자세가 필요하다. 경제학자 스튜어트 체이스는 '소비자는 의심하는 태도를 가져야 한다'고 말한다. 마트의 묶음 상품은 정말 저렴한 것인가? '천연'이라는 문구가 적힌 제품은 정말 천연 제품인가? 합리적인 의심을 해보자.

이제는 기업도 어설픈 속이기 전략보다는 소비자와 상생의 정신을 가져야 할 것이다.

The Art of Passive Voice 수동태 기법

수동태를 공부할 때 능동태와 비교하여 배웠을 거예요. 주어가 동작을 하는지와 받는지에 따라 동사 형태가
바뀌는 게 핵심입니다. 예를 들어 창문이 깨진 것은 수동태로 'The window is broken.'이라 합니다.

우리는 태(voice), 시제(tense) 등 다양한 문법 규칙을 배웁니다.

하지만 세부 규칙을 익히는 데에만 집중하다 보면, 그 문법을
실제로 어느 상황에서 사용하는지에는 관심을 두지 않게 되지요.

특정 문법을 쓰는 게 더 자연스러운 상황들을 알게 된다면,
문법이 더 쉽고 재미있게 느껴질 거예요.

Words & PHRASES

✦표시 다의어는
지문 속 의미를
다의어 Check✔
에서 고르세요.

☐ voice✦	목소리; 발언권; ((문법)) (동사의) 태	
☐ simplistic	((부정적)) 지나치게 단순한	
☐ play a role	역할을 하다	
☐ actor	배우; 행위자	
☐ mentioned	언급한(↔ unmentioned 언급하지 않은)	• mention 언급(하다); 말하다
☐ absence✦	없음, 부재; 결석(↔ presence 있음, 존재; 출석)	• absent 없는, 부재의; 결석한
☐ matter	물질, 물체; 문제(가 되다); 중요하다(= count)	
☐ likewise	똑같이; 마찬가지로(= similarly)	
☐ state	상태; 국가; 말하다[쓰다], 서술하다	
☐ make sense	이해가 되다; 타당하다	
☐ A rather than B	B라기보다는 A	
[선택지]		
☐ in focus	초점이 맞아; 또렷하게 (↔ out of focus 초점이 벗어나; 희미하게)	
☐ attract	(주의, 흥미를) 끌다, 끌어당기다	• attractive 매력적인, 멋진
☐ bury	묻다, 매장하다; 숨기다	
☐ convey	운반하다, 수송하다; 전달하다	

정답 및 해설 p. 10

"The passive **voice**[+] can be your friend." Although this advice may seem overly simplistic, it recognizes the important role that passive voice can play in writing. Actually, the passive voice allows the writer __________ ____. You can say "Pooh ate the honey" (active voice, actor mentioned), "The honey was eaten by Pooh" (passive voice, actor mentioned), or "The honey was eaten" (passive voice, actor unmentioned). Maybe you don't want to write "Pooh ate the honey," because the honey's **absence**[+] is all that matters, not that it was Pooh who caused that absence. Only the passive voice allows you to do so. Likewise, a news article that states passively that "helicopters were flown in to fight a fire" makes sense if the use of helicopters is what matters in the report, rather than which pilots did the flying. The reader does not need to be informed that a guy named Bob was flying one of the helicopters.

다의어 Check ✅

지문 속 ✦표시 어휘의 문맥상 의미는?

1 voice
ⓐ 발언권
ⓑ (동사의) 태

2 absence
ⓐ 결석
ⓑ 없음

INTRO

Q 빈칸 문장과 선택지들의 구조로 보아, 찾아야 할 내용으로 알맞은 것을 고르시오.
① 수동태를 사용할 때 주의할 것
② 수동태 사용으로 가능해지는 것

Q 빈칸에 들어갈 말로 가장 적절한 것을 고르시오.
① to decide what to place in and out of focus
② to make the sentence easier to understand
③ to attract readers by burying the main point
④ to keep readers' interest by using direct language
⑤ to convey the message with a simplistic sentence

◆ **주어진 질문에 답하시오.**

¹ "The passive voice can be your friend."

² Although this advice may seem overly simplistic, it recognizes the important role that passive voice can play in writing.

³ **Actually**, the passive voice allows the writer to decide what to place in and out of focus.

> 도입에 쓰인 인용문은 읽는 사람의 흥미를 유발하고, 뒤에 나올 주제로 이어주는 역할을 한다.

> actually (실제로, 정말로) = in fact
> 다소 일반적인 내용 뒤에 핵심 소재에 대한 자세한 내용을 덧붙인다.

1 문장 3을 아래와 같이 바꿔 쓸 때 빈칸에 알맞은 것은?

→ The writer can decide what to ______________ or not by using the passive voice.

ⓐ advise　　　　　　ⓑ contrast　　　　　　ⓒ emphasize

⁴ You can say "Pooh ate the honey" (active voice, <u>actor</u> mentioned), "The honey was eaten by Pooh" (passive voice, <u>actor</u> mentioned), or "The honey was eaten" (passive voice, <u>actor</u> unmentioned).

> For example과 같은 연결어는 없지만, 구체적인 내용이 이어질 때는 앞 내용의 이해를 돕는 예임을 알 수 있어야 한다.

2 밑줄 친 actor가 공통으로 가리키는 대상을 문장 4에서 찾아 쓰시오.

⁵ Maybe you don't want to write "Pooh ate the honey," because the honey's absence is all that matters, not that **it was** Pooh **who** caused that absence.

⁶ Only the passive voice allows you to do so.

3 문장 4~6의 내용을 간단히 표현할 때 알맞은 것은?

　ⓐ 능동태는 행위자가 언급된 문장이다.
　ⓑ 행위자가 없는 문장은 의미가 불분명하다.
　ⓒ 수동태는 행위자보다 행위 결과에 집중한다.

TIP⭐ **강조구문 <It is[was] A that ~>** (~하는 것은 바로 A이다[였다])

A를 강조하는 구문으로, A에는 주어, 목적어, 부사(구, 절) 등이 올 수 있다.
A가 사람이면 that 대신 who(m)를 쓸 수 있고, 사물이면 which를 쓰기도 한다.

It is *honesty* **that** builds trust in relationships.
관계에서 신뢰를 쌓는 것은 바로 정직이다.

[7] **Likewise**, a news article **that** states passively **that** "helicopters were flown in to fight a fire" (a) <u>makes sense</u> if the use of helicopters (b) <u>are</u> what matters in the report, rather than which pilots did the flying.

4 밑줄 친 (a), (b)가 어법상 옳으면 O, 틀리면 X로 표시하고 바르게 고치시오.

(a):

(b):

[8] The reader does not need to be informed **that** a guy named Bob was flying one of the helicopters.

TIP★ 명사절 접속사 that vs. 관계대명사 that

that절이 완전한 구조이면 that은 명사절을 이끄는 접속사이고, 불완전한 구조이면 관계대명사이다.

1. 접속사 that + 완전한 구조

　문장 필수 요소가 다 갖춰진 형태

He admitted **that** he was wrong in the argument.

　　　　　　　　완전한 구조: S'V'C'

그는 논쟁에서 자신이 틀렸다는 것을 인정했다.

2. 관계대명사 that + 불완전한 구조

　문장 필수 요소가 누락된 형태

The book **that** I borrowed ● from the library was fascinating.

　　　　　불완전한 구조: 목적어 누락

내가 도서관에서 빌린 그 책은 흥미로웠다.

Stage 3　요약하기

◆ 글의 내용을 아래와 같이 요약할 때, 빈칸 (A)~(C)에 들어갈 가장 적절한 말을 <조건>에 맞게 쓰시오.

The (A) ____________ of the sentence differs depending on the voice; the passive voice allows the writer to (B)____________ it by emphasizing the (C) ____________ of the action rather than the actor.

조건　<보기>의 단어 중에서 골라 그대로 쓸 것

보기　outcome / focus / reader / measure / control / length

Optimistic Personality 낙관적 성격

낙관적 성격은 정신 건강에 좋고 삶의 만족도를 높여주기 때문에 사람들은 낙관적 성격을 가지는 방법을 궁금해한답니다.

'낙천성'은 흔히 타고난(natural, innate) 성향(disposition, trait)을 말합니다.

이에 비해, 낙관적 성격(personality, character)은 상황을
밝고 희망적으로 보고 앞으로 일이 잘될 것으로 '여기는' 것이기 때문에
후천적으로 개발될 수 있는 것으로 봅니다.

Words & PHRASES

✦표시 다의어는
지문 속 의미를
다의어 Check✔
에서 고르세요.

☐ optimistic	낙관적인(↔ pessimistic 비관적인)	• optimism 낙관주의 • optimist 낙관주의자, 낙관론자
☐ outcome	결과(= result, consequence)	
☐ expectancy	(특히 좋은 일에 대한) 기대	
☐ term	기간; 학기; 용어	
☐ extend	확장하다; 연장하다; 이르다, 달하다	• extension 확장, 확대; 연장 **cf.** extent 정도; 크기
☐ isolated	외딴(= remote); 단 한 번의; 산발적인	• isolate 고립시키다, 격리하다; 분리 하다
☐ incident	일, 사건	
☐ cultivate✦	(땅을) 경작하다; (습관 등을) 기르다, 함양하다	
☐ span	걸치다; 포괄하다; 기간[시간]	
☐ diverse	다양한(= varied)	• diversity 다양성
☐ scenario	(미래의 일을 묘사한) 시나리오; (영화의) 시나리오, 각본	
☐ stability	안정(감)(↔ instability 불안정)	• stable 안정된(↔ unstable, instable 불안정한)
☐ undergo	(변화, 안 좋은 일 등을) 경험하다, 겪다	(underwent–undergone)
☐ consistent	한결같은, 일관된; (주장 등이) 일관성 있는(↔ inconsistent 일관성 없는)	
☐ generalize	~을 일반[보편]화하다; 일반적으로 말하다	• generalization 일반화
☐ day-to-day	그날그날의	
☐ enduring	오래가는, 지속되는(= lasting)	• endure 견디다, 참다; 오래가다, 지속되다
☐ perceive	인지하다, 지각하다	• perception 인지, 지각
☐ mindset	사고방식	

Developing an optimistic personality requires more than merely having positive beliefs about specific future outcomes, known as "positive outcome expectancies" in psychological terms. While it's certainly beneficial to approach individual situations with optimism, true optimism extends beyond isolated incidents. ① It involves **cultivating**⁺ optimistic beliefs that span across various areas of life in order to encompass diverse scenarios and challenges. ② Furthermore, for these optimistic beliefs to truly shape one's personality, they must demonstrate stability over time. ③ Although personality traits generally become stable with age, they can also undergo frequent changes throughout a lifetime. ④ A disposition towards optimism involves maintaining consistent, generalized positive beliefs not just on a day-to-day basis, but also over weeks, months, and even years. ⑤ This enduring positivity forms the foundation of an optimistic personality, influencing how one perceives the world around them with a hopeful mindset.

*encompass: 포함하다, 아우르다
**disposition: 성향

다의어 Check ✔

지문 속 ✦표시 어휘의 문맥상 의미는?

1 cultivate
ⓐ 경작하다
ⓑ (습관 등을) 기르다

INTRO

Q 첫 두 문장으로 보아, 앞으로 전개될 내용으로 가장 적절한 것을 고르시오.

① 낙관적 성격과 긍정적 생각의 유사성
② 낙관적 성격을 기르는 데 필요한 것

Q 윗글에서 전체 흐름과 관계 <u>없는</u> 문장을 고르시오.

①   ②   ③   ④   ⑤

OUTRO

Q 위 문제에서 선택한 정답 문장의 내용을 고르시오.

① 성격은 변할 수 있다.
② 성격은 일관적이다.

Stage 2 한 문장씩 뜯어보기

◆ 주어진 질문에 답하시오.

> [1]Developing an optimistic personality **requires more than merely** having positive beliefs about specific future outcomes, known as "positive outcome expectancies" in psychological terms.

requires more than (merely) ~ ((단순히) ~하는 것 이상이 필요하다)
than이 이끄는 내용은 실질적으로 중요하지 않다. 글에서 중점을 두는 것은 이 문장 이후에 설명될 것으로 예측할 수 있다.

1 문장 1을 간단히 표현할 때 빈칸에 알맞은 것은?
→ Optimism isn't solely about maintaining a positive ______________ in certain situations.
ⓐ change
ⓑ outlook
ⓒ outcome

> [2]While it's certainly beneficial to approach individual situations with optimism, true optimism extends beyond <u>isolated</u> incidents.

2 밑줄 친 <u>isolated</u>와 유사한 표현을 문장 2에서 찾아 쓰시오.

> [3]<u>It</u> involves cultivating optimistic beliefs what span across various areas of life in order to encompass diverse scenarios and challenges.

3 밑줄 친 <u>It</u>이 지칭하는 것으로 알맞은 것을 문장 2에서 찾아 쓰시오.

4 문장 3이 어법상 옳으면 O, 틀리면 X로 표시하고 틀린 부분을 바르게 고치시오.

5 문장 1~3을 한 문장으로 표현할 때 빈칸에 알맞은 것은?
→ True optimism is developing ______________ positivity across life's areas.
ⓐ flexible
ⓑ realistic
ⓒ widespread

⁴**Furthermore**, for these optimistic beliefs to truly shape one's personality, they must demonstrate stability over time.

⁵Although personality traits generally become stable with age, they can also undergo frequent changes throughout a lifetime.

⁶A disposition towards optimism involves maintaining consistent, generalized positive beliefs **not just** on a day-to-day basis, **but also** over weeks, months, and even years.

⁷This enduring positivity forms the foundation of an optimistic personality, influencing how one perceives the world around them with a hopeful mindset.

furthermore (게다가, 또한)
= in addition
= besides
= moreover
앞 설명에 이어서 부연 설명을 연결한다.

not just[only] A but (also) B (A뿐만 아니라 B도)
A보다 but (also) 뒤의 B에 더 중점을 둔다.

6 문장 4, 6, 7을 한 문장으로 표현할 때 빈칸에 알맞은 것은?

→ True optimism _______________ over time.

ⓐ changes
ⓑ weakens
ⓒ continues

Stage 3 요약하기

◆ 글의 내용을 아래와 같이 요약할 때, 빈칸 (A)~(C)에 들어갈 가장 적절한 말을 <조건>에 맞게 쓰시오.

Developing an optimistic personality requires maintaining positive beliefs (A) _______________ across (B) _______________ life experiences and challenges, fostering (C) _______________ over time.

> (조건) <보기>의 단어 중에서 골라 그대로 쓸 것
> (보기) reasonably / true / consistently
> hopefulness / progress / diverse

37

Store Design 매장 설계

마케팅은 상품이나 서비스를 소비자에게 알리고 판매하기 위한 경영 활동을 의미해요.
상품을 상점의 어느 곳에 배치하는지도 마케팅의 중요한 부분입니다.

소매상점(retail store)에서
상품(products, merchandise, goods)의 진열(display)과
배치(layout)는 마케팅 전략(marketing strategy)과
연관이 깊습니다.

이는 그저 소비자들이 원하는 상품을 찾기 쉽게 하는 것에만
그치는 것이 아니라 상품이나 서비스의 판매를 촉진하고
홍보하는 데 핵심이 되는 활동입니다.

Words & PHRASES

✦표시 다의어는
지문 속 의미를
다의어 Check✔
에서 고르세요.

☐ drugstore	드러그스토어 ((미국 드러그스토어는 잡화 외에 의약품도 판매))	
☐ pharmacy	약학; 약국	• pharmacist 약사
☐ force O to-v	O가 (어쩔 수 없이) v하게 만들다	
☐ accommodation✦	적응; 조정, 합의; 숙박 시설	• accommodate 적응시키다; 수용하다; 숙박시키다
☐ lest	~하지 않도록	
☐ strategy	전략, 계획	• strategic 전략적인, 전략상 중요한
☐ backfire	역효과를 낳다	
☐ be headed for	~으로 향하다	
☐ at hand	가까이에 (있는); 당면한	
☐ browse	둘러보다, 대강 훑어보다(= scan)	
☐ merchandise	물품, 상품(= goods); 판매를 촉진[계획]하다	• merchandiser 상인; 판매 촉진 담당자
☐ rear	뒤쪽(의); 기르다, 양육하다	
☐ display	전시(하다), 진열(하다); 드러내다(= reveal)	▶ on display 전시되어, 진열되어
☐ fixture	정착물, 고정물, 설치물	
☐ position	(특정한 위치에) 배치하다(= place); 위치	
☐ visible	눈에 보이는(↔ invisible 보이지 않는); 뚜렷한, 명백한	• visibility 눈에 잘 보임, 가시성; 시야
[선택지]		
☐ enhance	향상시키다, 높이다	
☐ set up	세우다; 설치하다; 준비하다	
☐ draw	그리다; (사람의 마음을) 끌다(= pull)	
☐ optimize	~을 최대한 좋게 만들다	
☐ layout	배치, 레이아웃	

In large chain drugstores, pharmacy is almost always on the back wall, so customers will be forced to visit the rest of the store, too. But a special **accommodation**⁺ must be made for those customers, lest the strategy backfire. When shoppers are headed for the pharmacy, they typically have a serious task at hand, and so they're not interested in browsing the shelves of the store on their way back. Therefore, drugstores are merchandised from the rear as well as from the front—at least some signs, displays, and fixtures are positioned so they are visible to shoppers walking from the back of the store to the front. It's almost like <u>planning two different stores on the same site</u>, but it's done because the pharmacy is so effective at pulling shoppers through the store.

다의어 Check ✔

지문 속 ✦표시 어휘의 문맥상 의미는?

1 accommodation
 ⓐ 숙박 시설
 ⓑ 조정

INTRO

밑줄 친 어구의 <u>two different stores</u>가 의미하는 것을 <u>두 개</u> 고르시오.

① a store for tourists
② a store for pharmacy users
③ a store for general shoppers

밑줄 친 **planning two different stores on the same site**가 의미하는 바로 가장 적절한 것을 고르시오.

① opening additional stores for customers' convenience
② enhancing pharmacy experience by combining two areas
③ merchandising goods from two different companies in a store
④ setting up two separate pharmacies to draw many customers
⑤ optimizing layouts to serve both general and specific shoppers

Stage 2　한 문장씩 뜯어보기

◆ 주어진 질문에 답하시오.

> [1] In large chain drugstores, pharmacy is almost always on the back wall, so customers will be forced to visit the rest of the store, too.

1 문장 1을 간단히 표현할 때 빈칸에 알맞은 것은?

→ Pharmacies in drugstores are placed _______________ the entrance so that visitors see more products.

ⓐ near
ⓑ opposite
ⓒ outside

> [2] But a special accommodation must be made for those customers, **lest the strategy backfire.**

2 밑줄 친 부분을 아래와 같이 바꿔 쓸 때 빈칸에 들어갈 말로 알맞은 것을 쓰시오.

→ so that the strategy should _______________

> problem-solution 구조는 문제에 대한 해결을 설명하거나 주장한다. 글에서 명백히 problem과 solution이라는 단어를 쓰지 않는 경우가 많으므로, 문맥을 통해 이를 판단한다.

TIP ★　**lest+S′(+should)+V′: ~하지 않기 위해서, ~하지 않도록 ((문어체))**

<for fear (that)+S′(+should)+V′>로 쓸 수도 있으며, 구어체에서는 <so that+S′+should not+V′>으로 쓴다.

The deer fled the forest lest it be captured.
그 사슴은 잡히지 않도록 숲에서 달아났다.
= ~ **for fear (that)** it **(should)** be captured.
= ~ **so that** it **shouldn't** be captured.
cf. so (that): ~하기 위해서, ~하도록(= in order that)
　She set an alarm **so** she wouldn't oversleep.
　그녀는 늦잠 자지 않도록 알람을 맞췄다.

> [3] When shoppers are headed for the pharmacy, they typically have a serious task at hand, and so they're not interested in browsing the shelves of the store on their way back.

3 문장 3을 간단히 표현할 때 빈칸에 알맞은 것은?

→ Pharmacy customers don't _______________ the rest of the store on their way back.

ⓐ explore
ⓑ organize
ⓒ remember

[4]Therefore, drugstores are merchandised from the rear as well as from the front—at least some signs, displays, and fixtures are positioned so they are visible to shoppers walking from the back of the store to the front.

4 문장 4에서 설명하고 있는 것을 문장 2에서 찾아 쓰시오. (세 단어)

[5]It's almost like planning two different stores on the same site, but it's done because the pharmacy is so effective at pulling shoppers through the store.

5 문장 4~5를 한 문장으로 표현할 때 빈칸에 알맞은 것은?
→ A strategy is to put signs and products in places that help customers browse when they _______________.
ⓐ pay
ⓑ queue
ⓒ leave

Stage 3   요약하기

◆ 글의 내용을 아래와 같이 요약할 때, 빈칸 (A)~(C)에 들어갈 가장 적절한 말을 <조건>에 맞게 쓰시오.

Drugstores typically place their pharmacies at the (A) _____________ to make customers (B) _____________ the entire store. Additionally, to boost sales, strategic arrangements are (C) _____________ on their way out.

> (조건) 1. <보기>의 단어를 한 번씩만 사용할 것
> 2. 필요하면 문맥과 어법에 맞게 변형할 것 (단어 추가 없음)
> (보기) display / navigate / back

History

Numeral 0 숫자 0

하나, 둘, 셋 … 에 해당하는 양수(positive number)는 일상생활에서 필요한 숫자였기 때문에
다른 수 체계보다 먼저 발명되었습니다. 숫자 0의 발명은 이보다 늦었지만, 아주 혁신적인 것이었어요.

숫자(numeral) 0의 발명으로 0, 1, 2, 3, 4, …, 9로 구성된 아라비아
숫자(Arabic numerals) 체계가 완성되었습니다.

이는 I, II, III 등으로 나타내는 로마 숫자(Roman numerals)보다
표기와 연산이 더 간단하고 효율적이라는 장점이 있어요.

Words & PHRASES

✚ 표시 다의어는
지문 속 의미를
다의어 Check
에서 고르세요.

☐ emptiness	텅 비어 있음; 공허(감)	
☐ mathematician	수학자	● mathematics 수학 ● mathematical 수학의, 수학적인
☐ notable	주목할 만한, 눈에 띄는; 중요한, 유명한	
☐ arise	생기다, 발생하다	(arose-arisen)
☐ take advantage of	~을 이용하다, ~을 기회로 활용하다	
☐ stand for✚	~을 상징하다, ~을 나타내다; ~을 지지하다	
☐ multiply	(수량이) 크게 증가하다; 곱하다	
☐ numeral	숫자(= number)	
☐ have difficulty with	~에 어려움이 있다	
☐ abstract	추상(적인); 개요, 발췌; 추출하다	● abstractness 추상성
☐ signify	의미하다, 나타내다; 중요하다	
☐ notation	(수학, 과학, 음악의) 표기법, 기호	
☐ transmit✚	전송하다; 전염시키다; (지식 등을) 전하다	
☐ scholar	학자; 장학생	● scholarship 학문; 학식; 장학금

> By comparison, the idea of emptiness was familiar to Hindu mathematicians in India from Buddhist philosophy.

Mathematics has a name for nothing, which is "zero." It is notable that the origin of "zero" is a Hindu word, *sunya*, meaning "emptiness," for it was among Hindu mathematicians that our idea of zero arose. (①) To the Greeks and Romans, the very idea of zero was unthinkable—how could nothing be something? (②) Lacking a symbol for it in their number systems, they could not take advantage of convenient "positional" notation (in which, for example, 307 **stands for**[+] 3 hundreds, no tens, and 7 ones). (③) This limitation of how numbers are written is one reason why multiplying with their numerals is such a nightmare. (④) They had no difficulty with an abstract symbol that signified nothing, and their notation was **transmitted**[+] to Europe during the Middle Ages by Arab scholars—thus, our "Arabic numerals" were formed. (⑤) The Hindu *sunya* became the Arabic *sifr*, which shows up in English in both the words "zero" and "cipher."

*positional notation: 위치 기수법 ((숫자의 자리에 따라 값이 달라지도록 하는 표기법))
**cipher: (숫자의) 영(0)

INTRO
 네모 안에 주어진 문장으로 보아, 앞 내용으로 가장 적절한 것을 고르시오.
① 텅 비어 있다는 개념을 창안해 낸 사람들
② 텅 비어 있다는 개념에 친숙하지 않았던 사람들

  글의 흐름으로 보아, 주어진 문장이 들어가기에 가장 적절한 곳을 고르시오.
①   ②   ③   ④   ⑤

Stage 2   한 문장씩 뜯어보기

◆ 주어진 질문에 답하시오.

¹Mathematics has a name for nothing, which is "zero."

도입부: 핵심 소재인 zero의 소개와 기원

²**It is** notable **that** the origin of "zero" is a Hindu word, *sunya*, meaning "emptiness," **for it was** among Hindu mathematicians **that** our idea of zero arose.

접속사 for (왜냐하면)
앞 절에 대한 이유, 근거 또는 부연 설명을 이끈다.

1 밑줄 친 부분을 우리말로 해석하시오.

> **TIP★** 가주어-진주어 구문 vs. 강조구문
> - It is[was]+형용사+that ~: <가주어-진주어> 구문
>
>   **It was** *astonishing* **that** the team managed to win against all odds.
>   가주어   진주어
>   그 팀이 온갖 역경을 딛고 승리를 이뤄낸 것은 정말 놀라웠다.
> - It is[was]+부사(구,절)+that ~: 강조구문
>   (It is[was]와 that을 제외한 부분이 '주어+동사 ~'를 갖춘 완전한 구조이다.)
>
>   **It was** *due to the weather* **that** the event was postponed.
>   행사가 미뤄진 것은 바로 날씨 때문이었다.
>   (← The event was postponed due to the weather.)

³To the **Greeks and Romans**, the very idea of zero was unthinkable—how could nothing be something?

Greeks and Romans가 핵심 소재인 zero를 대하는 태도

⁴**Lacking** a symbol for it in their number systems, they could not take advantage of convenient "positional" notation (in which, for example, 307 stands for 3 hundreds, no tens, and 7 ones).

분사(v-ing/p.p.)가 이끄는 분사구문은 동시[연속] 동작, 시간, 원인, 양보 등 다양한 뜻이 가능하므로, 문장 내 의미 관계를 살펴 가장 자연스러운 것으로 해석한다.

2 문장 4의 밑줄 친 부분을 아래와 같이 바꿔 쓸 때, 문맥상 빈칸에 가장 알맞은 것은?
→ ______________ they lacked a symbol for it in their number systems
ⓐ If
ⓑ Because
ⓒ Although

⁵This limitation of how numbers are written is one reason why multiplying with their numerals is such a nightmare.

3 문장 3~5를 간단히 표현할 때 알맞은 것은?

ⓐ 그리스와 로마 숫자는 역사가 깊다.

ⓑ 그리스인과 로마인은 0의 존재를 부인했다.

ⓒ 그리스인과 로마인에게는 0의 개념이 없어 불편했다.

---

6 **By comparison**, the idea of emptiness was familiar to **Hindu mathematicians** in India from Buddhist philosophy.

7 They had no _____________ with an abstract symbol that signified nothing, and their notation was transmitted to Europe during the Middle Ages by Arab scholars—thus, our "Arabic numerals" were formed.

> Hindu mathematicians가 핵심 소재인 zero를 대하는 태도
>
> By comparison을 통해 앞뒤의 태도가 서로 대조 관계임을 알 수 있다.

4 문맥상 빈칸에 들어갈 말로 가장 적절한 것은?

ⓐ interest

ⓑ difficulty

ⓒ experience

---

8 The Hindu *sunya* became the Arabic *sifr*, which shows up in English in both the words "zero" and "cipher."

5 문장 6~8을 간단히 표현할 때 빈칸에 알맞은 것은?

→ the _____________ of Indian "zero" concept to Europe by Arab scholars

ⓐ spread

ⓑ familiarity

ⓒ abstractness

Stage **3** 요약하기

◆ 글의 내용을 아래와 같이 요약할 때, 빈칸 (A), (B)에 들어갈 가장 적절한 말을 <조건>에 맞게 쓰시오.

The mathematical concept of "zero," (A) _____________ from the Hindu word for "emptiness," was transmitted from India to Europe—a concept previously (B) _____________ to the Greeks and Romans.

> 조건   1. <보기>의 단어 중에서 골라 쓸 것
> 2. 필요하면 문맥과 어법에 맞게 변형할 것
> 3. 각각 한 단어로 작성할 것
>
> 보기   familiar / separate / draw / efficient

39

Neuroscience

Sleep 수면

'잠이 보약이다'라는 말이 있듯이 질 좋은 수면은 건강을 유지하는 데 꼭 필요합니다.
사람마다 필요한 수면 시간은 다를 수 있으나, 아침에 피곤하지 않고 낮에 졸리지 않을 정도의
수면 시간을 확보해야 합니다.

수면은 크게 렘수면과 비렘수면으로 나뉘어요.

- **렘(REM, Rapid Eye Movement)수면**: 눈 운동이 빠른 수면 상태. 뇌의 활동이 활발하고 꿈을 많이 꾸는 것이 특징이에요.

- **비렘(non-REM)수면**: 눈 운동이 느린 상태. 꿈을 거의 꾸지 않고 푹 자는 단계예요.

Words & PHRASES

✦표시 다의어는
지문 속 의미를
다의어 Check✔
에서 고르세요.

☐ concern✦	관련이 있다, 관련시키다; 관심(을 갖다); 걱정(스럽게 하다)	▶ be concerned with ~와 관련[관계]이 있다
☐ be up to A	A에 달려 있다; A를 하고 있다	
☐ shift✦	옮기다, 이동하다; (견해 등을) 바꾸다, 바뀌다; 변화	
☐ efficient	능률적인, 효율적인(↔ inefficient 비효율적인)	
☐ storage	저장(고)	• store 가게, 상점; 보관하다, 저장하다
☐ region	지역, 지방(= area); 구역; (신체의) 부분	• regional 지역의, 지방의
☐ capture	붙잡다; 포착하다; (관심을) 사로잡다; 포획	
☐ auditory	청각의, 귀의	
☐ motor	운동의; 모터, 전동기	
☐ synthesize	종합[통합]하다; 합성하다	• synthetic 합성의; 인조의
☐ process	과정; 처리하다; 가공하다	
☐ emotionally	정서적으로, 감정적으로	• emotional 정서적인, 감정적인
☐ affect	(~에) 영향을 미치다	**cf.** effect 영향
☐ overall	종합[전반]적으로; 대체로; 종합적인	
[선택지]		
☐ capacity	용량, (최대) 수용량; 능력	

One of the most exciting areas of science **concerns**[+] what the brain is up to when a person is asleep at night. UC Berkeley's Dr. Matthew Walker explains that during sleep, the brain **shifts**[+] what it learned that day to more efficient storage regions of the brain. Each stage of sleep plays its own unique role in capturing memories. For example, studying a foreign language requires learning vocabulary, auditory memory of new sounds, and motor skills to correctly say the new word. The vocabulary is synthesized by a certain area of the brain early in the night during "slow-wave sleep," a deep sleep without dreams. The motor skills of speech are processed during stage 2 non-REM sleep, and the auditory memories are remembered across all stages. Also, memories that are emotionally affected get processed during REM sleep, the stage which is associated with dreaming. Overall, the more you learned during the day,

____.

*non-REM sleep: 비렘수면 ((깊은 수면 단계))
**REM sleep: 렘수면 ((뇌파가 깨어 있는 수면 단계))

다의어 Check ✔

지문 속 ✦표시 어휘의 문맥상 의미는?

1 concern
ⓐ 걱정스럽게 하다
ⓑ 관심을 갖다

2 shift
ⓐ 옮기다
ⓑ (견해 등을) 바꾸다

INTRO

Q 빈칸 문장으로 보아, 찾아야 할 내용으로 알맞은 것을 고르시오.
① 낮 동안 학습을 방해하는 것
② 낮에 더 많이 학습하는 것과 관련 있는 내용

Q 윗글의 빈칸에 들어갈 말로 가장 적절한 것을 고르시오.
① the faster you forget during sleep
② the greater your emotion becomes
③ the bigger your memory capacity gets
④ the longer you need to sleep that night
⑤ the more you dream about it in your sleep

Stage 2 한 문장씩 뜯어보기

◆ 주어진 질문에 답하시오.

---

¹One of the most exciting areas of science concerns what the brain is up to when a person is asleep at night.

첫 문장은 설명 대상을 언급하는 도입부이다.

1 밑줄 친 One의 동사를 찾아 쓰시오.

---

²UC Berkeley's Dr. Matthew Walker explains that during sleep, the brain **shifts** what it learned that day **to** more efficient storage regions of the brain.

전문가의 말을 통해 주제를 나타낼 수 있다.

shift A to B (A를 B로 옮기다[이동시키다])

2 문장 2를 간단히 표현할 때 빈칸에 알맞은 것은?

→ During sleep, the brain _______________ learned information to store it more efficiently.

ⓐ repeats
ⓑ relocates
ⓒ revises

---

³Each stage of sleep plays its own unique role in capturing memories.

---

⁴**For example**, studying a foreign language requires learning vocabulary, (a) _____________ memory of new sounds, and (b) _____________ skills to correctly say the new word.

문장 3을 뒷받침하는 설명 (예시)

3 문맥상 빈칸 (a)와 (b)에 들어갈 말을 아래 <보기>에서 골라 쓰시오.

> (보기) visual / motor / auditory / spatial

(a):
(b):

---

⁵The vocabulary is synthesized by a certain area of the brain early in the night during **"slow-wave sleep," a deep sleep without dreams**.

명사+콤마(,)+명사(구)

---

⁶The motor skills of speech are processed during stage 2 non-REM sleep, and the auditory memories are remembered across all stages.

4 문장 4~6을 간단히 표현할 때 알맞은 것은?

    ⓐ 일반적인 외국어 학습 단계

    ⓑ 외국어를 듣는 것과 말하는 것의 차이점

    ⓒ 외국어 학습과 관련된 각 수면 단계의 역할

> **7** Also, memories that **are** emotionally **affected get processed** during REM sleep, the stage which is associated with dreaming.

5 문장 7의 밑줄 친 부분을 우리말로 해석하시오.

> **8** Overall, the more you learned during the day, the longer you need to sleep that night.

6 글의 주제문에 해당하는 문장의 번호를 쓰시오. (하나만 쓸 것)

Stage **3**   요약하기

◆ 글의 내용을 아래와 같이 요약할 때, 빈칸 (A), (B)에 들어갈 가장 적절한 말을 <조건>에 맞게 쓰시오.

When we sleep, our brain moves what we learned into (A) ______________ where it can be remembered better, and the brain uses each sleep (B) ______________ to better remember and organize different types of learning.

> 조건   <보기>의 단어 중에서 골라 그대로 쓸 것
> 보기   stage / analysis / sound / storage

40

Environment

Interesting Habitats 신기한 서식지

생물은 각자에게 알맞은 특정 서식지를 택하여 살아갑니다.
서식지, 그곳에 사는 모든 생물, 그리고 무생물적 요소를 모두 합하여 생태계(ecosystem)라고 합니다.

서식지(habitat)는 생물이 살아가는 장소를 말합니다.

서식지는 먹을 것과 주거지(shelter)를 제공할 뿐만 아니라 번식(reproduction)과 새끼(offspring)를 키우는 데 필요한 자원(resources) 또한 제공합니다.

Words & PHRASES

✦표시 다의어는
지문 속 의미를
다의어 Check✔
에서 고르세요.

□ considerable	(수량이) 상당한, 많은(= large, much)	**cf.** considerate 　　　사려 깊은, (남을) 배려하는(= thoughtful)
□ float	떠다니다; 뜨다; (액체 위에) 띄우다	• afloat (물에) 뜬
□ be unlikely to-v	v할 것 같지 않다	
□ not necessarily	반드시(꼭) ~은 아닌	
□ end✦	끝, 종료; 목적, 목표	
□ rare✦	드문, 희귀한; (고기를) 살짝 익힌	
□ benefit	혜택, 이득; (정부가 주는) 수당, 보조금	
□ lay	놓다, 두다(= place); (알을) 낳다	(laid-laid)
□ reef	암초	
□ host	주인; 주최 측; (행사 등을) 주최하다; (주인으로서) 접대하다	▶ be host to A 　　A의 수용처(개최 장소)가 되다
□ a variety of	여러 가지의, 다양한	
□ marine	바다의, 해양의; 해병대원	
□ wildlife	야생동물	
□ including	((전치사)) ~을 포함하여	
□ inhabit	~에 살다(= dwell in), 서식하다	• inhabitant 주민, 거주자; 서식 동물
□ moreover	게다가, 더욱이(= in addition)	
□ species	((생물)) 종	
□ thrive	번창하다, 잘 자라다(= flourish)	
[선택지]		
□ tragic	비극적인, 비극의	
□ habitat	(동식물의) 서식지	

Did you know that there is a considerable amount of wood floating in the ocean? It's interesting to observe that driftwood that leaves the land in order to start a new life in the sea is unlikely to ever return. However, being lost at sea doesn't necessarily mean the **end**⁺ of its adventures. In fact, driftwood can stay afloat in the ocean for about 17 months, providing **rare**⁺ benefits like food, shade, protection from waves, and a place to lay eggs. As a result, the driftwood becomes a "floating reef" that can be host to a variety of marine wildlife, including wingless water striders. These insects lay their eggs on the floating wood and are only known to inhabit the ocean. Moreover, more than 100 other species of invertebrates and some 130 species of fish are known to thrive using driftwood.

*driftwood: 유목 **invertebrate: 무척추동물

다의어 Check

지문 속 ✦표시 어휘의 문맥상 의미는?

1 end
ⓐ 목적
ⓑ 끝

2 rare
ⓐ 드문
ⓑ (고기를) 살짝 익힌

INTRO

 윗글의 중심 소재는 무엇인지 고르시오.

① sea life
② driftwood
③ wild species

 윗글의 제목으로 가장 적절한 것을 고르시오.

① Lost at Sea: The Tragic Fate of Driftwood
② Driftwood: A Floating Habitat for Marine Life
③ The Surprising Role of Driftwood as a Food Supplier
④ What Happens When Driftwood Returns to the Land?
⑤ Can Driftwood Provide a Solution to Marine Habitat Loss?

◆ 주어진 질문에 답하시오.

¹Did you know that there is a considerable amount of wood floating in the ocean**?**

²It's interesting to observe that driftwood that leaves the land in order to start a new life in the sea <u>is</u> unlikely to ever return.

1 밑줄 친 동사 <u>is</u>의 주어에 해당하는 맨 첫 단어를 찾아 쓰시오.

2 문장 2를 간단히 표현할 때 빈칸에 알맞은 것은?
→ Driftwood _______________ its ocean journey for a long time.
ⓐ plans
ⓑ finishes
ⓒ continues

³However, being lost at sea does**n't necessarily** mean the end of its adventures.

⁴In fact, driftwood can stay afloat in the ocean for about 17 months, providing rare benefits like food, shade, protection from waves, and a place to lay eggs.

3 문장 3~4를 한 문장으로 표현할 때 빈칸에 알맞은 것은?
→ Driftwood has some _______________ in its ocean journey.
ⓐ roles
ⓑ troubles
ⓒ destinations

도입부의 의문문 Did you know ~?
읽는 이의 흥미를 끌기 위해 첫 문장이 질문 형태로 표현되었다.

not necessarily (반드시 ~한 것은 아닌)
내용을 일부 인정하면서도 일부를 부정한다.

In fact (사실은, 실제로는)
대부분 앞 내용에 대해 자세한 내용을 덧붙일 때 쓴다. 간혹, 앞 내용과 반대되는 내용을 강조할 때도 쓰인다.

[5] **As a result**, the driftwood becomes a <u>"floating reef"</u> that can be host to a variety of marine wildlife, **including** wingless water striders.

4 밑줄 친 <u>a "floating reef"</u>의 의미로 빈칸에 알맞은 것은?

= a(n) ______________ for many sea animals

ⓐ trap

ⓑ shelter

ⓒ obstacle

TIP ★ v-ing형 전치사

v-ing 형태의 단어가 구를 이끌면 분사구문의 분사로 착각할 수 있지만 <전치사+명사>구의 전치사일 수도 있다. 분사구문은 의미상 주어와 v-ing가 <주어+동사>의 의미 관계를 이루지만 v-ing형 전치사는 그렇지 않다.

1. 분사구문을 이끄는 분사

[4] ~, driftwood can stay afloat ~, **providing** rare benefits ~.
= and driftwood provides ~

2. v-ing형 전치사

[5] ~, the driftwood becomes a "floating reef" ~, **including** wingless water striders.
≠ and the driftwood includes ~

including 이외의 v-ing형 전치사를 의미와 함께 잘 알아두자.
- considering ~을 감안하면
- excluding ~을 제외하고 (= excepting)
- regarding ~에 관해서는 (= concerning, respecting)

[6] These insects lay their eggs on the floating wood and are only known to inhabit the ocean.

[7] **Moreover**, more than 100 other species of invertebrates and some 130 species of fish are known to thrive using driftwood.

Stage **3**   요약하기

◆ 글의 내용을 아래와 같이 요약할 때, 빈칸 (A), (B)에 들어갈 가장 적절한 말을 <조건>에 맞게 쓰시오.

Driftwood, which floats on the ocean offering support and shelter, transforms into essential (A) ______________ for a variety of marine (B) ______________.

조건 <보기>의 단어 중에서 골라 그대로 쓸 것
보기 pollutants / organisms / research / habitats

Microbes 미생물

미생물은 우리 눈으로는 볼 수 없는 0.1mm 이하의 작은 생물입니다.
이들은 우리 몸과 주변 환경에서 살아가며, 도움을 주기도 하고
해를 끼치기도 합니다.

미생물(microbe, microorganism)은 매우 작지만 그 영향은
결코 작다고 할 수 없습니다.

일부는 각종 질병을 유발하는 원인균이 되거나 식품을
변질시켜 식중독을 유발하기도 해요.

이를 예방하기 위해서는 손 씻기, 마스크 착용, 백신 접종,
올바른 환경 관리가 중요합니다.

Words & PHRASES

✦표시 다의어는
지문 속 의미를
다의어 Check✔
에서 고르세요.

☐ **bacteria**	《복》 박테리아, 세균	《단》 bacterium
☐ **virus**	바이러스; 바이러스성 질환	
☐ **eliminate**	없애다, 제거하다(= get rid of); 죽이다	
☐ **die out**	멸종되다, 자취를 감추다	
☐ **note✦**	~에 주목하다; 적어 두다; 언급하다	
☐ **terrify**	(몹시) 무섭게 하다, 겁먹게 하다	• terrifying 무섭게 하는, 겁나게 하는
☐ **mysteriously**	이해[설명]하기 힘들게, 수수께끼같이; 신비롭게	
☐ **cite**	(예로) 들다; 인용하다(= quote)	
☐ **sweating sickness**	발한병 ((전염성 열병))	• sweat 땀을 흘리다; 땀; 노력, 수고
☐ **burn (oneself) out**	다 타다, (다 타서) 없어지다; 에너지를 소진하다	
☐ **infectious**	감염[전염]되는, 감염[전염]성의	• infect 감염[전염]시키다; 오염시키다 • infection 감염, 전염(병)
☐ **organism**	유기체, (극도로 작은) 생물	
[선택지]		
☐ **efficiency**	효율(성), 능률	
☐ **gradual**	점진적인, 서서히 일어나는	
☐ **standard**	수준, 기준; (도덕) 규범	
☐ **excessive**	지나친, 과도한	

Microorganisms, also known as microbes, such as bacteria and viruses, clearly are not able to think. They don't have brains. They don't know what they do to you, just like you don't care about the millions of them you kill during a shower. The only time your continuing well-being matters to them is when they kill you too well. If they eliminate you before they can spread, then they may well die out themselves. This in fact sometimes happens. History, as Jared Diamond **notes**✛, is full of diseases that "once caused terrifying epidemics and then disappeared as mysteriously as they had come." He cites the dangerous but short-lived English sweating sickness, which continued from 1485 to 1552, killing tens of thousands before burning itself out. ________________ ______________ is not a good thing for any infectious organism.

*microorganism: 미생물
**epidemic: 전염병

다의어 Check ✔

지문 속 ✛표시 어휘의 문맥상 의미는?

1 note
ⓐ 적어 두다
ⓑ 언급하다

 **INTRO**
Q 빈칸 문장으로 보아, 찾아야 할 내용으로 알맞은 것을 고르시오.
① 감염성 미생물이 살기 위한 조건
② 감염성 미생물에게 불리하게 작용하는 것

Q 윗글의 빈칸에 들어갈 말로 가장 적절한 것을 고르시오.
① Too much efficiency
② A gradual spread of viruses
③ A high standard for cleanliness
④ An excessive amount of diversity
⑤ Taking showers multiple times a day

Stage 2 한 문장씩 뜯어보기

◆ 주어진 질문에 답하시오.

[1]Microorganisms, also known as microbes, such as bacteria and viruses, clearly are not able to think.

[2]They don't have brains.

[3]They don't know what they do to you, just like you don't care about the millions of them you kill during a shower.

1 문장 1~3을 한 문장으로 표현할 때 빈칸에 알맞은 것은?
→ Microorganisms function without any ______________ of their actions.
ⓐ value　　　　　ⓑ awareness　　　　　ⓒ involvement

[4]**The only time** your continuing well-being matters to them is when they kill you too well.

2 문장 4를 직독직해 하시오. (동사 앞에서 한 번만 끊을 것)

TIP★ **관계부사의 생략**
선행사가 the time, the place, the reason 등의 일반적인 명사일 때 관계부사를 생략하는 경우가 많다.
[4]*The only time* [**(when)** your continuing well-being matters to them] ~.

[5]If they eliminate you before they can spread, then they **may well** die out themselves.

may well
1. 아마 ~일 것이다
2. (~하는 것도) 당연하다, 무리가 아니다

3 문맥상 문장 5를 이끄는 연결어로 적절한 것은?
ⓐ Similarly　　　　　ⓑ Meanwhile　　　　　ⓒ That is because

4 문장 4~5를 한 문장으로 표현할 때 빈칸에 알맞은 것은?
→ Your health is relevant to microorganisms only when killing you ______________ their own survival.
ⓐ risks　　　　　ⓑ seeks　　　　　ⓒ ensures

[6]This in fact sometimes happens.

[7]History, **as Jared Diamond notes**, is full of diseases that "once caused (a) <u>terrified</u> epidemics and then disappeared as (b) <u>mysteriously</u> as they had come."

5 밑줄 친 (a), (b)가 어법상 옳으면 O, 틀리면 X로 표시하고 바르게 고치시오.

(a):

(b):

[8]He cites the dangerous but short-lived English sweating sickness, which continued from 1485 to 1552, killing tens of thousands before <u>burning itself out</u>.

6 밑줄 친 <u>burning itself out</u>과 비슷한 의미의 단어를 문장 7에서 찾아 그대로 쓰시오. (한 단어)

[9]<u>Too much efficiency</u> is not a good thing for any infectious organism.

7 밑줄 친 <u>Too much efficiency</u>의 의미로 알맞은 것은?

ⓐ Having no brains

ⓑ Dying out themselves

ⓒ Killing people too quickly

8 글의 주제문에 해당하는 문장의 번호를 쓰시오. (하나만 쓸 것)

Stage 3 요약하기

◆ 글의 내용을 아래와 같이 요약할 때, 빈칸 (A), (B)에 들어갈 가장 적절한 말을 <조건>에 맞게 쓰시오.

Microorganisms like bacteria and viruses (A) ___________ humans, but it is good for them to only impact us to the extent that this (B) ___________ them to survive and spread.

조건 1. <보기>의 단어 중에서 골라 쓸 것
2. 필요하면 문맥과 어법에 맞게 변형할 것
3. 각각 한 단어로 작성할 것

보기 help / infect / stop / control / heal

42

Iconic Landmarks 상징적 랜드마크

Landmark는 land(땅)와 mark(표시)의 조합으로 어떤 지역을 식별하는 표시로서의 건물을 의미합니다.

각 도시나 나라에는 관광객을 불러 모으는 상징적 랜드마크가 있습니다. 단순한 지형지물을 넘어 인간 성취의 상징이자, 건축학적 혁신을 의미하며 역사와 문화적 중요성을 지닙니다.

'역사적 랜드마크(historic landmark)'는 역사적으로 중요한 '획기적 사건'을 비유적으로 의미하기도 합니다.

예를 들어, 인간의 달 착륙은 우주 탐사에 있어 획기적 사건 (landmark)이라 할 수 있어요.

Words & PHRASES

✦표시 다의어는 지문 속 의미를 **다의어 Check**✔ 에서 고르세요.

☐ expo	((보통 E-)) 박람회, 엑스포(= exposition)	
☐ under way	이미 시작된, 진행 중인	
☐ charge✦	담당; 요금; 고발(하다); 청구하다; 충전하다	▶ in charge ~을 맡은, 담당인
☐ architect	건축가, 설계자	• architecture 건축학, 건축술; 건축 양식 • architectural 건축학의
☐ less than	~보다 적은; 조금도[결코] ~ 않다	
☐ make a request	(정중히) 요청하다	
☐ log	통나무; 벌목하다; 일지(를 기록하다)	
☐ turn down✦	(소리, 온도 등을) 낮추다; 거절[거부]하다	
☐ breathtakingly	놀랄 만큼, 숨이 막히는 듯이	• breathtaking 숨이 막히는 듯한, 깜짝 놀랄만한
☐ carry	나르다, 운반하다, 수송하다; 휴대하다	
☐ utterly	완전히, 순전히(= completely)	• utter 말을 하다; 소리를 내다; 완전한, 순전한
☐ surpass	능가하다, 뛰어넘다(= excel, outdo)	• surpassing 뛰어난, 탁월한
☐ fair	공평한, 공정한; 상당한; 박람회	
☐ have nothing to-v	v할 일이 아무것도 없다	
☐ compare with	~와 비교하다	
☐ spectacular	장관을 이루는; 극적인	• spectacle 장관, 놀라운 광경
☐ impress	깊은 인상을 주다; 감명을 주다	• impression 인상, 느낌; 감명

Planning for Chicago's Columbian Expo was well under way, but the man in **charge**✦, architect Daniel Burnham, was less than satisfied.

(A) Burnham made a request for something great, with that dream in mind. Various grand towers were suggested, including one two miles high, and another made of logs. But Burnham **turned down**✦ all the proposals; he was looking for something completely different.

(B) That's when an engineer from Pittsburgh had an idea. He would build a giant wheel that could lift passengers hundreds of feet into the sky. Built in less than six months, this breathtakingly enormous wheel could carry more than two thousand passengers at a time. The Ferris wheel has been with us ever since.

(C) He dreamed of an event so amazing it would utterly surpass the recently concluded Paris Exposition. But the Chicago fair had nothing to compare with the spectacular tower designed by Gustave Eiffel that impressed visitors to the Paris show.

*Ferris wheel: 대관람차

다의어 Check ✔

지문 속 ✦표시 어휘의 문맥상 의미는?

1 charge
ⓐ 고발
ⓑ 담당

2 turn down
ⓐ 거절하다
ⓑ (소리 등을) 낮추다

INTRO

1. 네모 안에 주어진 글의 핵심 내용으로 적절한 것을 고르시오.

① 시카고의 콜롬비아 박람회 유치를 위한 노력
② 시카고의 콜롬비아 박람회 준비 담당자의 불만

2. (A)~(C)의 내용으로 알맞은 것끼리 짝지으시오.

(1) 불만 해결을 위한 아이디어 모집 ・　　　　　　・ (A)
(2) 박람회 준비 담당자의 불만 ・　　　　　　・ (B)
(3) 대관람차의 탄생 ・　　　　　　・ (C)

주어진 글 다음에 이어질 글의 순서로 가장 적절한 것을 고르시오.

① (A)–(C)–(B)　　　② (B)–(A)–(C)　　　③ (B)–(C)–(A)
④ (C)–(A)–(B)　　　⑤ (C)–(B)–(A)

◆ 주어진 질문에 답하시오.

> [1] Planning for Chicago's Columbian Expo was well under way, but the man in charge, architect Daniel Burnham, was less than satisfied.

> [2] He dreamed of **an event so amazing it would utterly surpass the recently concluded Paris Exposition**.

이야기 형식의 글은 사건을 시간순으로 서술한다. 대강의 흐름은 '배경-문제 제시-문제의 해결' 순서이다.

배경: 시카고의 콜롬비아 박람회를 준비하는 상황

1   문장 2를 우리말로 해석하시오.

TIP★   **so+형용사[부사](+a/an 명사) ~ (that) ...:** 아주 ~해서 …한; …할 정도로 ~한

결과를 나타내는 표현 <so+형용사+a/an 명사>는 <such+a/an+형용사+명사>로도 표현할 수 있으며, 이때 관사의 위치에 주의한다.

문장 2는 <so+형용사+a/an 명사>의 변형으로 <a/an 명사>가 <so+형용사> 앞에 쓰여 의미상 수식을 받는다.

The novel was **so captivating a story (that)** I read it all in one sitting.

(= The novel was **such a captivating story (that)** I read it all in one sitting.)

그 소설은 아주 매혹적인 이야기여서 나는 그것을 단숨에 다 읽었다.

> [3] But the Chicago fair had nothing to compare with the spectacular tower designed by Gustave Eiffel **that** impressed visitors to the Paris show.

문제(problem) 제시

2   밑줄 친 관계대명사 that의 선행사를 찾아 쓰시오. (세 단어)

TIP★   **선행사와 관계사절**

관계사 바로 앞의 명사를 무조건 선행사로 생각하지 말고 문맥상 무엇이 관계사절의 수식을 받는지를 확인한다.

She bought *a house* on the corner [which had a big garden].

그녀는 큰 정원이 있는 코너에 있는 집을 구입했다.

> [4] Burnham made a request for something great, with that dream in mind.

> [5] Various grand towers were suggested, including one two miles high, and another made of logs.

> [6] But Burnham turned down all the proposals; he was looking for something completely different.

7 That's when an engineer from Pittsburgh had an idea.

8 He would build a giant wheel that could lift passengers hundreds of feet into the sky.

9 (a) **Building** in less than six months, this (b) breathtakingly enormous wheel could carry more than two thousand passengers at a time.

3 밑줄 친 (a), (b)가 어법상 옳으면 O, 틀리면 X로 표시하고 바르게 고치시오. (한 단어로 고칠 것)

(a):

(b):

TIP★ **분사구문의 v-ing vs. p.p.**

분사와 의미상 주어의 관계가 '능동'이면 v-ing, '수동'이면 p.p.를 사용한다.

Scanning the street, *she* finally found the cat under a car. (능동 관계)
거리를 살피던 도중, 그녀는 마침내 차 밑에서 그 고양이를 발견했다.

Painted with bright colors, *the room* looked cheerful. (수동 관계)
밝은 색으로 칠해져서, 그 방은 경쾌해 보였다.

10 The Ferris wheel has been with us ever since.

Stage 3 요약하기

◆ 글의 내용을 아래와 같이 요약할 때, 빈칸 (A)~(C)에 들어갈 가장 적절한 말을 <조건>에 맞게 쓰시오.

The iconic Ferris wheel, a huge (A) ______________ at the Chicago Columbian Expo, was developed due to the (B) ______________ of architect Daniel Burnham, who aimed for a unique and (C) ______________ event.

조건 <보기>의 단어 중에서 골라 그대로 쓸 것

보기 marvelous / mistake / wish
failure / structure / mysterious

Plants

Strategies of Plants 식물의 전략

공존과 경쟁은 식물에게도 예외일 수 없는 생존의 기본 요소입니다.
식물이 가진 신기한 생존 능력들에 대해서 출제됩니다.

땅에 뿌리를 내리고 살아가는 식물은 움직일 수가 없으므로(immobile) 외부의
공격으로부터 자신을 보호하기 위해 특별한 능력을 발휘합니다.

이러한 부동성(immobility)의 특징은 식물이 동물보다 환경 변화에 민감하게 만들며,
환경에 더 잘 대응하고 적응하게 하기도 합니다.

Words & PHRASES

✦표시 다의어는
지문 속 의미를
다의어 Check✔
에서 고르세요.

□ evolve	진화하다; (점진적으로) 발전하다(= progress)	• evolution 진화; 발전
□ natural selection	자연선택 ((생존 경쟁에 유리한 것만 살아남는 진화 과정))	
□ spread	퍼지다, 확산되다; 퍼뜨리다; 펴다, 펼치다; 확산	(spread-spread)
□ offspring	자식, 자손; (동물의) 새끼	
□ pass on	넘겨주다, 전달하다	
□ gene	유전자	• genetic 유전(학)의, 유전자의
□ somehow	어떻게든; 왠지, 웬일인지	
□ hitchhike	히치하이크하다, 남의 차를 얻어 타고 여행하다	
□ sour	(맛이) 신, 시큼한; (특히 우유가) 상한	
□ mature	다 자라다; 성숙한; 다 자란, (과일 등이) 익은(= ripe) (↔ immature 미숙한; 다 자라지 못한)	
□ tender	연약한; 다정한, 상냥한; (음식이) 연한, 부드러운	
□ serve✦	(손님) 시중을 들다; (음식을) 제공하다; 근무하다; 역할을 하다	
□ signal	신호; 신호등; 신호를 보내다	
□ eventually	결국, 마침내(= finally)	• eventual 궁극적인, 최종적인
□ spit (out)	(입에 든 음식 등을) 뱉다, 내뱉다	
□ obviously	분명히, 명백히	
□ intend	의도하다, 작정하다; 의미하다	
□ destroy	파괴하다; 파멸시키다	

정답 및 해설 p. 26

> Instead, strawberry plants evolved through natural selection.

다외어 Check

지문 속 ✦표시 어휘의 문맥상 의미는?

1 serve
ⓐ 시중을 들다
ⓑ 역할을 하다

Plants spread their offspring to areas where they can grow and pass on their genes, so they somehow hitchhike. Consider wild strawberries. (①) When strawberry seeds are still young and not yet ready to be planted, the surrounding fruit is green, sour, and hard. (②) When the seeds finally mature, the berries turn red, sweet, and tender. (③) The change in the berries' color **serves**✦ as a signal attracting birds to eat the berries and fly off, eventually to spit out the seeds. (④) Obviously, strawberry plants didn't intend to attract birds when, and only when, their seeds were ready to be spread. (⑤) The greener and more sour the young strawberry, the fewer the birds that destroyed the seeds by eating berries before the seeds were ready; the sweeter and redder the final strawberry, the more numerous the birds that spread its mature seeds.

Q 글의 흐름으로 보아, 주어진 문장이 들어가기에 가장 적절한 곳을 고르시오.

①   ②   ③   ④   ⑤

OUTRO Q 위에서 고른 정답 뒤에 바로 이어지는 내용으로 가장 적절한 것을 고르시오.

① 딸기의 진화 방식에 대한 설명
② 딸기가 잘 자라는 조건에 대한 설명
③ 딸기가 의도하지 않은 행동에 대한 설명

◆ **주어진 질문에 답하시오.**

[1]Plants spread their offspring to areas where they can grow and pass on their genes, so they somehow hitchhike.

1 밑줄 친 부분의 의미로 알맞은 것은?
    ⓐ plants grow easily
    ⓑ plants rely on others
    ⓒ plants have hard times

[2]**Consider** wild strawberries.

> **Consider** (생각해 보자)
> 명령문으로 구체적 예를 들어 앞 내용을 부연 설명한다.

[3]When strawberry seeds are still young and not yet ready to be planted, the surrounding fruit is green, sour, and hard.

[4]When the seeds finally mature, the berries turn red, sweet, and tender.

[5]The change in the berries' color serves as a signal attracting birds to eat the berries and fly off, eventually to spit out the seeds.

2 밑줄 친 attracting이 어법상 옳으면 O, 틀리면 X로 표시하고 바르게 고치시오.

3 문장 1~5를 한 문장으로 표현할 때 빈칸에 알맞은 것은?
    → To spread their seeds, strawberries use their ______________ to attract birds.
    ⓐ ripe fruit
    ⓑ seeds' color
    ⓒ sweet seeds

[6]Obviously, strawberry plants didn't intend to attract birds when, and only when, their seeds were ready to be spread.

[7]Instead, strawberry plants evolved through natural selection.

4 문장 6~7이 의미하는 내용으로 알맞은 것은?
    ⓐ 새들은 딸기가 씨앗을 퍼뜨리는 순간을 알 수 있다.
    ⓑ 딸기나무는 새들을 유인하려고 다양한 방법을 쓴다.
    ⓒ 딸기나무는 어떤 의도가 아니라 자연선택으로 진화했다.

[8]익지 않은 딸기가 더 푸르고 더 신맛이 날수록, 새가 더 적었다 that destroyed the seeds by eating berries before the seeds were ready; **the sweeter and redder** the final strawberry, **the more numerous** the birds that spread its mature seeds.

5 밑줄 친 우리말과 일치하도록 괄호 안의 어구를 모두 활용하여 영작하시오. (필요시 어형 변화, 단어 중복 사용 가능)

(few / the / the young strawberry / green / more sour / and / the birds)

→ ____, _________________________________

TIP★ <the + 비교급 ~, the + 비교급 ...> 구문의 형태와 어순

• be동사는 대부분 생략된다.

The higher the place (is), **the stronger** the wind (is).
장소가 더 높을수록 바람이 더 세다.

• the more ~의 경우, 뒤에 나오는 형용사나 부사는 바로 뒤에 붙여 쓴다.

The more excited she grew, the louder her laughter echoed.
그녀가 더 즐거워할수록, 그녀의 웃음소리가 더 크게 울려 퍼졌다.

6 글의 주제문에 해당하는 문장의 번호를 쓰시오. (하나만 쓸 것)

Stage 3 요약하기

◆ 글의 내용을 아래와 같이 요약할 때, 빈칸 (A)~(C)에 들어갈 가장 적절한 말을 <조건>에 맞게 쓰시오.

Strawberry plants have evolved to utilize the (A) ___________ of their fruit as a signal to birds for the spread of (B) ___________ seeds, ensuring the (C) ___________ of their offspring.

조건 <보기>의 단어 중에서 골라 그대로 쓸 것
보기 reproduction / wild / transformation reduction / maintenance / mature

44

Language Acquisition 언어 습득

언어 능력은 우리 인간이 가지고 있는 큰 특징 중 하나입니다.
이 능력에 대해서 여러 가설과 이론이 논의됩니다.

인간은 태어나 4~6개월경에 옹알이(babbling)를 시작합니다.

뒤이어 언어가 유창해지기까지(fluent) 몇 년이 채 걸리지
않습니다.

Words & PHRASES

✦표시 다의어는
지문 속 의미를
다의어 Check✔
에서 고르세요.

☐ **aspect**	(측)면, 양상	
☐ **parallel**✦	~에 평행하다; ~와 유사하다; 평행한; 유사한	
☐ **phase**	단계, 시기(= stage); 국면	
☐ **on schedule**	시간표대로, 정시에(= on time); 예정대로	
☐ **trial-and-error**	시행착오	
☐ **consonant**	자음 (글자); ~와 일치하는	*cf.* vowel 모음 (글자)
☐ **as with**	~와 같이, ~와 마찬가지로	
☐ **assemble**	집합시키다, 모이다; 조립하다(↔ disassemble 분해하다)	• assembly 집회; 조립; 의회
☐ **division**✦	분리; 분배(= distribution); 분열, 불일치; 나눗셈	• divide 나누다, 갈라지다
☐ **persuasively**	설득력 있게	• persuade 설득하다, 납득시키다 • persuasive 설득력 있는
☐ **proceed**	가다, 향하다; 계속되다, 진행되다(= continue, go on)	• procedure (진행) 절차, 방법
☐ **inherently**	본질적으로, 선천적으로(= naturally)	• inherent 내재하는, 타고난(= innate)
☐ **addition**	추가; 덧셈(↔ subtraction 뺄셈)	
[선택지]		
☐ **acquire**	얻다, 습득하다	• acquisition 습득
☐ **exposure**	노출; 폭로	
☐ **extent**	정도, 규모	
☐ **present**	참석[출석]한, (~에) 있는; 현재(의); 주다, 수여하다	

There is an aspect of speech learning in humans that **parallels**[+] the subsong phase in birds, the period during which birds of species that learn to sing begin to experiment with sound production. This phase begins right on schedule even if the bird has lost its hearing. Human infants also have a phase of babbling, in which they develop, through trial-and-error learning, the ability to produce the set of consonants found in their own language. As with birds, babbling begins and ends on schedule even in children who are unable to hear. This is a good reason to believe that the rhythms in which words and sentences are assembled in speech and the set of rules known as grammar (in particular the **division**[+] of words into such categories as nouns, verbs, adjectives, and adverbs) are _________________________________.
This idea, argued most persuasively by Noam Chomsky, helps to explain why the learning of speech proceeds so easily compared with the learning of such inherently simpler tasks as addition and subtraction.

*subsong: (어린 새들이 불완전하게 부르는) 유사 노래
**babbling: 옹알이

다의어 Check ✔

지문 속 ✦표시 어휘의 문맥상 의미는?

1 parallel
　ⓐ ~에 평행하다
　ⓑ ~와 유사하다

2 division
　ⓐ 분리
　ⓑ 불일치

INTRO

빈칸 문장으로 보아, 찾아야 할 내용으로 알맞은 것을 고르시오.

① 언어의 리듬과 법칙의 특성
② 언어의 리듬과 법칙의 차이

빈칸에 들어갈 말로 가장 적절한 것을 고르시오.
① as simple as hearing sounds
② acquired by social interactions
③ based on early language exposure
④ to some extent linked to our culture
⑤ naturally present in the human mind

Stage 2 한 문장씩 뜯어보기

◆ **주어진 질문에 답하시오.**

¹There is an aspect of speech learning in humans that parallel the subsong phase in birds, the period during which birds of species that learn to sing <u>begin</u> to experiment with sound production.

> 주제가 맨 앞에 오고 주요 세부 사항들이 이어지는 두괄식 구조이다.

1 문장 1에서 어법상 **틀린** 단어 하나를 찾아 바르게 고치시오.

고치기 전:

→ 고친 후:

2 밑줄 친 동사 <u>begin</u>의 주어에 해당하는 맨 첫 단어를 찾아 쓰시오.

²This phase begins right on schedule even if the bird has lost its hearing.

> 첫 문장을 보충 설명한다.

³Human infants also have a phase of babbling, **in which** they develop, through trial-and-error learning, <u>그들 자신의 언어에서 발견되는 일련의 자음을 생성하는 능력</u>.

> 두 대상 A, B의 유사점을 비교해 설명한다. 인간의 언어 학습(A)을 새의 노래 학습(B)과 비교함으로써 이해를 돕는다.

3 밑줄 친 우리말과 일치하도록 괄호 안의 어구를 모두 활용하여 영작하시오. (필요시 어형 변화 가능)

(in / of consonants / the ability / the set / to produce / find / their own language)

→ _________________________________

TIP★ **(,) 전치사 + 관계대명사**

관계대명사가 전치사의 목적어인 경우, 전치사는 관계대명사 바로 앞에 오는 경우가 많다. 앞에 콤마(,)가 있으면 선행사를 뒤에서 보충 설명한다.

³Human infants also have *a phase of babbling*, **in which** they develop, ~

(← and they develop in a phase of babbling ~)

⁴As with birds, babbling begins and ends on schedule even in children who are <u>unable to hear</u>.

4 밑줄 친 부분과 동일한 의미로 쓰인 표현을 문장 1~2에서 찾아 그대로 쓰시오. (세 단어)

[5]This is **a good reason to believe** that the rhythms in which words and sentences are assembled in speech and the set of rules known as grammar (in particular the division of words into such categories as nouns, verbs, adjectives, and adverbs) <u>are</u> naturally present in the human mind.

5 밑줄 친 동사 <u>are</u>의 주어를 간단히 표현한 것으로 알맞은 것은?
ⓐ speech and grammar
ⓑ categories as nouns and verbs
ⓒ the rhythms and the set of rules

[6]This idea, **argued most persuasively by Noam Chomsky**, helps to explain why the learning of speech proceeds so easily compared with the learning of such inherently simpler tasks as addition and subtraction.

6 문장 5~6을 간단히 표현할 때 빈칸에 알맞은 것은?
→ the reason why speech learning is more ______________ than learning basic math
ⓐ boring
ⓑ natural
ⓒ complex

Stage **3** 요약하기

◆ 글의 내용을 아래와 같이 요약할 때, 빈칸 (A), (B)에 들어갈 가장 적절한 말을 <조건>에 맞게 쓰시오.

Human speech development is like birds' subsong and shows that we have (A) ____________ language skills, making it (B) ____________ to learn language than basic math.

조건 1. <보기>의 단어 중에서 골라 쓸 것
2. 필요하면 문맥과 어법에 맞게 변형할 것
3. 각각 한 단어로 작성할 것
보기 innate / persuasive / tough / easy

Psychology ————————

Coffee Machine Sounds 커피 머신 소리

우리가 외부 정보를 받아들이는 데는 시각(sense of sight)과 청각(sense of hearing)이 대부분의 역할을 합니다.
즉, 우리가 주변을 이해하는 데 빛이나 소리 같은 자극(stimulus)이 크게 작용합니다.

커피 머신은 누구나 커피 바리스타가 될 수 있게 해 주는데요.
바리스타(barista)는 바텐더(bartender)를 뜻하는 이탈리아어로,
커피나 칵테일 같은 음료를 만드는 사람을 의미합니다.

커피를 내리는 과정에서는 아래처럼 다양한 소리가 납니다.

- grinding sounds: 커피 원두(bean)를 가는 소리
- bubbling sounds: 물을 데울 때 나는 부글부글 소리
- sputtering sounds: 커피 물을 컵에 내보낼 때 나는 펑펑 튀는 소리
- hissing sounds: 증기가 밸브를 나갈 때 내는 쉬익 소리
- milk foaming sounds: 우유 거품을 내는 소리

Words & PHRASES

✦표시 다의어는
지문 속 의미를
다의어 Check✦
에서 고르세요.

□ field	들판; 경기장; 분야	
□ psychology	심리학; 심리 (상태)	
□ classic	최고 수준의; 전형적인(= very typical); 고전(적인)	**cf.** classical 고전주의의; 고대 그리스, 로마의; ((음악)) 클래식의
□ similarly	비슷하게; 마찬가지로(= likewise)	
□ to come	앞으로, 장차	
□ high-pitched	(음이) 아주 높은(↔ low-pitched 아주 낮은)	
□ tell✦	말하다; 알려주다; 구별하다	
□ perception	인지, 지각; 인식	• perceive 인지하다, 지각하다
□ rating	순위, 평가; 시청률	• rate 등급; 비율; 속도
□ manufacturer	제조업자, 생산회사(= producer)	• manufacture 제조[생산](하다)
□ design	고안하다, 만들다; 디자인[설계](하다)	
□ ideal	이상적인(= perfect), 이상의; 상상의	
[선택지]		
□ insignificance	무의미; 사소한 일	
□ attempt	(특히 힘든 일에 대한) 시도; 시도하다	

In the field of psychology, Ivan Pavlov made a classic observation in the 1920s about dogs salivating at the sound of a bell signaling the arrival of food. Similarly, the sounds made by a coffee machine, such as grinding, bubbling, sputtering, and hissing, give hints about the taste experience to come. Even the high-pitched noises made by milk foaming can **tell** a skilled barista about the temperature of the milk. Klemens Knöferle's study showed that changing the sounds of a coffee machine affected people's perceptions of the coffee's taste. When the higher-pitched noises were increased, the taste ratings went down, and when they were reduced, the ratings went up. That's why many manufacturers are now designing their machines to produce the ideal sounds for a better taste experience.

*salivate: 침을 흘리다

다의어 Check

지문 속 ✦표시 어휘의 문맥상 의미는?

1 tell
ⓐ 구별하다
ⓑ 알려주다

INTRO

Q 윗글의 중심 소재는 무엇인지 고르시오.
① coffee preparation
② sound perceptions
③ Pavlov's experiment

Q 윗글의 주제로 가장 적절한 것을 고르시오.
① relationships between temperature and coffee quality
② the use of sound as a source of information in coffee making
③ the impact of machine sounds on the perception of coffee flavor
④ insignificance of machine sounds in the taste experience of coffee
⑤ attempts to create the ideal coffee machine sound for better taste

Stage 2 　한 문장씩 뜯어보기

◆ 주어진 질문에 답하시오.

[1] In the field of psychology, Ivan Pavlov made a classic observation in the 1920s about dogs **salivating** at the sound of a bell (signal) the arrival of food.

1　괄호 안의 단어를 어법상 알맞은 형태로 쓰시오. (한 단어)

2　문장 1의 관찰 내용을 간단히 표현할 때 빈칸에 알맞은 것은?

→ Dogs ＿＿＿＿＿＿＿＿ the bell sounds as the arrival of food.

ⓐ made　　　　　　　ⓑ confused　　　　　　ⓒ perceived

TIP★　명사 수식 분사 v-ing/p.p.

분사는 명사 앞이나 뒤에서 그 명사를 수식할 수 있다.
- 현재분사(v-ing)는 일반적으로 '능동, 진행'을 의미 (v하는, v하고 있는)
- 과거분사(p.p.)는 '수동, 완료'를 의미 (v된, v당한, v한 (상태인))

the man **reading** *a book*　　　**written** *instructions*
　책을 읽는 그 남자　　　　　　　작성된 설명서

[2] **Similarly**, the sounds made by a coffee machine, such as grinding, bubbling, sputtering, and hissing, <u>gives</u> hints about the taste experience to come.

similarly (비슷하게, 마찬가지로)
= likewise
유사한 대상을 덧붙여 설명할 때 사용하는 연결어이다.

3　밑줄 친 gives가 어법상 옳으면 O, 틀리면 X로 표시하고 바르게 고치시오.

4　문장 2를 간단히 표현할 때 알맞은 것은?

ⓐ 커피 머신은 다양한 소리를 낸다.
ⓑ 커피 머신 소리는 맛을 예상하게 해준다.
ⓒ 커피가 맛있을수록 커피 머신이 다양한 소리를 낸다.

[3] Even the high-pitched noises made by milk foaming can tell a skilled barista about the temperature of the milk.

5　문장 3을 아래와 같이 표현할 때 빈칸에 알맞은 것은?

→ Sounds of milk foaming can indeed provide valuable ＿＿＿＿＿＿＿＿ to baristas.

ⓐ skills　　　　　　　ⓑ information　　　　　　ⓒ experiences

[4]Klemens Knöferle's study showed that changing the sounds of a coffee machine affected people's perceptions of the coffee's taste.

[5]When the higher-pitched noises were increased, the taste ratings went down, and when they were reduced, the ratings went up.

6 문장 4와 5의 관계로 알맞은 것은?

ⓐ 원인(문장 4) - 결과(문장 5)
ⓑ 근거 없는 믿음(문장 4) - 사실(문장 5)
ⓒ 일반적 내용(문장 4) - 구체적 내용(문장 5)

7 문장 5를 간단히 표현할 때 빈칸에 알맞은 것은?

→ People like coffee with ______________ noises.

ⓐ lower　　　　ⓑ unusual　　　　ⓒ increased

[6]**That's why** many manufacturers are now designing their machines to produce ______________ for a better taste experience.

8 빈칸에 들어갈 말로 알맞은 것은?

ⓐ the ideal sounds
ⓑ the intense sounds
ⓒ a variety of sounds

that is why ~ (그것이 ~한 이유이다)
앞 내용(이유)으로 인한 결과가 why 뒤에 온다.
cf. that is because ~ (그것은 ~이기 때문이다)
앞 내용(결과)의 이유가 because 뒤에 온다.
She loves painting. That is because it helps her relax. 그녀는 그림 그리기를 좋아한다. 그것은 그녀가 긴장을 푸는 데 도움이 되기 때문이다.

Stage 3　요약하기

◆ 글의 내용을 아래와 같이 요약할 때, 빈칸 (A)~(C)에 들어갈 가장 적절한 말을 <조건>에 맞게 쓰시오.

The (A) ______________ of a coffee machine not only (B) ______________ the taste to those who make the coffee but form (C) ______________ in those who drink it.

조건　<보기>의 단어 중에서 골라 그대로 쓸 것
보기　perceptions / indicate / change
　　　skills / sounds / temperature

46

Enlightenment 깨우침

지식이 있거나 이해하는 상태, 또는 이를 넘어서 다른 사람에게 지식이나
이해를 전달하는 것(계몽)을 뜻합니다. 흔히 단편적 지식 습득과 구별됩니다.

수동적이고 단편적인 지식 위주의 학습,
또는 단순한 흥미나 재미를 위한 학습은 앞으로
점점 더 지양될 것입니다.

그보다는 학습자가 주도적으로 탐구하고 사고하여
개념 간의 관계를 이해하고 이를 다른 분야로 전이하면
서 지식을 확장하고 깊이를 더하는 학습이
더욱더 강조될 것입니다.

Words & PHRASES

✦표시 다의어는
지문 속 의미를
다의어 Check✔
에서 고르세요.

☐ **inform**	알리다, 통지하다(= notify); (~에 대한 정보를) 알아내다	▶ inform A of[about] B A에게 B를 알리다
☐ **case**	(특정 상황의) 경우, 사례; 사실, 실정	
☐ **enlighten**	(설명하여) 이해시키다, 깨우치다; 계몽하다	• enlightenment 깨우침; 계몽
☐ **in addition (to)**	게다가, 덧붙여(= furthermore)	
☐ **connection**	연결, 접속; 연관성	• connect 연결하다; 연결되다
☐ **respect**✦	존경(하다); 존중(하다); 측면	
☐ **and so forth**	~ 등등, 따위	
☐ **achieve**	(일, 목적 등을) 이루다, 성취하다(= accomplish)	
☐ **exercise**✦	(권력 등을) 행사(하다), 사용하다; 연습(하다); 운동(하다)	
☐ **distinction**✦	구별, 차이; 특징; 뛰어남	• distinct (전혀) 다른, 구별되는 (= different); 독특한; 뚜렷한
☐ **in terms of**	~의 면에서, ~에 관하여, ~의 관점에서	
☐ **explain**	설명하다; 이유를 대다	

> To be informed is to know simply that something is the case. To be enlightened is to know, in addition, what it is all about: why it is the case, what its connections are with other facts, in what **respects**⁺ it is the same, in what respects it is different, and so forth.

(A) In other words, you have not been enlightened. Enlightenment is achieved only when, in addition to knowing what an author says, you know what he means and why he says it.

(B) But whether it be a fact about the book or a fact about the world that you have learned, you have gained nothing but information if you have **exercised**⁺ only your memory.

(C) This **distinction**⁺ is familiar in terms of the differences between being able to remember something and being able to explain it. If you remember what an author says, you have learned something from reading his work. If what he says is true, you have even learned something about the world.

다의어 Check ✔

지문 속 ✦표시 어휘의 문맥상 의미는?

1 respect
 ⓐ 측면
 ⓑ 존경

2 exercise
 ⓐ 연습하다
 ⓑ 사용하다

3 distinction
 ⓐ 뛰어남
 ⓑ 구별

INTRO
Q

1. 네모 안에 주어진 글의 핵심 내용으로 적절한 것을 고르시오.

① 정보를 얻는 것과 깨우치는 것의 구별
② 정보를 얻는 것과 깨우치는 것의 선후 관계

2. (A)~(C)의 내용으로 알맞은 것끼리 짝지으시오.

(1) 기억하여 알게 된 것의 한계 •　　　　　• (A)
(2) 기억하여 알게 된 것의 예와 의미 •　　　　　• (B)
(3) 깨우침을 얻는 조건 •　　　　　• (C)

주어진 글 다음에 이어질 글의 순서로 가장 적절한 것을 고르시오.

① (A)–(C)–(B) 　　② (B)–(A)–(C) 　　③ (B)–(C)–(A)
④ (C)–(A)–(B) 　　⑤ (C)–(B)–(A)

◆ 주어진 질문에 답하시오.

> [1] **To be informed** is to know **simply** that something is the case.

> [2] **To be enlightened** is to know, in addition, **what** it is all about: **why** it is the case, 다른 사실과 그것의 연관성이 무엇인지, in **what** respects it is the same, in **what** respects it is different, and so forth.

두 가지 개념(A: to be informed, B: to be enlightened)을 대조하여 설명한다.

A 설명에 포함된 simply를 통해, B에 더 중점이 있음을 알 수 있다.

1 밑줄 친 우리말과 일치하도록 괄호 안의 어구를 모두 활용하여 영작하시오.

(are / its / what / connections)

→ ______________________ with other facts

TIP ★ 의문사가 이끄는 명사절(간접의문문)
- 간접의문문의 기본 어순은 <의문사+주어+동사>이다.
  의문사(what)+S′+ ┌ V′ ~: S′가 무엇을 V′하는지
                    └ be동사 ~: S′가 무엇인지
- which나 what의 수식을 받는 명사가 있으면 <which/what+명사(+주어)+동사> 어순으로 쓴다.

> [3] This distinction is familiar in terms of the differences between **being able to remember something** and **being able to explain it**.

A와 B에 대한 부가 설명
- A: to be informed ≒ being able to remember something
- B: to be enlightened ≒ being able to explain something

2 밑줄 친 부분을 아래와 같이 표현할 때 빈칸에 알맞은 것은?

→ The ______________ distinction arises from the differences

ⓐ moral
ⓑ similar
ⓒ uncertain

> [4] If you remember what an author says, you have learned something from reading his work.

A에 대한 설명

> [5] If what he says is true, you have even learned something about the world.

> [6] But **whether it be** a fact about the book **or** a fact about the world that you have learned, you have gained **nothing but** information if you have exercised only your memory.

whether it be A or B (A이든 B이든)

nothing but (오직, 그저[단지] …일뿐인)
= only

3 밑줄 친 부분을 우리말로 해석하시오.

4 문장 6을 간단히 표현할 때 빈칸에 알맞은 것은?

→ ________________ results in nothing more than information.

ⓐ The world

ⓑ The truth

ⓒ Memory

---

7 In other words, you have not been enlightened.

8 Enlightenment is achieved only when, in addition to knowing what an author says, you know what he means and why he says it.

5 문장 8이 담고 있는 내용을 설명한 문장의 번호를 쓰시오.

Stage **3**   요약하기

◆ 글의 내용을 아래와 같이 요약할 때, 빈칸 (A), (B)에 들어갈 가장 적절한 말을 <조건>에 맞게 쓰시오.

Enlightenment requires more than just (A) _____________ information; it involves understanding the deeper significance and (B) _____________ behind facts.

> (조건) 1. <보기>의 단어 중에서 골라 쓸 것
> 2. 필요하면 문맥과 어법에 맞게 변형할 것
> 3. 각각 한 단어로 작성할 것
> (보기) context / respect / competition / acquire

47

Context 맥락

context는 글의 맥락(문맥)을 의미하기도 하지만, 어떤 일의 전후 사정, 배경을 의미하기도 합니다.

맥락(context)은 배경(background)이나 상황(situation) 등으로 해석하면 좀 더 쉽게 이해할 수 있습니다.
어떤 것을 앞뒤 맥락과 관련지어 이해하는 것에 대한 내용이 다뤄지며, 함께 자주 쓰이는 어구는 아래와 같아요.

- **social context** 사회적 맥락
- **personal context** 개인적 맥락
- **cultural context[background]** 문화적 맥락[배경]
- **historical context** 역사적 맥락
- **temporal context** 시간적 맥락
- **environmental context** (물리적인) 환경적 맥락
- **economic context** 경제적 맥락
- **political context** 정치적 맥락

Words & PHRASES

✦표시 다의어는
지문 속 의미를
다의어 Check♥
에서 고르세요.

☐ **have to do with**	~와 관련이 있다 (= be connected with, be associated with)	
☐ **context**	문맥; (어떤 일의) 맥락, 전후 상황	• contextual 전후 관계상의, 문맥상의
☐ **cemetery**	묘지	
☐ **exposure**✦	노출; 폭로	• expose 드러내다, 노출하다; 폭로하다
☐ **bring up**✦	~을 기르다, 양육하다; (화제를) 꺼내다(= raise)	
☐ **urban**	도시의(↔ rural 시골의, 지방의)	
☐ **right angle**	직각	**cf.** angle 각도, 각; 시각, 관점
☐ **lasting**	영속적인, 지속적인	
☐ **orientation**✦	지향; 성향; (배치) 방향; 예비 교육	• orient 동양; 지향하게 하다; (특정 목적에) 맞추다
☐ **take in**	~을 섭취[흡수]하다; 받아들이다	
[선택지]		
☐ **landscape**	풍경, 경치; 조망, 전망; 지형, 지표	
☐ **broad**	(폭)넓은; 광대한; 전반적인, 대체적인	

The way we behave in any situation has a lot to do with the context. We whisper in hospitals and become anxious in police stations, sad in cemeteries, and excited at parties. Many of the contexts that affect us most powerfully are learned in childhood. For instance, our early visual **exposure** to the world may actually shape what we later see. A study of Euro-Canadians **brought up** in urban settings where buildings with right angles surround them, and with Cree Indians raised near tents that have many shapes and angles, suggested that the effects of early visual context may be lasting. In adulthood, right angles could be better recognized than other line **orientations** by the Euro-Canadians. At the same time, they seemed to have less visual ability with other orientations than the Cree. From the beginning, the Cree have _______________________ ____________________, which may allow them to take in a greater variety of visual cues.

다의어 Check

지문 속 ✦표시 어휘의 문맥상 의미는?

1 exposure
　ⓐ 폭로
　ⓑ 노출

2 bring up
　ⓐ (화제를) 꺼내다
　ⓑ ~을 기르다

3 orientation
　ⓐ (배치) 방향
　ⓑ 지향

 **INTRO**

Q 빈칸 문장으로 보아, 찾아야 할 내용으로 알맞은 것을 고르시오.
① 크리 족이 더 한정된 시각적 신호를 받아들이도록 하는 것
② 크리 족이 더 다양한 시각적 신호를 받아들이도록 하는 것

 **빈칸에 들어갈 말로 가장 적절한 것을 고르시오.**
① a variety of free activities
② a shared visual imagination
③ a distinct mental landscape
④ a broad emotional response
⑤ a minimal environmental exposure

Stage 2 한 문장씩 뜯어보기

◆ 주어진 질문에 답하시오.

¹The way we behave in any situation has a lot to do with the context.

1 문장 1을 아래와 같이 바꿔 쓸 때 빈칸에 알맞은 것을 문장 1에서 찾아 쓰시오. (필요시 문맥과 어법에 맞게 변형할 것)

→ Our ______________ is heavily influenced by the context.

TIP★ the way + 관계부사절(S′+V′ ~)

관계부사 how는 선행사 the way와 함께 쓰일 수 없다. how를 생략하여 <the way+S′+V′~> 형태로 쓰거나 the way를 생략하여 <how+S′+V′~>로 쓴다.

¹*The way* [**we behave in any situation**] ~ (= **How we behave in any situation** ~)

²We whisper in hospitals and become anxiously in police stations, sad in cemeteries, and excited at parties.

> 문장 2는 문장 1에 대한 구체적인 예에 해당한다. For example[instance]과 같은 연결어 없이 예가 바로 이어질 수도 있다.

2 문장 2에서 어법상 <u>틀린</u> 단어 하나를 찾아 바르게 고치시오.

고치기 전:　　　　　　　→ 고친 후:

³Many of the contexts that affect us most powerfully are learned in childhood.

> 도입부 내용이 더 구체화되어 이어진다.

⁴For instance, our early visual exposure to the world may actually shape what we later see.

⁵A study of Euro-Canadians (a) <u>brought up</u> in urban settings where buildings with right angles surround them, and with Cree Indians raising near tents that have many shapes and angles, (b) <u>suggested</u> that the effects of early visual context (c) <u>may be lasting</u>.

3 문장 5에서 어법상 <u>틀린</u> 단어 하나를 찾아 바르게 고치시오. (한 단어로 고칠 것)

고치기 전:　　　　　　　→ 고친 후:

4 밑줄 친 (a)~(c) 중 주어 A study의 동사를 쓰시오.

5 문장 3~5를 한 문장으로 표현할 때 빈칸에 알맞은 것은?

→ The power of childhood context is in its _______________ influence.

ⓐ social

ⓑ enduring

ⓒ temporary

⁶In adulthood, right angles could be better recognized than other line orientations by the Euro-Canadians.

⁷At the same time, they seemed to have less visual ability with other orientations than the Cree.

6 밑줄 친 other orientations를 아래와 같이 바꿔 쓸 때 빈칸에 알맞은 것은?

→ different angles or line orientations _______________ right angles

ⓐ except

ⓑ as well as

ⓒ along with

⁸From the beginning, the Cree have a distinct mental landscape, which may allow them to take in a greater variety of visual cues.

7 글의 주제문에 해당하는 문장의 번호를 쓰시오. (하나만 쓸 것)

Stage 3 요약하기

◆ 글의 내용을 아래와 같이 요약할 때, 빈칸 (A), (B)에 들어갈 가장 적절한 말을 <조건>에 맞게 쓰시오.

Our behavior and interactions with the world are deeply influenced by (A) _____________, often rooted in childhood, as a study showed that early environments shape the way people (B) _____________ visual information in different ways.

조건   <보기>의 단어 중에서 골라 그대로 쓸 것

보기   emotion / perceive / personality
expose / context / behave

48

Research Validity 연구 타당성

연구, 조사, 실험에 관한 지문은 주로 결과가 시사하는 바에 초점이 있습니다.
그러나 타당성 있는 연구 결과를 위해 고려해야 할 사항들에 관해 출제되기도 합니다.

연구 대상이 되는 집단 전체(모집단)를 조사하는 것은 현실적으로 불가능하므로, 모집단의 성격을
대표할 수 있는 표본을 추출해야 합니다. 또한 연구 결과에 영향을 주는 변인을 잘 통제하고 조작해야 하며,
서로 인과 관계인 두 변인들이 그 관계를 입증할 수 있어야 합니다.

- **population**(모집단): 연구대상 전체
- **sample**(표본): 모집단에서 추출한 일부. 표본추출(sampling)은 무작위(random)로 할 수도 있고,
  모집단을 대표할 수 있는 표본을 의도적으로 뽑을 수도 있음
- **variable**(변인): 연구 결과에 영향을 주는 변수로서, 통제하거나 조작하는 대상
- **causal relationship**(인과 관계): 관계있는 두 변인이 하나는 원인, 하나는 결과를 나타내는 것

Words & PHRASES

✦표시 다의어는
지문 속 의미를
다의어 Check ✔
에서 고르세요.

☐ **sample**	견본(품); 표본; 표본 조사를 하다; 시식하다	
☐ **undergraduate**	대학생, 학부생	• graduate (student) 대학원생
☐ **distort**	(모양, 소리 등을) 비틀다, 일그러뜨리다; 왜곡하다	• distortion 비틀림, 찌그러짐; 왜곡
☐ **cognitive**	인지의, 인식의	• cognition 인지, 인식
☐ **variable**	변인, 변수; 변하기 쉬운	
☐ **cynical**	냉소적인, 빈정대는	
☐ **potential**	잠재적인; 가능성 있는; 잠재력, 가능성	
☐ **bias**	편견, 편향; 편견[선입견]을 갖게 하다	
☐ **cite**✦	(이유나 예로) 들다, 언급하다; 인용하다(= quote)	• citation 인용(문)
☐ **have access to A**	A에 접근[출입]할 수 있다	
☐ **accessible**✦	접근[입장, 이용] 가능한; 이해하기 쉬운	
☐ **apply to A**	A에 적용되다; A에 지원[신청]하다(= apply for)	
☐ **moderate**	적당한, 보통의; 온건한, 절도를 지키는; 완화하다	
☐ **motivate O to-v**	O가 v하도록 동기를 부여하다	
☐ **figure out**	산출[계산]하다; 알아내다; 이해하다	
☐ **meet**✦	만나다; (필요를) 충족시키다; (기한을) 지키다	

정답 및 해설 p. 36

Much psychological research has been done with student samples, usually undergraduates. As a consequence, it may be a little distorted in its view of how much they rely on thought rather than emotion in daily decision making. ① This is because undergraduates have strong cognitive skills, a crucial variable, and tend to rely on them more. ② The cynical view of why psychological research accepts these potential biases **cites**[+] convenience: most psychologists have access to large numbers of **accessible**[+] students on the campus. ③ Researchers also believe the knowledge they get from students will apply to other groups of people because their lives have parallels to what grown-ups might call real life. ④ Research found that a moderate amount of stress can be beneficial and motivate students to do well. ⑤ For example, college students have to figure out exactly what is expected of them, how much work it will take to **meet**[+] those expectations, and how to get that work done effectively and efficiently, just as they would in having a new and more challenging job.

다의어 Check ✔

지문 속 ✦표시 어휘의 문맥상 의미는?

1 cite
　ⓐ (이유로) 들다
　ⓑ 인용하다

2 accessible
　ⓐ 이해하기 쉬운
　ⓑ 접근 가능한

3 meet
　ⓐ 만나다
　ⓑ 충족시키다

INTRO

첫 문장으로 보아, 앞으로 전개될 내용으로 가장 적절한 것을 고르시오.
① 대학생 대상의 심리 연구
② 대학생이 수행하는 심리 연구

Q 윗글에서 전체 흐름과 관계 <u>없는</u> 문장을 고르시오.
①　　②　　③　　④　　⑤

OUTRO

위 문제에서 선택한 정답 문장의 내용을 고르시오.
① 심리 연구가 대학생들을 대상으로 하는 이유
② 대학생 대상의 심리 연구로 밝혀진 내용

Stage 2 한 문장씩 뜯어보기

◆ 주어진 질문에 답하시오.

[1] Much psychological research has been done with student samples, usually undergraduates.

[2] **As a consequence**, it may be a little distorted in its view of **how much** they rely on thought rather than emotion in daily decision making.

[3] This is because undergraduates have strong cognitive skills, a crucial variable, and tend to rely on them more.

문장 1은 특정 현상을 설명하고, 문장 2는 그 결과 (as a consequence)로 나타나는 한계점을 서술한다.

1 문장 1~3을 한 문장으로 표현할 때 빈칸에 알맞은 것을 문장 2에서 찾아 쓰시오.
(필요시 문맥과 어법에 맞게 변형할 것)
→ Undergraduate samples can result in a _______________ due to their reliance on thought.

TIP★ 의문부사가 이끄는 간접의문문의 어순

• 의문부사 when[where, how, why]+S′+V′ ~: 언제[어디서, 어떻게, 왜] S′가 V′하는지

Can you tell me **when** the meeting is scheduled to start?
　　　　　　　　　　　　　S′　　　　　　　V′
언제 회의가 시작할 예정인지 제게 알려줄 수 있나요?

cf. 의문부사 how는 함께 쓰인 부사나 형용사를 how와 한 덩어리로 생각한다.
　• how+형용사[부사]+S′+V′ ~: 얼마나 S′가 V′하는지
　• how+much/many+(명사+)S′+V′ ~: 얼마나 많은 (~을) S′가 V′하는지

[4] **The cynical view of** why psychological research accepts these potential biases cites convenience: most psychologists have access to large numbers of accessible students on the campus.

cynical의 의미를 통해서 앞 내용에 대한 비판이 이어질 것을 예상할 수 있다.

view of ~ (~에 대한 관점)

2 문장 4를 간단히 표현할 때 알맞은 것은?
　ⓐ 심리학자들이 지나친 비판을 하는 경향
　ⓑ 학생들에게 심리학 연구를 진행하는 이유
　ⓒ 학생 대상 실험의 낮은 타당성에 대한 우려

[5] Researchers also believe **the knowledge they get from students** will apply to other groups of people because their lives have parallels to what grown-ups might call real life.

3 생략된 접속사와 관계사를 모두 포함하여 문장 5의 밑줄 친 부분을 다시 쓰시오.

TIP★ <u>명사(A)+S′+V′~</u>: S′가 V′하는 A

명사나 대명사 뒤에 이를 수식하는 <S′+V′~>가 이어지고 절 안에서 목적어 등이 없다면 그 사이에 목적격 관계대명사가 생략된 것이다. (대)명사 A 뒤에 S′에 해당하는 또 다른 명사나 대명사가 오게 되어 <(대)명사+(대)명사 ~> 형태가 만들어진다.

Something [(that) **the report revealed ●**] was shocking.

그 보고서가 밝혀낸 것은 충격적이었다.

6Research found that a moderate amount of stress can be beneficial and motivate students to do well.

7For example, college students have to figure out exactly what is expected of them, how much work it will take to meet those expectations, and <u>그 일을 효과적이고 효율적으로 완수하는 방법</u>, **just as** they would in having a new and more challenging job.

just as (꼭 ~인 것처럼)

4 밑줄 친 우리말과 일치하도록 괄호 안의 어구를 모두 활용하여 영작하시오. (필요시 어형 변화 가능)

(how / that work / to / do / get)

→ ______________________________ effectively and efficiently

5 문장 5, 7의 내용을 간단히 표현할 때 알맞은 것은?

ⓐ 학생들이 선호하는 도전적인 일의 예
ⓑ 학생들이 미성숙한 삶의 태도를 가진다는 입장
ⓒ 학생을 대상으로 하는 연구가 유용하다는 연구자들의 믿음

Stage **3**   요약하기

◆ 글의 내용을 아래와 같이 요약할 때, 빈칸 (A)~(C)에 들어갈 가장 적절한 말을 <조건>에 맞게 쓰시오.

Psychological research often uses undergraduates because of (A) _____________ and their (B) _____________ to "real life" challenges, even though it might lead to a distorted view due to their frequent use of (C) _____________ decisions.

조건 <보기>의 단어 중에서 골라 그대로 쓸 것
보기 cognitive / distinctions / bias
similarities / ease / emotional

49

Twinkling Stars 반짝이는 별

옛날부터 밤하늘의 반짝이는 별들은 우주를 인식하게 하는 중요한 단서였습니다.
별에 대한 연구는 여전히 천문학(astronomy)의 큰 관심사예요.

별은 스스로 빛을 낼 수 있는 기체 덩어리로
스스로 빛을 낼 수 없는 행성(planet)과 구분됩니다.

우주에는 헤아릴 수 없을 만큼 많은 별이 있지만,
우리가 밤하늘에서 볼 수 있는 것은 단 2~3천 개에 불과해요.

Words & PHRASES

✦ 표시 다의어는
지문 속 의미를
다의어 Check ✔
에서 고르세요.

☐ space	공간; 우주; 공간을 두다	
☐ atmosphere✦	대기, 공기; 분위기(= feeling, mood)	
☐ twinkle	반짝거리다; 반짝이는 빛	
☐ horizon	수평선, 지평선; (인식, 사고 등의) 시야	● horizontal 수평(선)의, 가로의
☐ overhead	머리 위로, 머리 위에; 머리 위의	
☐ telescope	망원경	
☐ absolute	완전한; 확실한; 절대적인	
☐ concentration	정신 집중; (무엇이 한군데로 모이는) 집중; 농도	▶ concentrate on ~에 집중하다
☐ bend	구부리다; (방향이) 휘어지다	
☐ edge	가장자리, 끝; (칼 등의) 날	
☐ thin✦	얇은, 가는; 마른; (산소가) 희박한	
☐ airflow	기류, 공기의 흐름	
☐ smooth	매끄러운; (수면이) 잔잔한; 순조로운	
☐ coast	해안 (지방)	● coastal 해안의, 연안의
☐ orbit	궤도를 돌다; 궤도	

> The best location for clearer images is in space, where there is no **atmosphere**⁺.

The clearness of sky images is worsened by air movements in our atmosphere. Even on the clearest night, stars twinkle, shimmering in the sky. Those near the horizon twinkle more than those overhead. (①) They do so because of air movements passing in front of them. (②) Also, the size of the lenses in a telescope gives an absolute limit to the concentration of starlight due to another behavior of light, diffraction— the bending of light around the edge of a lens. (③) To get the clear images of stars and planets, astronomers select special locations for telescopes. (④) On the surface of the Earth, they build them at high ground where the air is **thin**⁺, such as mountains, and at locations where the airflow is smooth, such as near the coast. (⑤) Thus, the deepest images ever taken of the universe have been made by the orbiting Hubble Space Telescope.

*shimmer: 희미하게 빛나다
**diffraction: 회절 ((파동이 휘거나 퍼지는 현상))

다의어 Check ✔

지문 속 ✦표시 어휘의 문맥상 의미는?

1 atmosphere
ⓐ 대기
ⓑ 분위기

2 thin
ⓐ 얇은
ⓑ 희박한

INTRO Q   네모 안에 주어진 문장으로 보아, 앞 내용으로 가장 적절한 것을 고르시오.
① 우주에서 사진을 찍는 방법
② 선명한 사진을 찍기 적합한 장소들

Q   **글의 흐름으로 보아, 주어진 문장이 들어가기에 가장 적절한 곳을 고르시오.**
   ①   ②   ③   ④   ⑤

OUTRO Q   위에서 고른 정답 뒤에 바로 이어지는 내용으로 가장 적절한 것을 고르시오.
① 우주 사진을 찍기 좋은 장소의 예
② 우주에서 찍은 사진이 더 선명한 이유
③ 우주에서 찍은 가장 선명한 우주 사진

Stage 2 한 문장씩 뜯어보기

◆ 주어진 질문에 답하시오.

> ¹The clearness of sky images is worsened by air movements in our atmosphere.

글의 핵심 소재가 되는 문제점(problem)과 원인을 밝힌다.

> ²Even on the clearest night, stars twinkle, shimmering in the sky.

문장 1의 내용을 구체적으로 부연 설명한다.

> ³Those near the horizon twinkle more than those overhead.

> ⁴<u>They do so</u> because of air movements passing in front of them.

1 밑줄 친 <u>They do so</u>의 의미로 알맞은 것은?

ⓐ 머리 위로 보이는 별이 더 반짝거린다.
ⓑ 지평선 부근의 별이 더 반짝거린다.
ⓒ 맑은 날씨에 별이 더 반짝거린다.

2 문장 1~4를 한 문장으로 표현할 때 빈칸에 알맞은 것은?

→ The air ______________ the view of stars.

ⓐ reflects
ⓑ affects
ⓒ clears

> ⁵**Also**, the size of the lenses in a telescope gives an absolute limit to the concentration of starlight due to another behavior of light, diffraction— **the bending of light around the edge of a lens**.

Also (또한)
앞 내용에 대한 또 다른 내용을 덧붙인다.

3 문장 5를 간단히 표현할 때 빈칸에 알맞은 것은?

→ another ______________ contributing to the lack of clarity in sky images

ⓐ device
ⓑ result
ⓒ factor

TIP★ **대시(—)의 역할: 추가 설명**

앞에 나온 어구를 구체적으로 풀어서 설명하거나, 부수적 정보를 주는 동격을 나타낸다.
문장 5에서는 대시 이후(the bending ~)가 바로 앞의 diffraction에 대해 보충 설명한다.
대시(—) 두 개를 써서, 문장 중간에 정보를 삽입하기도 한다.

It was *a historic moment* — **one that would be remembered for generations** — when the treaty was finally signed.
조약이 마침내 체결되었을 때는 수 세대에 걸쳐 기억될 역사적인 순간이었다.

⁶To get the clear images of stars and planets, astronomers select special locations for telescopes.

⁷On the surface of the Earth, (a) <u>they</u> build (b) <u>them</u> at high ground where the air is thin, such as mountains, and at locations where the airflow is smooth, such as near the coast.

4 밑줄 친 (a)와 (b)가 가리키는 대상을 문장 6에서 각각 찾아 쓰시오.

(a):

(b):

5 지금까지 내용으로 보아, 천체 이미지의 선명도를 떨어뜨리는 것에 해당하지 <u>않는</u> 것은?

ⓐ air movements

ⓑ light bending

ⓒ smooth airflow

⁸The best location for clearer images is in space, where there is no atmosphere.

⁹**Thus**, the deepest images ever taken of the universe (make) by the orbiting Hubble Space Telescope.

6 괄호 안의 단어를 어법상 알맞은 형태로 쓰시오. (완료형으로 쓸 것)

Stage 3 요약하기

◆ 글의 내용을 아래와 같이 요약할 때, 빈칸 (A), (B)에 들어갈 가장 적절한 말을 <조건>에 맞게 쓰시오.

To get clear images of stars and planets despite air (A) ___________ and diffraction, astronomers place telescopes in locations with a thin or stable atmosphere, or even in (B) ___________ .

(조건) <보기>의 단어 중에서 골라 그대로 쓸 것

(보기) space / sky / interference / temperature

Consumer Loyalty 소비자 충성도

경제 활동이란 재화와 서비스를 생산하고, 분배하고, 소비하는 활동을 말합니다. 생산과 분배를 담당하는 정부나 기업과 달리, 개인은 소비 활동의 주체인 소비자(consumer)입니다.

이제 소비는 인터넷에서 더 많이 이루어지고 있습니다.
온라인 쇼핑이 오프라인 쇼핑을 뛰어넘어 성장한 것이죠.
(온라인 매출 비중: 50.5% (2023 산업부 통계))

온라인 쇼핑은 소비자들이 상품을 조금 더 저렴하고 편리하게 구매할 수 있다는 장점이 있습니다.

Words & PHRASES

✦표시 단어는 지문 속 의미를 **단어 Check✔** 에서 고르세요.

□ capital✦	대문자; (나라의) 수도; 자본(금), 자금	
□ engage in	~에 관여하다, ~에 참여하다	
□ novel	새로운, 신기한; (장편) 소설	
□ make an effort	노력하다, 노력을 기울이다(= put in (an) effort)	
□ practice✦	실행(하다); 연습(하다); 관습, 관례	
□ originally	원래, 본래	
□ demanding	(일이) 부담이 큰, 힘든; (사람이) 요구가 많은	
□ habitual	늘 하는, 습관적인	• habit 습관
□ in that	~라는 점에서	
□ ease	쉬움, 용이함; 편안함; 편하게 해주다(= relieve)	
□ be familiar with	~에 익숙하다, ~을 잘 알다	
□ ultimately	궁극적으로, 결국	
□ loyal	충실한, 충성스러운	• loyalty 충실, 충성; 충성심 **cf.** royal 국왕의, 여왕의
□ fail to-v	v하지 못하다	
□ shop around	(가장 나은 것을 사려고) 가게를 돌아다니다	
[선택지]		
□ seek out	(많은 노력을 기울여) 찾다, 찾아내다	
□ navigation	항해, 운항, 조종; 정보 탐색	• navigate 길을 찾다; 항해하다; (인터넷을) 돌아다니다
□ e-commerce	전자 상거래	• commerce 무역, 상업
□ keep O v-ing	O가 계속 v하게 하다	

The underlying reason for using a limited amount of Internet resources when shopping for cheaper and same kind of products online may be explained by using the human **capital**⁺ model (Becker, 1993). The model suggests that learning by doing is a key aspect of how humans acquire knowledge. Over time and through experience, we obtain the skills we need to survive and thrive in the societies in which we live. When engaging in novel tasks, we tend to have to make an effort. However, with time and **practice**⁺, behaviors that were originally difficult and demanding become less so, and eventually become habitual. An Internet site that consumers have had previous experience of will be more useful in that it will decrease the mental effort put in. The ease of using a particular website that consumers are familiar with means that consumers are ultimately becoming loyal to one site, which explains why consumers fail to shop around online, even though it would be really easy to do.

다의어 Check ✔

지문 속 ✦표시 어휘의 문맥상 의미는?

1 capital
ⓐ 수도
ⓑ 자본

2 practice
ⓐ 연습
ⓑ 관습

INTRO

 윗글의 중심 소재는 무엇인지 고르시오.

① a consumer habit
② a consumer review
③ consumer complaint

 윗글의 제목으로 가장 적절한 것을 고르시오.

① Understanding the Lack of Online Customer Loyalty
② Trying the Unfamiliar: Effort Required for Novel Tasks
③ Seek Out as Many Options as Possible for Better Deals!
④ Online Navigation: Consumer Challenges in E-commerce
⑤ What Keeps Online Consumers Using Specific Websites?

Stage 2 한 문장씩 뜯어보기

◆ 주어진 질문에 답하시오.

¹The underlying reason for using a limited amount of Internet resources when shopping for cheaper and same kind of products online may be explained by using **the human capital model** (Becker, 1993).

도입부에 생소한 개념의 용어가 등장하면, 이어지는 내용에서 구체적 설명이 제시된다. 용어보다는 이어지는 설명을 중심으로 이해하는 것이 좋다.

1 밑줄 친 the human capital model이 설명하는 것을 표현할 때 빈칸에 알맞은 것은?

→ why consumers prefer _______________________________

ⓐ cheaper products
ⓑ only a few websites
ⓒ the same kind of products

²The model suggests that learning by doing is a key aspect of how humans acquire knowledge.

³Over time and through experience, we obtain the skills we need to survive and thrive in the societies in which we live.

⁴When engaging in novel tasks, we tend to have to make an effort.

⁵**However**, with time and practice, behaviors that were originally difficult and demanding become less <u>so</u>, and eventually become habitual.

however

무언가를 설명하는 글에 쓰인 however는 앞 내용과 반대되는 설명을 이끈다. 반드시 글쓴이의 중심 생각을 나타내지는 않는다.

2 문장 3~5에서 설명하는 것을 함축한 표현을 문장 2에서 찾아 쓰시오. (세 단어)

3 문장 5의 밑줄 친 so의 의미로 알맞은 것은?

ⓐ habitual
ⓑ timeless and practical
ⓒ difficult and demanding

⁶An Internet site that consumers have had previous experience of will be more useful **in that** it will decrease the mental effort put in.

앞에는 결과[결론]를, 뒤에는 그 이유를 설명하는 접속사이다.

TIP★ 전치사 뒤에 **that절이 오는 특수한 경우**

보통 전치사는 that절을 목적어로 취하지 않지만 아래와 같은 두 가지 예외가 있다.
- in that ~라는 점에서, ~이므로
- except that ~라는 것 외에는

  The movie was great **except that** it was a bit too long.
  영화가 다소 길다는 것 외에는 훌륭했다.

⁷The ease of using a particular website that consumers are familiar with means that consumers are ultimately becoming loyal to one site, which explains why consumers fail to shop around online, even though it would be really easy to do.

4 문장 6~7을 한 문장으로 표현할 때 빈칸에 알맞은 것을 문장 6~7에서 각각 찾아 쓰시오. (한 단어)
→ Familiar websites decrease ______________ and lead consumers to being ______________.

Stage 3   요약하기

◆ 글의 내용을 아래와 같이 요약할 때, 빈칸 (A), (B)에 들어갈 가장 적절한 말을 <조건>에 맞게 쓰시오.

Consumers use (A) ____________ Internet shopping resources due to the ease and (B) ____________ developed from repeated use of familiar websites, leading to increased loyalty to those sites.

(조건) <보기>의 단어 중에서 골라 그대로 쓸 것
(보기) limited / insight / large / habit

51

Psychology ───────────────

Adults vs. Infants 성인 vs. 유아

우리는 신생아기, 유아기, 어린이기, 청소년기, 성인기를 거쳐 발달하고 성장합니다.
이 발달 과정에서 많은 변화가 일어납니다.

발달 과정에서 우리는 지적 능력, 인지 능력, 정서적 능력, 사회적 능력 등이 향상되거나 약화됩니다.

이 과정에서 나타나는 성인과 어린아이들 간의 차이점에 대해 다루는 지문이 주로 출제됩니다.

Words & PHRASES

✦표시 다의어는 지문 속 의미를 **다의어 Check✔** 에서 고르세요.

☐ be open to A	A의 여지가 있다; A를 순순히 받아들이다; A에 열려 있다	
☐ inhibit	억제[저해]하다, 못하게 하다	• inhibition 억제; 방해
☐ spotlight	스포트라이트, 환한 조명; 집중 조명하다	
☐ distraction	집중을 방해하는 것, 주의 산만; 기분 전환	• distract 산만하게 하다, 집중이 안 되게 하다
☐ be bad at	~을 못하다(↔ be good at ~을 잘하다)	
☐ consciousness	의식, 자각; 생각	• conscious 의식[자각]하는; 의식적인
☐ lantern	랜턴, 손전등	
☐ state✦	상태; 국가; 주(州); 말하다, 서술하다	
☐ expand	확장되다, 확장시키다(↔ contract 수축하다, 수축시키다)	• expansion 확장, 확대
☐ vivid	생생한, 선명한(↔ vague 흐릿한)	• vividly 생생하게, 선명하게
☐ rest✦	휴식(을 취하다); (어떤 것의) 나머지	
[선택지]		
☐ depend on	~에 의존하다; ~에 달려 있다	

정답 및 해설 p. 42

When we pay attention to something as adults, we're more open to information about that thing, but the other parts of our brain get inhibited. It's like a spotlight. We don't pay attention to all the distractions around us, and just pay attention to one thing at a time. However, babies are really bad at that because their consciousness is like a lantern instead of being like a spotlight. They're open to all of the experience that's going on around them. The thing that babies are really bad at is inhibition, so we say that they're bad at not paying attention or weak to distractions. There are certain kinds of **states**[+] that we're in as adults, like when we go to a new city for the first time, where __________ __________________________. When we do that, we feel as if our consciousness has expanded. We have more vivid memories of the three days in Bangkok than we do of all the **rest**[+] of the months that we spend as walking, talking, teaching, meeting-attending robots in our hometown.

다의어 Check ✔

지문 속 ✦표시 어휘의 문맥상 의미는?

1 state
ⓐ 상태
ⓑ 국가

2 rest
ⓐ 나머지
ⓑ 휴식

INTRO

Q 빈칸 문장으로 보아, 찾아야 할 내용으로 알맞은 것을 고르시오.

① 성인이 새로운 도시를 처음 여행하는 방법
② 성인이 새로운 도시를 처음 여행할 때의 상태

Q 윗글의 빈칸에 들어갈 말로 가장 적절한 것을 고르시오.

① we realize our senses get sharper
② we are as active as we are in everyday life
③ our consciousness still works as a spotlight
④ we depend on our own memories of the past
⑤ we experience baby-like information processing

정답 및 해설 p. 42

◆ 주어진 질문에 답하시오.

[1] When we pay attention to something as adults, we're more open to information about that thing, but the other parts of our brain get inhibited.

[2] **It's like** a spotlight.

[3] We don't pay attention to all the distractions around us, and just pay attention to one thing at a time.

1 문장 1~3의 내용으로 보아, 밑줄 친 a spotlight의 의미로 알맞은 것은?
ⓐ being open to information
ⓑ having single-focus brain activity
ⓒ getting distracted by surroundings

(It's) like ~ (~와 같다 [마찬가지이다])
= It's similar to ~

특정 개념을 유사한 특징을 가진 다른 대상에 비유해서 설명하면 쉽게 이해할 수 있다.

[4] **However**, babies are really bad at that because their consciousness is like a lantern instead of being like a spotlight.

[5] They're open to all of the experience that's going on around them.

[6] The thing that babies are really bad at is inhibition, so we say that they're bad at not paying attention or weak to distractions.

2 문장 4~6의 내용으로 보아, 밑줄 친 a lantern의 의미로 알맞은 것은?
ⓐ 집중하는 능력이 뛰어남
ⓑ 주의력 지속 시간이 짧음
ⓒ 주위 모든 것에 주의를 쏟음

역접 연결어 however
두 대상의 차이점을 대조할 때 자주 쓰인다. 대조되는 두 개념 모두 비유를 통해 제시되고 있다.

[7] There are certain kinds of states that we're in as adults, like when we go to a new city for the first time, | which / where | we experience baby-like information processing.

3 네모 안에 들어갈 말로 어법상 알맞은 것은?

[8]When we do that, we feel **as if** our consciousness **has expanded**.

 **TIP★** **as if[though] + 가정법 vs. 직설법**

1. as if[though] + 가정법: 사실이 아닌 일이나 사실 가능성이 희박한 일을 가정, 상상함
2. as if[though] + 직설법: 사실일 가능성이 상당히 있음

He behaves **as if** he **were** the boss. (그는 실제로 사장이 아님)
현재 사실과 반대로 가정(가정법 과거)

He behaves **as if** he **is** the boss. (그가 실제로 사장일 가능성이 있음)

[9]We have more vivid memories of the three days in Bangkok than we (a) <u>do</u> of all the rest of the months that we spend as (b) <u>walking, talking, teaching, meeting-attending robots</u> in our hometown.

4   밑줄 친 (a) <u>do</u>가 지칭하는 것을 문장 9에서 찾아 쓰시오. (세 단어)

5   밑줄 친 (b)의 의미로 알맞은 것은?

ⓐ 평상시에 하는 익숙한 행동
ⓑ 여행지에서 하는 새로운 행동
ⓒ 의식적으로 집중해서 하는 행동

Stage 3   요약하기

◆ 글의 내용을 아래와 같이 요약할 때, 빈칸 (A)~(C)에 들어갈 가장 적절한 말을 <조건>에 맞게 쓰시오.

Adult attention is like a spotlight, paying attention to (A) ___________ information and ignoring the rest, while babies' is like a lantern, being (B) ___________ easily; (C) ___________ environments can bring back this broad perception in adults.

조건   <보기>의 단어 중에서 골라 그대로 쓸 것
보기   understood / specific / familiar
novel / traditional / distracted

Spotlight Effect 조명효과

심리학자 토머스 길로비치가 제안한 이론이다. 자신이 무대 위에서 스포트라이트를 받는 것처럼 다른 사람들에게 평가받고 있다고 여기는 경향을 말한다. 하지만 이는 우리 뇌가 만들어 내는 과장된 걱정이다. 실제로 다른 사람들은 내가 생각하는 것만큼 나에게 관심이 많지 않다는 것을 인지할 필요가 있다.

52

Thinking

Reasoning 추론

추론이란 어떤 결론을 내리기 위해 논리적으로
'사고하는 과정'을 말합니다. 주로, 추론 방법이나
추론 도중에 생길 수 있는 오류가 출제되고 있어요.

과학 연구를 할 때 대표적으로 귀납법
(induction, inductive reasoning)을 사용합니다.

이는 구체적 증거(specific evidence)를 통해
논리적 결론(conclusion)을 내리는 추론 방법입니다.

Words & PHRASES

✦표시 다의어는
지문 속 의미를
다의어 Check
에서 고르세요.

☐ **hypothesis**	가설; 추정(= assumption)	▶ form[set up] a hypothesis 가설을 세우다
☐ **instance**	사례, 경우(= example, case)	
☐ **induction**	유도, 도입; 귀납(법) (↔ deduction 공제(액); 추론, 연역)	• induce 유도하다; 유발하다 • inductive (전기) 유도의; 귀납적인
☐ **invalidate**	무효화하다; 틀렸음을 입증하다 (↔ validate 입증하다; 인증하다)	• valid 유효한; 타당한, 근거 있는 • validity 유효함; 타당성
☐ **conclusively**	확실하게, 결정적으로	• conclusive 결정적인, 확실한 • conclusion 결론
☐ **disprove**	틀렸음을 입증하다(↔ prove 입증하다)	
☐ **reasoning**	추론, 추리	
☐ **observe**✦	보다, 목격하다; 관찰하다(= look at); (규칙을) 준수하다; 말하다	• observation 관찰; 논평, 의견 • observance (규칙 등의) 준수
☐ **turn out**	모습을 드러내다; 밝혀지다	▶ turn out that[to-v] ~인 것으로 밝혀지다
☐ **follow**	따라가다[오다]; (논리적) 결과[결론]가 나오다	
☐ **logically**	논리적으로	• logical 논리적인; 타당한
☐ **reasonable**	타당한, 합리적인(↔ unreasonable 불합리한)	
☐ **assume**✦	(책임을) 맡다; 추정하다; ~인 척하다	

다의어 Check ✔
지문 속 ✦표시 어휘의
문맥상 의미는?

1 observe
ⓐ 관찰하다
ⓑ (규칙을) 준수하다

2 assume
ⓐ (책임을) 맡다
ⓑ 추정하다

Many scientists and philosophers believed that the way to do science was to seek out evidence that supported your hypothesis.

(A) This is an instance of the Problem of Induction. Even if you have looked at thousands of swans and they were all white, it could still be invalidated. The only way to prove conclusively that they are all white is to look at every single swan. If just one black swan exists, your conclusion will have been disproved.

(B) This style of reasoning goes from "All the swans I've seen are white" to the conclusion "All swans are white." But clearly, a swan that you haven't **observed**✦ could turn out to be black. There are black swans in Australia and in many zoos around the world. So the conclusion doesn't follow logically from the evidence.

(C) For example, if you wanted to prove that all swans are white, you'd make a lot of observations of white swans. If all the swans you looked at were white, it seemed reasonable to **assume**✦ that your hypothesis "All swans are white" was true.

INTRO

1. 네모 안에 주어진 글의 핵심 내용으로 적절한 것을 고르시오.

① 과학적 연구 방법
② 가설을 세우는 방법

2. (A)~(C)의 내용으로 알맞은 것끼리 짝지으시오.

(1) 주어진 글에 대한 예 　　　　　•　　　　　• (A)
(2) 제기한 문제에 대한 부연 설명 •　　　　　• (B)
(3) 추론법에 대한 문제 제기 　　•　　　　　• (C)

주어진 글 다음에 이어질 글의 순서로 가장 적절한 것을 고르시오.

① (A)–(C)–(B)　　　② (B)–(A)–(C)　　　③ (B)–(C)–(A)
④ (C)–(A)–(B)　　　⑤ (C)–(B)–(A)

◆ 주어진 질문에 답하시오.

> [1] **Many** scientists and philosophers **believed** that the way to do science was to seek out evidence that supported your hypothesis.

> [2] **For example**, if you wanted to prove that (a) <u>all swans are white</u>, you'd make (b) <u>a lot of observations of white swans</u>.

Many ~ believed로 시작하는 문장은 통념 (conventional wisdom, common sense)에 해당한다. 이후에 사실(truth)에 대한 설명이 전개될 것으로 예상할 수 있다.

1 밑줄 친 (a), (b)는 무엇의 예인지 문장 1에서 각각 찾아 쓰시오. (한 단어)

(a):

(b):

글의 순서를 묻는 문제에서 For example로 시작되는 단락은 어떤 일반적 설명에 이어지는 예인지를 올바로 판단해야 한다.

> [3] If all the swans you looked at were white, it seemed reasonable to assume that your hypothesis "All swans are white" was true.

> [4] This style of reasoning goes from "All the swans I've seen are white" to the conclusion "All swans are white."

> [5] But clearly, a swan that you haven't observed <u>could</u> turn out to be black.

2 밑줄 친 <u>could</u>의 의미로 알맞은 것은?

　ⓐ 과거의 능력(~할 수 있었다)

　ⓑ 과거에 대한 가능성(~했을 수도 있다)

　ⓒ 현재나 미래에 대한 추측(~일지도 모른다)

> [6] There are black swans in Australia and in many zoos around the world.

> [7] So the conclusion doesn't follow logically from the evidence.

3 문장 4~7을 한 문장으로 표현할 때 빈칸에 알맞은 것은?

　→ The existence of black swans ______________ the hypothesis that all swans are white.

　ⓐ sets up

　ⓑ confirms

　ⓒ disproves

[8] This is **an instance** of the Problem of Induction.

[9] Even if you have looked at thousands of swans and they were all white, it could still be invalidated.

[10] The only way to prove conclusively that they are all white is to look at every single swan.

[11] If just one black swan exists, your conclusion will have been disproved.

구체적인 예를 들어 설명하고 있으며, an instance 앞의 This를 통해서 the Problem of Induction의 사례가 앞에 등장했음을 알 수 있다.

4 문장 8~11로 보아 the Problem of Induction의 의미를 표현할 때 빈칸에 알맞은 것은?

→ generalizing from _______________ observations

ⓐ limited
ⓑ logical
ⓒ objective

Stage 3 요약하기

◆ 글의 내용을 아래와 같이 요약할 때, 빈칸 (A)~(C)에 들어갈 가장 적절한 말을 <조건>에 맞게 쓰시오.

The traditional scientific approach of gathering observable (A) _____________ to support hypotheses can (B) _____________ logically due to the Problem of Induction, where unobserved instances may disprove the (C) _____________.

> 조건 1. <보기>의 단어를 한 번씩만 사용할 것
> 2. 필요하면 문맥과 어법에 맞게 변형할 것 (단어 추가 없음)
> 보기 fail / evidence / conclude

Black Swan 블랙 스완

극히 보기 드문 예상치 못한 부정적 현상을 말한다. 불가능하다고 생각했던 일이 실제로 나타나는 것으로, 한 번 발생하면 사회 경제적으로 막대한 영향을 끼친다.

e.g. The coronavirus pandemic of 2020 is a classic black swan event.
2020년의 코로나바이러스 대유행은 대표적인 블랙 스완 사건이다.

53

Nature's Clues 자연의 단서

동식물, 하늘, 땅 등과 같은 자연환경에서 발견되는 징후나 신호를 말합니다.
이를 보고 날씨, 환경 변화 및 시간이나 방향을 알 수 있어요.

풀이 은색을 띠는 부분은 보통 남서쪽을 가리키며,
낮게 나는 새는 폭풍이 올 것을 알려주지요.

우리는 대부분 자연을 단순히 보고 즐기는 대상으로
여기지만, 자연은 관찰하고 이해해야 할 존재임을
잊어서는 안 됩니다.

Words & PHRASES

✦표시 다의어는
지문 속 의미를
다의어 Check♥
에서 고르세요.

☐ cigar butt	담배꽁초	
☐ fictional	허구적인(↔ factual 사실적인); 소설의	
☐ detective	탐정; 형사	• detect 발견하다, 감지하다
☐ profession	직업; 전문직	• professional 직업의, 전문직의; 프로의; 전문직 종사자
☐ financial	재정(상)의; 금융(상)의	• finance 재정, 재무; 자금을 대다
☐ owner	주인, 소유주	• own 소유하다; ~ 자신의; 직접 ~한
☐ sensitive	예민한, 민감한(↔ insensitive 둔감한); 세심한	
☐ matter✦	물질, 물체; 문제(가 되다); 중요하다	
☐ look on	(관여하지는 않고) 구경하다, 지켜보다	
☐ admiration	존경; 감탄	• admire 존경하다, 칭찬하다; 감탄하며 바라보다
☐ master✦	대가, 거장; 주인; 완전히 익히다, 통달하다	
☐ reveal	드러내다, 밝히다(↔ conceal 감추다)	
☐ chain	사슬, 쇠줄; 일련, 띠; (사슬로) 묶다	
☐ logic	논리(학); 타당성	• logical 논리적인; 타당한
☐ over time	시간이 흐르면서	
☐ dynamics	((물리)) 역학; 활력; 원동력	• dynamic 활발한; 역동적인
☐ snowflake	눈송이	
☐ atomic	원자의; 원자력의	• atom 원자
☐ ice crystal	얼음 결정	

There is much beauty in nature's clues, and we can all recognize it without any mathematical training. There is beauty, too, in the mathematical stories that start from the clues and deduce the underlying rules, but it is a different kind of beauty, applying to ideas rather than things. Mathematics is to nature as Sherlock Holmes is to evidence. When given a cigar butt, the great fictional detective could deduce the age, profession, and financial state of its owner. His partner, Dr. Watson, who was not as sensitive to such **matters**[+], could only look on in confused admiration, until the **master**[+] revealed his chain of perfect logic. Similarly, when given data on the growth of populations over time, mathematicians can deduce many underlying principles of population dynamics. Or when given the evidence of hexagonal snowflakes, they can deduce the atomic geometry of ice crystals. <u>We live in a universe that speaks the language of the universe.</u>

*deduce: 추론하다 **hexagonal: 육각형의 ***geometry: 기하학(적 구조)

다의어 Check ✔

지문 속 +표시 어휘의
문맥상 의미는?

1 matter
ⓐ 물질
ⓑ 문제

2 master
ⓐ 대가, 거장
ⓑ 주인

INTRO 

밑줄 친 문장의 <u>the language of the universe</u>가 의미하는 것을 고르시오.

① a commonly spoken language
② the universal language of math

밑줄 친 <u>We live in a universe that speaks the language of the universe.</u>가 의미하는 바로 가장 적절한 것을 고르시오.

① Mathematics' principles are the same all over the world.
② Mathematics is a powerful tool for global competitiveness.
③ Mathematics encourages us to do logical and critical thinking.
④ Mathematics expresses the underlying rules of the natural world.
⑤ Mathematics is good at describing our perception of the universe.

Stage 2 한 문장씩 뜯어보기

◆ 주어진 질문에 답하시오.

[1] There is much beauty in nature's clues, and we can all recognize it without any mathematical training.

[2] There is beauty, too, in the mathematical stories that start from the clues and deduce the underlying rules, but it is a different kind of beauty, applying to ideas rather than things.

1 문장 1~2를 한 문장으로 표현할 때 빈칸에 알맞은 것은?
→ Nature's clues are beautiful, and math reveals their ______________ rules.
ⓐ visible   ⓑ hidden   ⓒ random

[3] Mathematics **is to** nature **as** Sherlock Holmes **is to** evidence.

A is to B as[what] C is to D (A와 B의 관계는 C와 D의 관계와 같다) A:B=C:D를 의미하는 비유 표현이다.

2 문장 3의 의미를 풀어서 설명할 때 빈칸에 공통으로 들어갈 단어로 알맞은 것은?
→ Mathematics ______________ nature's clues, just as Sherlock Holmes ______________ evidence.
ⓐ uses   ⓑ expects   ⓒ includes

[4] **When given** a cigar butt, the great fictional detective could deduce the age, profession, and financial state of its owner.

> **TIP★** 접속사+v-ing/p.p.
> 접속사를 생략하지 않고 그대로 두어 분사구문의 의미를 정확히 나타낼 수 있다.
> **While studying** for the exam, he realized he was running out of time.
> 시험 공부를 하면서, 그는 시간이 부족하다는 것을 깨달았다.

[5] His partner, Dr. Watson, who was not as sensitive to such matters, could only look on in confused admiration, until the master revealed his chain of perfect logic.

3 문장 3~5를 한 문장으로 표현할 때 빈칸에 알맞은 것은?
→ ______________ deduce details from evidence, just as mathematics reveals underlying principles in nature.
ⓐ Partners   ⓑ Detectives   ⓒ Characters

[6] **Similarly**, when given (a) <u>data</u> on the growth of populations over time, mathematicians can deduce (b) <u>many underlying principles</u> of (c) <u>population dynamics</u>.

4 밑줄 친 (a)~(c) 중에서 이 글에서 설명하는 nature's clues에 해당하는 것은?

[7] Or when given the evidence of hexagonal snowflakes, they can deduce the atomic geometry of ice crystals.

[8] We live in a universe that speaks the language of the universe.

Stage 3   요약하기

◆ 글의 내용을 아래와 같이 요약할 때, 빈칸 (A), (B)에 들어갈 가장 적절한 말을 <조건>에 맞게 쓰시오.

Mathematics (A) ______________ nature's clues, uncovering (B) ______________ principles in natural phenomena.

조건) 1. <보기>의 단어 중에서 골라 쓸 것
     2. 필요하면 문맥과 어법에 맞게 변형할 것
     3. 각각 한 단어로 작성할 것
보기) prepare / implicit / evident / interpret

54

Food Science 식품학

요리는 음식을 만드는 일이라는 단순한 의미를 넘어
예술, 역사, 사회 등 다양한 학문적 관점에서 바라볼 수 있습니다.

요리사(chef)는 재료(ingredient)와 양념(seasoning)을
창의적으로 선택하고 조합하여 혁신적인 요리법
(cooking, recipe, cuisine)을 개발합니다.

이는 마치 예술가의 창작 과정을 보는 듯하게 합니다.

Words & PHRASES

✦표시 다의어는
지문 속 의미를
다의어 Check✔
에서 고르세요.

□ **describe**	묘사하다, 서술하다(= depict, portray)	• description 묘사, 서술 ▶ describe A as B A를 B로 묘사하다
□ **refer to A**✦	A를 언급하다; A를 지칭하다; A를 참고하다	
□ **innate**	선천적인, 타고난(= inherent, inborn)	
□ **store**	보관하다, 저장하다; 상점(= shop)	
□ **challenging**	도전적인, 도전 의식을 북돋우는, 어려운; 저항하는	• challenge 도전; 도전하다; 이의를 　제기하다
□ **pass on to A**	A에게 전달하다[넘겨주다]	
□ **underlying**✦	(다른 것의) 밑에 있는; 근본적인(= fundamental); 잠재적인	
□ **principle**	원칙, 원리	**cf.** principal 주요한; 교장
□ **grasp**✦	꽉 잡다; 완전히 이해하다; 이해	
□ **fundamental**	기본 원칙, 핵심; 근본적인	
□ **grain**	곡물; 알갱이	
□ **varying**	바뀌는, 변화하는; 가지각색의	**cf.** varied 다양한; 다채로운
□ **mastery**	숙달, 숙련; 지배(력)	
[선택지]		
□ **approach**	접근(법); 다가오다[가다], 접근하다(= come near)	

Cooking is often described as an art form, and the Indian phrase *kai manam* **refers to** "hand flavor," which is used to describe people who have an innate understanding of taste. This knowledge is thought to be stored in their hands rather than their brains, making it challenging for it to be passed on to others. However, considering cooking traditions only as an art form and ignoring the tools and language of modern science and engineering may result in simply copying recipes without achieving true understanding of the **underlying** principles. A helpful approach for improving your cooking skills involves **grasping** the fundamentals of food science, including the physics of heat and the chemistry of water. By understanding how heat affects grains, vegetables, meats, eggs, and fats, as well as the physical and chemical changes that arise at varying temperatures, you can improve your mastery and control in the kitchen.

다의어 Check ✔

지문 속 ✦표시 어휘의 문맥상 의미는?

1 refer to
ⓐ ~을 지칭하다
ⓑ ~을 참고하다

2 underlying
ⓐ 잠재적인
ⓑ 근본적인

3 grasp
ⓐ 꽉 잡다
ⓑ 완전히 이해하다

INTRO

 윗글의 중심 소재는 무엇인지 고르시오.

① cooking skills
② creative cooking
③ cooking traditions

 윗글의 주제로 가장 적절한 것을 고르시오.

① why "hand flavor" is essential for cooking
② underlying principles of food science
③ ways to understand food science
④ approaches to protecting recipes
⑤ how to improve cooking skills

Stage 2 한 문장씩 뜯어보기

◆ 주어진 질문에 답하시오.

[1]Cooking is often described as an art form, and the Indian phrase *kai manam* refers to "hand flavor," which **is used to describe** people who have an innate understanding of taste.

> be used to-v (v하는 데 사용되다)
>
> be used to v-ing (v하는 데 익숙하다)

1 밑줄 친 부분이 어법상 옳으면 O, 틀리면 X로 표시하고 바르게 고치시오.

[2]This knowledge is thought to be stored in their hands rather than their brains, **making it** challenging for it **to be passed on to others**.

> making 뒤의 it은 가목적어, to be passed 이하가 진목적어이다.

2 문장 1~2를 한 문장으로 표현할 때 빈칸에 알맞은 것은?
→ Cooking is seen as both an art and a skill that some people are ___________ with.
ⓐ born
ⓑ unfamiliar
ⓒ obsessed

TIP★ 분사구문에서 의미상 주어를 분사 앞에 쓰지 않는 경우

분사구문의 의미상 주어가 주절의 주어와 일치하지 않는데도 분사 앞에 보이지 않을 때가 있다. 이때 의미상 주어가 앞에 나온 어구나 절 전체이고 분사구문이 '결과'를 뜻하는지 살펴본다. 이 경우에는 의미상 주어를 분사 앞에 쓰지 않는다. 문장 2에서도 making의 의미상 주어는 앞 절 전체이다.

= The belief that this knowledge is stored in their hands rather than their brains **makes** it challenging for it to be passed on to others.

[3]However, considering cooking traditions only as an art form and ignoring the tools and language of modern science and engineering may **result in** simply copying recipes without achieving true understanding of the underlying principles.

> A result in B (A의 결과 B가 되다)
> = B result from A
> 두 사건(A, B) 간의 인과관계를 알 수 있다.

3 문장 3을 간단히 표현할 때 알맞은 것은?
ⓐ 요리의 전통을 예술로 인정하는 경향
ⓑ 요리법 모방으로 일어날 수 있는 결과
ⓒ 요리에 대한 과학적 원리 이해의 필요성

4 밑줄 친 considering 이하를 끊어 읽을 때 가장 적절한 위치에 /로 표시하시오. (세 번 끊을 것)

⁴A helpful approach for improving your cooking skills involves grasping the fundamentals of food science, including the physics of heat and the chemistry of water.

⁵By understanding how heat affects grains, vegetables, meats, eggs, and fats, as well as the physical and chemical changes that arise at varying temperatures, you can improve your mastery and control in the kitchen.

5 문장 4~5를 한 문장으로 표현할 때 빈칸에 가장 알맞은 것을 문장 4에서 찾아 쓰시오. (두 단어)

→ Learning ______________________ is a foundation for improving cooking skills and kitchen control.

6 글의 주제문에 해당하는 문장의 번호를 쓰시오. (하나만 쓸 것)

Stage **3**　요약하기

◆ 글의 내용을 아래와 같이 요약할 때, 빈칸 (A), (B)에 들어갈 가장 적절한 말을 <조건>에 맞게 쓰시오.

Although some people (A) ______________ cooking as an art or a natural talent, (B) ______________ food science basics like heat and water chemistry improves cooking skills and kitchen control.

> (조건)　<보기>의 단어 중에서 골라 그대로 쓸 것
> (보기)　understanding / change / consider / ignoring

55

Frame 프레임

frame을 비롯한 다의어는 근본이 되는 의미에서
그 의미가 확장된 것입니다. 따라서 다의어의 여러 의미 중에
무엇이 근본인지 생각해 보면 다의어 학습에 도움이 됩니다.

frame은 원래 '어떤 것의 모양을 지지해 주는 틀, 뼈대'를 의미하는
명사입니다. 더불어 '액자, 안경테, 사람의 골격[체격], (영화 등의)
한 장면' 등을 뜻해요.

많은 다의어가 추상적이고 비유적인 의미로 발전하는데, frame도
마찬가지입니다. 문맥에 따라 '이론이나 사상의 틀'을 의미하기도 하고,
동사로 쓰여 '틀[액자]에 넣다, (계획 등) 틀을 잡다,
(특정하게) 표현하다, (죄를) 뒤집어씌우다' 등을 의미하기도 합니다.

뉘앙스 차이는 있지만 framework도 '(건물 등의) 뼈대[골조],
(판단 등을 위한) 틀, 체제, 체계' 등을 뜻해요.

Words & PHRASES

✦표시 다의어는
지문 속 의미를
다의어 Check✔
에서 고르세요.

☐ frame✦	틀을 잡다; 표현하다; 죄를 뒤집어씌우다; 틀, 뼈대	
☐ present	현재(의); 선물; 참석한; 주다; 제시하다	
☐ loss	상실, 손실(↔ gain 이익; 개선); 패배	
☐ highlight	강조하다(= emphasize); 주요 부분, 하이라이트	
☐ compared to A	A와 비교하여	
☐ when it comes to A	A에 관해 말하자면, A에 관한 한	
☐ shape	(~의) 형태로 만들다; 형성하다; 형태, 모양	
☐ approach	접근(법); 접근하다(= come near)	
☐ maintain	유지하다, 지속하다; 주장하다(= insist)	• maintenance 유지, 지속; (보수) 관리
☐ affair	일, 사건, 문제	*cf.* state of affairs 상황, 정세, 현상
☐ favo(u)r	호의(를 보이다); 지지(하다), 찬성(하다); 편들다	
☐ be responsible for	~에 책임이 있다; ~을 책임지고 있다	• responsible 책임이 있는; 책임지고 있는
☐ effective	효과적인; (법률 등이) 시행되는	• effect 결과, 효과; 영향; (어떤 결과를) 가져오다
☐ appeal to A	A에 호소하다, A의 관심을 끌다	• appeal 호소하다; 관심을 끌다; 호소; 매력
☐ intend	의도하다, 작정하다; 의미하다	
☐ party✦	정당; 단체; 모임, 파티; 당사자	

> When politicians **frame**[+] the present as a loss, on the other hand, they highlight how much worse things are now compared to the past.

When it comes to participating in the political process, the first step is to shape people's perception of the present situation as either a gain or a loss. (①) To frame the present as a gain, politicians often emphasize how much better things are now than they were in the past. (②) This approach is designed to increase support for maintaining the current state of affairs and favors those who are responsible for the perceived improvements. (③) It is especially effective at appealing to voters who are more focused on the past. (④) This approach is intended to increase support for change and encourages voters to support the **party**[+] that is not responsible for the perceived losses. (⑤) It is particularly effective at appealing to voters who are more focused on the present and future.

다의어 Check

지문 속 ✦표시 어휘의 문맥상 의미는?

1 frame
  ⓐ 죄를 뒤집어씌우다
  ⓑ 표현하다

2 party
  ⓐ social gathering
  ⓑ political organization

INTRO

 네모 안에 주어진 문장으로 보아, 앞 내용으로 가장 적절한 것을 고르시오.

① 현재가 과거보다 퇴보했다는 주장과 관련된 내용
② 현재가 과거보다 개선되었다는 주장과 관련된 내용

 글의 흐름으로 보아, 주어진 문장이 들어가기에 가장 적절한 곳을 고르시오.

①   ②   ③   ④   ⑤

OUTRO

 위에서 고른 정답 뒤에 바로 이어지는 내용으로 가장 적절한 것을 고르시오.

① 유권자들을 설득하는 가장 효과적인 방법
② 현재를 손실로 표현하는 전략이 목표로 하는 것
③ 현재가 더 개선된 상태일 때 효과적인 정치 전략

Stage 2 한 문장씩 뜯어보기

◆ 주어진 질문에 답하시오.

¹When it comes to participating in the political process, the first step is to shape people's perception of the present situation as either a gain or a loss.

1 문장 1을 간단히 표현할 때 알맞은 것은?
ⓐ 현재 정치에 대한 사람들의 인식
ⓑ 정치 참여를 독려하는 것의 중요성
ⓒ 정치란 사람들의 인식을 만드는 것

²**To frame** the present as a gain, <u>politicians</u> often emphasize how much better things are now than they were in the past.

To-v ~, S + V
부사 역할(v하기 위해서)

cf. To-v ~ + V
주어 역할(v하는 것은)

³This approach is designed to increase support for maintaining the current state of affairs and favors / is favored **those who** are responsible for the perceived improvements.

those who ~ (~하는 사람들)
= the people who ~

2 문장 2~3의 내용으로 보아, 밑줄 친 <u>politicians</u>를 설명한 것으로 알맞은 것은?
ⓐ 현재 정세를 개선하고자 하는 정치인들
ⓑ 현재 정세를 유지하고자 하는 정치인들

3 네모 안에 들어갈 말로 어법상 알맞은 것은?

⁴**It** is especially effective at appealing to voters who are more focused on the past.

4 문장 2~4를 한 문장으로 표현할 때 빈칸에 알맞은 것은?
→ Political framing that emphasizes the present as a gain prefers _______________.
ⓐ change
ⓑ stability
ⓒ participation

⁵When politicians frame the present as a loss, **on the other hand**, they highlight how much worse things are now compared to the past.

⁶This approach is intended to increase support for change and encourages voters to support the party that is not responsible for the perceived losses.

⁷**It** is particularly effective at appealing to voters who are more focused on the present and future.

5 문장 5~7을 한 문장으로 표현할 때 빈칸에 알맞은 것은?

→ Political framing that emphasizes the present as a loss prefers ______________.

ⓐ change
ⓑ politicians
ⓒ consistency

TIP★ 대명사 it vs. 가주어 it

it은 대명사, 가주어, 비인칭 주어, 강조 구문의 it 등으로 쓰일 수 있다.
문장 4, 7의 It은 앞에 나온 명사를 받는 대명사로 쓰였으며, 뒤에 이어지는 to-v구는 전명구이다. 가주어 it
과 함께 쓰인 진주어 to-v구로 착각하지 않도록 문장의 의미를 제대로 파악해야 한다.

⁷**It** is particularly effective / at appealing **to voters** [who are ~].
대명사 It: 앞 문장의 This approach   전명구: ~에게

e.g. **It** feels great **to finish** a project ahead of schedule.
가주어 It   진주어 to-v: v하는 것은
일정에 앞서 계획을 끝내는 것은 기분이 좋다.

6 글의 주제문에 해당하는 문장의 번호를 쓰시오. (하나만 쓸 것)

Stage 3   요약하기

◆ 글의 내용을 아래와 같이 요약할 때, 빈칸 (A), (B)에 들어갈 가장 적절한 말을 <조건>에 맞게 쓰시오.

Political framing defines the (A) ______________ as either a gain or a loss. Framing it as a gain favors continuity, while framing it as a loss encourages transformation. This is influenced by whether voters (B) ______________ on the past, or on the present and future.

조건   <보기>의 단어 중에서 골라 그대로 쓸 것
보기   past / focus / rely / present

56

Deliberate Violation 고의 위반 행위

절차나 규칙을 알고 있으면서도 고의로 어기는 것을 의미합니다.

절차(procedures)나 규칙(rules)은 일어날 수도 있는 위험(potential danger)을 방지하기 위한 것입니다.

그러나 매우 특정한 상황에서 이를 고의로(deliberately) 위반하는(violate) 일이 일어날 수 있습니다.

Words & PHRASES

✦표시 다의어는 지문 속 의미를 **다의어 Check✔** 에서 고르세요.

☐ deliberately	고의로, 의도적으로(= on purpose); 신중하게	• deliberate 고의의, 의도적인; 신중한
☐ violate	위반하다(↔ observe 준수하다); 침해하다	• violation 위반; 침해
☐ procedure	(진행) 절차, 방법(= process)	• proceed (특정 방향으로) 가다; 계속 되다
☐ otherwise	다른 방법으로; 그렇지 않으면	
☐ relatively	상대적으로, 비교적	• relative 상대적인, 비교상의; 친척
☐ probability	있을 법함(= likelihood); ((수학)) 확률	• probable 있음직한, 충분히 가능한
☐ annually	일 년에 한 번, 매년	• annual 연례의, 매년의; 연간의, 한 해의
☐ reading✦	독서; (계기의) 눈금값, 측정값	
☐ instrument	기구; 악기; (비행기 등의) 계기	
☐ chance✦	우연(한 일); 운, 운수; (좋은) 기회; 가능성, 가망	▶ by chance 우연히
☐ assessment	평가 (의견)	• assess (가치, 자질 등을) 평가하다, 재다
☐ roughly	거칠게; 대략	• rough (표면 등이) 거친; 난폭한; 대강의, 대충의
☐ translate into	~로 번역하다; (다른 형태로) 바꾸다	
[선택지]		
☐ attention	주의 (집중), 주목; 관심, 흥미	
☐ measure	측정하다, 재다; 평가하다; 척도, 기준	

People will sometimes deliberately violate procedures and rules, perhaps because they cannot get their jobs done otherwise, perhaps because they believe there are extenuating circumstances, and sometimes because they are taking the risk that the relatively low probability of failure does not apply to them. Unfortunately, if someone does a dangerous activity that only results in injury or death one time in a million, that can lead to hundreds of deaths annually across the world, with its 7 billion people. An example in aviation is of a pilot who, after experiencing low oil pressure **readings**+ in all three of his engines, stated that it must be an instrument failure because it was a one-in-a-million **chance**+ that ____. He was right in his assessment, but unfortunately, he was the one-in-a-million. In the United States alone in 2012, there were roughly 9 million flights — in other words, a one-in-a-million chance could translate into nine incidents.

*extenuating: 정상 참작이 가능한
**aviation: 비행, 항공

다의어 Check ✔
지문 속 ✦표시 어휘의 문맥상 의미는?

1 reading
ⓐ 독서
ⓑ 측정값

2 chance
ⓐ opportunity
ⓑ possibility

INTRO

Q

빈칸 문장으로 보아, 찾아야 할 내용으로 알맞은 것을 고르시오.

① 그 조종사는 무엇이 오일의 압력을 떨어뜨렸다고 확신했나?
② 그 조종사는 무엇이 백만분의 일의 확률이라서 계기 고장이라고 확신했나?

Q 윗글의 빈칸에 들어갈 말로 가장 적절한 것을 고르시오.

① they needed his attention
② his engines were being used
③ the oil pressure was measured
④ it was due to engine failure
⑤ the readings were true

Stage 2 한 문장씩 뜯어보기

◆ 주어진 질문에 답하시오.

[1] People will sometimes deliberately violate procedures and rules, perhaps **because** they cannot get their jobs (do) <u>otherwise</u>, perhaps **because** they believe there are extenuating circumstances, **and** sometimes **because** they are taking **the risk that** the relatively low probability of failure does not apply to them.

> because가 이끄는 세 개의 절이 나열되어 이유를 설명한다.

> 명사 A+that (동격) ~ (~라는 A)

1 괄호 안의 (do)를 어법상 알맞은 형태로 쓰시오. (한 단어)

2 밑줄 친 <u>otherwise</u>의 의미로 알맞은 것은?
ⓐ by finding their jobs
ⓑ by violating procedures and rules
ⓒ by not breaking procedures and rules

[2] **Unfortunately**, if someone does a dangerous activity that only **results in** injury or death one time in a million, that can **lead to** hundreds of deaths annually across the world, with its 7 billion people.

> unfortunately도 역접 연결어로 사용될 수 있다. 앞 내용과 반대되는 부정적 내용이 이어지는 경우이다.

> A result in[lead to] B (A가 B라는 결과로 이어지다)
> A(원인)로 인한 B(결과)를 나타내어 문장 내 논리적 흐름을 알 수 있다.

3 문장 2를 간단히 표현할 때 빈칸에 알맞은 것은?
→ Even _______________ activities can result in many deaths globally.
ⓐ careful
ⓑ low-risk
ⓒ everyday

[3] **An example** in aviation is of a pilot who, after experiencing low oil pressure readings in all three of his engines, stated that it must be an instrument failure because <u>it was a one-in-a-million **chance that** the readings were true.</u>

> 핵심 내용의 이해를 돕기 위해 예(an example)가 자주 사용된다.

> chance that[of] ~ (~라는[의] 가능성)
> *cf.* chance to-v (v할 기회)

4 밑줄 친 부분을 우리말로 해석하시오.

[4](a) He was right in his assessment, but unfortunately, (b) he was the one-in-a-million.

5 밑줄 친 (a)의 의미로 알맞은 것은?

ⓐ 엔진 세 개 중 고장 난 것을 찾았다.
ⓑ 계기 고장일 것이라는 평가는 타당했다.
ⓒ 비행기 오일 압력 수치가 낮은 것을 발견했다.

6 밑줄 친 (b)의 의미로 알맞은 것은?

ⓐ The instrument was not working.
ⓑ All of the engines had low oil pressure.
ⓒ The pilot rarely made a correct assessment.

[5]In the United States alone in 2012, there were roughly 9 million flights— **in other words**, a one-in-a-million chance could translate into nine incidents.

7 문장 5를 간단히 표현할 때 빈칸에 알맞은 것은?

→ With millions of flights annually, even a one-in-a-million risk could lead to _______________ incidents.

ⓐ serious
ⓑ multiple
ⓒ unexpected

Stage **3** 요약하기

◆ 글의 내용을 아래와 같이 요약할 때, 빈칸 (A)~(C)에 들어갈 가장 적절한 말을 <조건>에 맞게 쓰시오.

People sometimes violate rules, (A) _____________ the likelihood of failure. Despite (B) _____________ probabilities, certain activities can still cause numerous incidents due to a(n) (C) _____________ volume of activities worldwide.

> (조건) <보기>의 단어 중에서 골라 그대로 쓸 것
> (보기) equal / underestimating / high
> accepting / low / right

57

Culture

Fan Work 팬 창작물

팬 아트(fan art), 팬 비디오(fan video), 팬 픽션(fan fiction), 팬이 만든 음악(fan music) 등
기존 작품에서 영감을 받은 창작물을 말합니다. 팬들의 열정과 창의성을 반영하는 활기찬 팬 문화의 일면입니다.

팬들은 자신들의 바람(desire)과 창의성(creativity)을
담아 그들만의 새로운 세계를 창조합니다.

이러한 팬 창작물은 팬들이 소비자(consumer)를 넘어
창작자(creator)가 될 수 있음을 보여줍니다.

Words & PHRASES

✦표시 다의어는
지문 속 의미를
다의어 Check✔
에서 고르세요.

☐ make use of	~을 이용[활용]하다	
☐ character	특징; 성격, 인격; 등장인물	• characteristic 특유의, 독특한; 특징
☐ setting	환경; 배경; 설정	
☐ post✦	우편; 직책(= position); 푯말; (우편물을) 발송하다; 게시[공고]하다	
☐ kidnap	납치하다, 유괴하다	
☐ make up✦	차지하다, 이루다; 만들어 내다; 화해하다; (~에 대해) 보상하다	
☐ transform	변형시키다, 변화시키다	
☐ raw	날것의, 익히지 않은; 가공하지 않은	cf. raw material 원자재, 원료, 소재
☐ (out) there	존재하는; 구할[이용할] 수 있는	
☐ borrow	빌리다; (어휘 등을) 차용하다	
☐ sharply	날카롭게; 급격히; 뚜렷하게	
☐ divide	나누다, 갈라지다(= split)	
☐ blessing	축복(의 말); 행운, 고마운 것; 승인, 허락	
☐ if anything	어느 편인가 하면, 오히려	
☐ viral	바이러스성의; (특히 인터넷을 통해) 빠르게 전파되는	cf. viral marketing 바이럴 마케팅 ((바이러스(virus)와 입소문(oral), 마케팅의 합성어. SNS 등으로 자발적으로 제품을 홍보하도록 유도하는 기법))
☐ agent	대리인; 중개인; (정부 기관의) 요원	• agency 대행사, 대리점; 중개(소); (정부) 기관
☐ whatever	(~하는) 것은 무엇이든지, (~하는) 것은 모두; 어떤 ~일지라도	
☐ reflect✦	비추다; 반사하다; 반영하다, 나타내다; 심사숙고하다	• reflection (거울에 비친) 상, 모습; 반사; 반영; 심사숙고
☐ involve	포함하다; (사건 등에) 관련[연루]시키다; 참여시키다	
☐ challenge	도전하다; 이의를 제기하다; 도전	• challenging 도전적인; 저항하는

> Racheline Maltese is a writer of fan work: stories, novels, and other works that make use of the characters and settings from other people's professional creative works. The writers of fan work **post**[+] their work online just for the satisfaction.

(A) <u>Others</u> feel as if their characters have been kidnapped. So do characters belong to the person who created them or to the fans who love them? Is art about **making up**[+] new things or about transforming the raw materials that are out there?

(B) <u>They</u>'re fans, but they're not silent consumers of media. The culture talks to them, and they talk back to the culture in its own language. But the people who create the works that fan work borrows from are sharply divided. Some writers give fan work their blessing; if anything, it has acted as a viral marketing agent for their work.

(C) Whatever <u>it</u> is, fan work seems to suggest a cultural trend that **reflects**[+] readers' desire to become creatively involved with these stories. This challenges just about everything we thought we knew about art and creativity.

단어어 Check ✔

지문 속 ✦표시 어휘의 문맥상 의미는?

1 post
 ⓐ 발송하다
 ⓑ 게시하다

2 make up
 ⓐ 만들어 내다
 ⓑ (~에 대해) 보상하다

3 reflect
 ⓐ 나타내다
 ⓑ 심사숙고하다

INTRO

1. 네모 안에 주어진 글의 핵심 내용으로 적절한 것을 고르시오.

① 팬 창작물의 인기와 유명한 작가의 작품
② 팬 창작물의 정의와 작가가 온라인에 작품을 게시하는 이유

2. (A)~(C)의 밑줄 친 부분이 가리키는 것을 짝지으시오.

(A) <u>Others</u> •   • ① art
(B) <u>They</u> •   • ② the creators of the original stories
(C) <u>it</u> •   • ③ the writers of fan work

주어진 글 다음에 이어질 글의 순서로 가장 적절한 것을 고르시오.

① (A)–(C)–(B)   ② (B)–(A)–(C)   ③ (B)–(C)–(A)
④ (C)–(A)–(B)   ⑤ (C)–(B)–(A)

◆ 주어진 질문에 답하시오.

[1] Racheline Maltese is a writer of fan work: stories, novels, and other works that make use of the characters and settings from other people's professional creative works.

중심 소재(fan work)에 대한 개념을 도입부에서 설명한다.

[2] The writers of fan work post their work online just for the satisfaction.

[3] They're fans, but they're not silent consumers of media.

[4] The culture talks to them, and they talk back to the culture in its own language.

1 문장 1~4를 한 문장으로 표현할 때 빈칸에 알맞은 것은?

→ Fan work authors _______________ in media culture.
ⓐ remain hidden
ⓑ challenge norms
ⓒ actively participate

[5] But the people who create the works that fan work borrows from <u>is</u> sharply divided.

중심 소재에 대해 본격적으로 말하고자 하는 내용이 등장한다.

2 밑줄 친 <u>is</u>가 어법상 옳으면 O, 틀리면 X로 표시하고 바르게 고치시오.

[6] Some writers give fan work their blessing; **if anything**, it has acted as a viral marketing agent for their work.

if anything ((의견을 나타내어) 어느 편인가 하면, 오히려)

[7] Others feel **as if** their characters have been kidnapped.

as if (마치 ~처럼)

3 문장 5~7을 간단히 표현할 때 빈칸에 알맞은 것은?

→ the _______________ in writers' positions on fan works
ⓐ contrast
ⓑ creativity
ⓒ marketing

[8]So do characters belong to the person who created them or to the fans who love them?

[9]Is art about making up new things or about transforming <u>the raw materials that are out there</u>?

4 밑줄 친 부분에 해당하는 것으로 가장 적절한 것은?

ⓐ 팬 창작물에서 참고한 원작
ⓑ 작품에 필요한 새로운 아이디어
ⓒ 온라인으로 게시하기 전의 원본

[10]**Whatever** it is, fan work seems to suggest a cultural trend that reflects readers' desire to become <u>creatively</u> involved with these stories.

5 밑줄 친 creatively가 어법상 옳으면 O, 틀리면 X로 표시하고 바르게 고치시오.

[11]This challenges just about everything **we thought** we knew about art and creativity.

TIP 관계사절 내의 <S′+V′> 삽입

관계대명사 뒤에 I think 등의 <S′+V′>가 콤마 없이 삽입되는 경우가 있으며 <S′+V′>를 괄호로 묶으면 문장 구조를 쉽게 파악할 수 있다. 문장 11에서는 목적격 관계대명사가 생략된 곳 뒤에 we thought가 삽입되었다.

[11]~ about *everything* [(that) (**we thought**) we knew ● about art and creativity].

Stage **3**　요약하기

◆ 글의 내용을 아래와 같이 요약할 때, 빈칸 (A), (B)에 들어갈 가장 적절한 말을 <조건>에 맞게 쓰시오.

Fan work, which uses stories from other professional works, is somewhat (A) ___________ regarding copyright and creativity issues, yet it indicates a cultural shift towards (B) ___________ and participatory creative expression.

조건　<보기>의 단어 중에서 골라 그대로 쓸 것
보기　conventional / interactive / controversial / passive

58

Neuroscience

Brain Potential 뇌의 잠재력

뇌는 우리 몸의 움직임뿐만 아니라 인지, 감정, 기억, 학습 등에 다양하게 관여합니다.
이렇듯 여러 분야와 관련된 뇌의 기능과 역할을 소개하는 글이 출제됩니다.

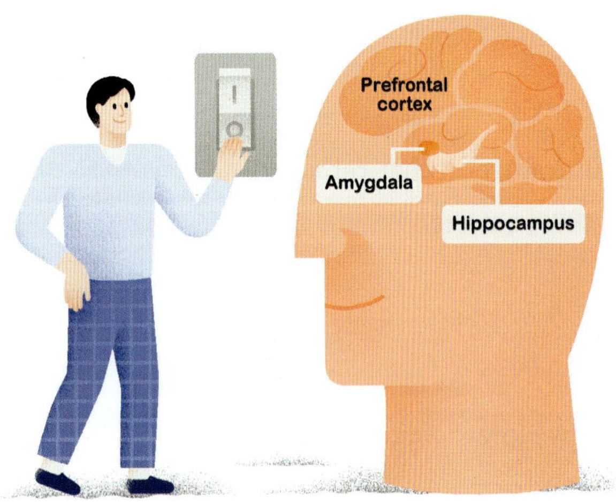

뇌는 매우 복잡하지만 자원을 효율적으로 사용하는 기관(organ)입니다. 또한, 환경이나 경험에 따라 형태와 기능을 변화시키는 능력도 뛰어나지요.

뇌의 주요 부분을 칭하는 전문 용어도 자주 언급되는데, 전전두엽 피질(prefrontal cortex), 해마(hippocampus), 편도체(amygdala) 등이 있습니다.

Words & PHRASES

✦표시 다의어는
지문 속 의미를
다의어 Check✔
에서 고르세요.

표제어	뜻	파생어·표현
□ function	기능; (제대로) 기능하다; 작동하다(= operate)	
□ in relation to	~와 관련하여, ~와 연관된	
□ valuable	귀중한; 값비싼(= invaluable, priceless) (↔ valueless, worthless 가치 없는)	
□ insight	통찰력; 이해	
□ capability	능력, 역량	▶ be capable of v-ing v할 수 있다
□ usage	(단어의) 용법, 어법; 사용(량)	
□ confirm	(예약 등을) 확인하다, 확정하다; 사실임을 보여주다	• confirmation 확인, 확정; 확증
□ exhibit	전시하다; 보이다, 드러내다; 전시(품)	• exhibition 전시(회); 표출, 발휘
□ intellectual	지적인, 지성의; 지식인	• intellect 지적 능력, 지력
□ stimulus	(생물의 반응을 유발하는) 자극; 자극(제), 격려(가 되는 것)	《복》 stimuli
□ withdraw✦	철회하다, 중단하다; 물러나다; (돈을) 인출하다	(withdrew-withdrawn)
□ activate	활성화시키다; 작동시키다	• activation 활동적으로 하기; 활성화
□ heighten	고조시키다, 고조되다	
□ retention	(어떤 것을 잃지 않는) 보유, 유지(력); 기억(력)	• retain (계속) 보유하다, 유지하다
□ subject✦	주제, 대상; 학과, 과목; 주어	
□ reinforce	강화하다, 보강하다(= strengthen)	• reinforcement (특히 감정, 생각 등의) 강화
□ long-term	장기적인(↔ short-term 단기적인)	

Stage 1 정답 찾아가기

정답 및 해설 p. 56

Understanding the function of the brain in relation to frequent use and curiosity provides valuable insights into improving learning capabilities. ① Muscles grow from increased usage, and the amygdala, located in an area of the brain, is thought to build mental muscle. ② Studies confirm when this area of the brain gets used more often, the person exhibits greater emotional and intellectual balance, responding to new stimuli instead of **withdrawing** in fear. ③ Curiosity also activates the areas of the hippocampus, which heighten the pleasure of learning experiences and increase memory retention. ④ As a result, strong curiosity makes us emotional and more easily influenced by our surroundings and the people around us. ⑤ The more curious you are about a **subject**, the greater the emotion will be, reinforcing long-term memories so that you can retain the knowledge or skill.

*amygdala: (뇌의) 편도체
**hippocampus: (뇌의) 해마

다의어 Check

지문 속 ✦표시 어휘의 문맥상 의미는?

1 withdraw
ⓐ (돈을) 인출하다
ⓑ 물러나다

2 subject
ⓐ 대상
ⓑ 주어

INTRO

 첫 문장으로 보아, 앞으로 전개될 내용으로 가장 적절한 것을 고르시오.

① 뇌의 잦은 사용과 호기심 간의 관계
② 학습 능력 향상과 관련된 뇌의 기능

 윗글에서 전체 흐름과 관계 <u>없는</u> 문장을 고르시오.

①   ②   ③   ④   ⑤

OUTRO

 위 문제에서 선택한 정답 문장의 내용을 고르시오.

① 호기심이 강하면 감정에 휩싸이게 되어 주변에 영향을 준다.
② 호기심으로 인해 감정적이게 되고 주변의 영향을 더 쉽게 받는다.

◆ **주어진 질문에 답하시오.**

> [1] Understanding the function of the brain in relation to frequent use and curiosity provides **valuable insights** into improving learning capabilities.

1 밑줄 친 <u>understanding</u>의 동사를 찾아 쓰시오.

> [2] Muscles grow from increased usage, and the amygdala, located in an area of the brain, is thought to build mental muscle.

> [3] Studies confirm ______________ when this area of the brain gets used more often, the person exhibits greater emotional and intellectual balance, responding to new stimuli instead of withdrawing in fear.

2 문장 3의 빈칸에 생략된 단어를 쓰시오.

3 문장 3을 아래와 같이 바꿔 쓸 때 빈칸에 알맞은 것은?
→ The more we use the amygdala, the ______________ we manage to balance emotions and intellect.
ⓐ less
ⓑ better
ⓒ slower

4 문장 2~3에서 나타난 뇌의 특성으로 알맞은 것은?
ⓐ uncertainty
ⓑ adaptability
ⓒ predictability

> [4] Curiosity **also** activates the areas of the hippocampus, **which** heighten the pleasure of learning experiences and <u>increase</u> memory retention.

5 밑줄 친 <u>increase</u>가 어법상 옳으면 O, 틀리면 X로 표시하고 바르게 고치시오.

도입부에 일반적인 어구가 제시되면 이에 대한 설명이 열거될 수 있다. 문장 1에서는 valuable insights(귀중한 이해)가 일반적인 어구에 해당한다.

also (또한)
앞에 나온 정보나 설명을 보강하는 내용이 나온다.

관계대명사의 계속적 용법
계속적 용법의 관계사절 which ~ retention이 선행사 the areas of the hippocampus를 보충 설명한다.

[5]As a result, strong curiosity makes us emotional and more easily influenced by our surroundings and the people around us.

[6]**The more curious** you are about a subject, **the greater** the emotion will be, reinforcing long-term memories <u>so that you can retain the knowledge or skill.</u>

6 밑줄 친 부분을 우리말로 해석하시오.

Stage 3 요약하기

◆ 글의 내용을 아래와 같이 요약할 때, 빈칸 (A)~(C)에 들어갈 가장 적절한 말을 <조건>에 맞게 쓰시오.

(A) ______________ engagement of the amygdala contributes to emotional and intellectual equilibrium, while (B) ______________ stimulates the hippocampus, which boosts learning pleasure and (C) ______________ .

조건　1. <보기>의 단어 중에서 골라 쓸 것
　　　2. 필요하면 문맥과 어법에 맞게 변형할 것
　　　3. 각각 한 단어로 작성할 것
보기　curious / potential / memory / frequent / subject

59

Behavior Change 행동 변화

심리학에서는 사람들의 행동이 어떻게 형성되고 변화하는지를 이해하고,
개인이 원하는 목표를 달성하는 데에 도움을 주기 위해 행동 변화를 연구합니다.
바람직한 습관 형성과 안 좋은 습관을 개선하기 위한 극복 전략과도 관계가 깊습니다.

행동의 형성과 변화를 일으키는 핵심은 그 행동을 하는 계기가 되는 자극(cues), 그리고 행동을 반복하고 강화(reinforce)하게 하는 보상(rewards)입니다.

타인의 행동을 관찰하고 모방하는 것으로도 행동을 형성할 수 있는데, 다른 사람이 공부하는 영상을 보며 같이 공부하는 것이 여기에 해당합니다.

행동 변화를 일으키는 것에 대한 다양한 실험과 내용들이 출제되고 있습니다.

Words & PHRASES

✦표시 다의어는 지문 속 의미를 **다의어 Check** 에서 고르세요.

☐ minority	소수(↔ majority 다수); 소수 민족, 소수 집단	• minor 작은; 중요하지 않은; 소수의
☐ give in to A	A에 항복[굴복]하다	
☐ temptation	유혹	• tempt (좋지 않은 일을 하도록) 유혹하다, 부추기다
☐ public✦	대중[일반인]의; 공공의(↔ private 사적인); 공개된	▸ in public 사람들이 있는 데서
☐ observable	눈에 보이는, 식별[관찰]할 수 있는	
☐ potential	가능성; 잠재력; ~이 될 가능성이 있는	
☐ strategy	전략, 계획	• strategic 전략적인, 전략상 중요한
☐ preserve✦	지키다, 보호하다(= conserve); 보존[저장]하다	• preservation 보호, 보존
☐ reduce	줄이다, 축소하다(= decrease); 할인하다(= discount)	
☐ theft	절도(죄), 도둑질(= stealing)	• thieve 훔치다
[선택지]		
☐ punishment	벌, 처벌	
☐ desirable	바람직한, 호감 가는	
☐ reward	보상하다, 보답하다; 보상(금)	
☐ wrongdoing	나쁜 행위, 비행; 범죄	

Talking about the minority who are doing the wrong thing can encourage people to give in to temptation. Rather than making the private **public**[+], preventing a behavior requires the opposite: making others' behavior less observable and ______________________________ ______________________ instead. Psychologist Bob Cialdini wanted to decrease the number of people who stole petrified wood from Arizona's National Park due to its potential to be sold or collected. So he posted signs around the park that tried different strategies. One asked people not to take the wood because "many past visitors have removed petrified wood from the park, changing the natural state of the forest." But the message almost doubled the number of people taking wood. On a different set of posts, they said, "Please don't remove the petrified wood from the park in order to **preserve**[+] the natural forest." By focusing on the positive effects of not taking the wood, rather than on what others were doing, the park service was able to reduce theft.

*petrified wood: 규화목 ((나무줄기 부분이 화석화된 것))

다의어 Check

지문 속 +표시 어휘의 문맥상 의미는?

1 public
 ⓐ 공개된
 ⓑ 대중의

2 preserve
 ⓐ 보호하다
 ⓑ 저장하다

INTRO

 빈칸 문장으로 보아, 찾아야 할 내용으로 알맞은 것을 고르시오.
 ① 어떤 행동을 방지하는 방법
 ② 어떤 행동을 촉진하는 방법

 빈칸에 들어갈 말로 가장 적절한 것을 고르시오.
 ① giving effective punishment
 ② highlighting desirable outcomes
 ③ rewarding positive behavior in public
 ④ encouraging people to report any wrongdoing
 ⑤ focusing on the negative impacts of a behavior

Stage 2 한 문장씩 뜯어보기

◆ **주어진 질문에 답하시오.**

[1]Talking about the minority who are doing the wrong thing can encourage people to give in to temptation.

도입부에 글의 핵심 내용이 먼저 나오는 두괄식 구조이다.

1 문장 1을 간단히 표현할 때 빈칸에 알맞은 것은?

→ ______________ about a few people's wrongdoing can lead us to follow them.
ⓐ Ignoring　　　　　ⓑ Learning　　　　　ⓒ Criticizing

[2](a) Rather than **making the private public**, preventing a behavior requires the opposite: **making others' behavior less** (b) **observable** and highlighting desirable outcomes instead.

the+형용사/분사

1. 사람을 나타내는 복수 보통명사: ~인 사람들
e.g. the talented
= (the) talented people

2. 추상명사
e.g. the beautiful
= beauty

2 밑줄 친 (a)를 우리말로 해석하시오.

TIP★ **make+O+C** (O를 C로 만들다[되게 하다])

문장 2에서는 동명사로 쓰인 make가 목적어와 목적격보어(형용사)를 갖는 구조로 사용되었다.

cf. 목적격보어로 to부정사를 사용하는 동사
• encourage[persuade, cause]+O+to-v (O가 v하게 장려하다[설득하다, 초래하다])
• ask[require, order]+O+to-v (O가 v하기를 요청하다[요구하다, 명령하다])
• allow[permit, enable]+O+to-v (O가 v하도록 허락하다[v할 수 있게 하다]) 등

3 밑줄 친 (b)를 대신해서 쓸 수 있는 것으로 알맞은 것은?
ⓐ public　　　　　ⓑ private　　　　　ⓒ opposite

[3]Psychologist Bob Cialdini wanted to decrease the number of people whose stole petrified wood from Arizona's National Park due to its potential to be sold or collected.

주요 세부 사항(major detail)으로 예(example)가 시작되는 부분이다.

4 문장 3에서 어법상 틀린 단어 하나를 찾아 바르게 고치시오.
고치기 전:
→ 고친 후:

[4]So he posted signs around the park that tried **different strategies**.

서로 다른 전략을 대조하는 방식이다.

⁵One asked people not to take the wood because "many past visitors have removed petrified wood from the park, **changing the natural state of the forest**."

TIP ⭐ **분사구문의 의미**

분사구문과 문장의 선후 관계 및 적절한 의미를 살펴서 가장 자연스러운 것으로 해석한다. 문장 5의 분사
구문(changing ~)은 '결과'를 의미하는 해석이 자연스럽다.

⁶But the message almost doubled the number of people taking wood.

5 문장 3~6을 한 문장으로 표현할 때 빈칸에 알맞은 것은?

→ Concentrating on negative actions increased _____________ results.

ⓐ neutral   ⓑ positive   ⓒ undesirable

⁷On a different set of posts, they said, "Please don't remove the petrified wood from the park in order to preserve the natural forest."

⁸By focusing on <u>the positive effects</u> of not taking the wood, rather than on what others were doing, the park service was able to reduce theft.

6 밑줄 친 the positive effects의 의미로 알맞은 것은?

ⓐ 숲의 보호   ⓑ 절도 방지   ⓒ 공원 수익 증가

Stage 3 요약하기

◆ 글의 내용을 아래와 같이 요약할 때, 빈칸 (A)~(C)에 들어갈 가장 적절한 말을 <조건>에 맞게 쓰시오.

Focusing on the misbehavior of a few can (A) _____________ its occurrence. Instead, preventing it requires (B) _____________ awareness of negative actions and (C) _____________ the benefits of positive behavior.

조건 <보기>의 단어 중에서 골라 그대로 쓸 것
보기 emphasizing / reducing / celebrate
increase / punishing / admitting

History

The Middle Ages 중세

중세는 중세 초기(the Early Middle Ages), 중세 전성기(the High Middle Ages),
중세 말기(the Late Middle Ages)로 나뉩니다. 동양에는 해당하지 않고,
유럽에 국한해서 말하는 것이 대부분이에요.

중세 무렵의 유럽은 봉건제(feudal system) 사회를
이루었습니다.

귀족(nobles)인 영주((feudal) lords)가 땅(land)을
소유했으며, 소작농(peasants)은 그 땅에서 농사를
지어 농작물을 바치는 대신 영주의 보호를 받았습니다.

Words & PHRASES

✦표시 다의어는
지문 속 의미를
다의어 Check✔
에서 고르세요.

☐ noble	귀족; 귀족의; 숭고한, 고결한	
☐ fair	박람회; 공평한, 공정한; 상당한	
☐ trade	거래, 무역; 거래하다, 무역하다; 교환하다	
☐ establish	설립하다; 확립하다, 수립하다	
☐ merchant	상인, 무역상	• merchandise 물품, 상품(= goods); 매매하다; 판매를 촉진[계획]하다
☐ settle✦	정착하다; (서서히) 가라앉다; 해결하다; 지불하다, 청산하다	• settlement 정착(지); 해결, 합의 ▶ settle debts 빚을 청산하다
☐ excel	뛰어나다; (남을) 능가하다, ~보다 낫다	
☐ annual	매년의, 연례의; 한 해의, 연간의	
☐ hold	잡(고 있)다; 열다, 개최하다	(held-held)
☐ take part	참여[참가]하다	
☐ court✦	궁궐; 법정, 법원; 경기장	
☐ dispute	분쟁, 논쟁(= argument); 논쟁하다; 반박하다	
☐ toss around	(가볍게) 논의하다, 의견을 주고받다	
☐ peasant	소작농, 농부	
☐ lord	귀족; (중세 유럽의) 영주	

정답 및 해설 p. 60 

> The nobles who owned the lands on which the fairs were located also participated, but in a unique way.

As the trade of the High Middle Ages grew, towns along the European seas and land trade routes established trade fairs where merchants from many different areas met to **settle**[+] debts and prepare for future trades. (①) Eventually, some fairs excelled over the rest, and became the annual fairs held at Champagne, Ghent, Leipzig, and Winchester. (②) They took part by providing services, such as special **courts**[+] to settle disputes, guards for merchants and their goods, clerks for the paperwork, and buildings where people met. (③) The fairs were also as important for the spread of ideas as for the exchange of goods. (④) They were international events, and ideas from around the world got tossed around in many conversations. (⑤) With time, these fairs helped to end the isolation of the peasants and lords of Europe.

다의어 Check ✔

지문 속 ✦표시 어휘의 문맥상 의미는?

1 settle
ⓐ 정착하다
ⓑ 청산하다

2 court
ⓐ 궁궐
ⓑ 법정

INTRO 
네모 안에 주어진 문장으로 보아, 뒤 내용으로 가장 적절한 것을 고르시오.
① 특정 귀족들의 박람회 유치 방법
② 특정 귀족들의 박람회 참여 방법

글의 흐름으로 보아, 주어진 문장이 들어가기에 가장 적절한 곳을 고르시오.
①　　　　②　　　　③　　　　④　　　　⑤

◆ 주어진 질문에 답하시오.

> **[1]As** the trade of the High Middle Ages grew, towns along the European seas and land trade routes established trade fairs **where** merchants from many different areas met to settle debts and prepare for future trades.

● as (~함에 따라)
● 관계부사 where는 장소를 의미하는 명사(선행사, trade fairs)를 수식한다.

1 문장 1에서 주절의 주어와 동사를 각각 찾아 쓰시오. (한 단어)

주어:

동사:

> **[2]**Eventually, some fairs excelled over the rest, and became the annual fairs <u>holding</u> at Champagne, Ghent, Leipzig, and Winchester.

2 밑줄 친 holding이 어법상 옳으면 O, 틀리면 X로 표시하고 바르게 고치시오. (한 단어로 고칠 것)

> **[3]**The nobles **who** owned the lands **on which** the fairs were located also participated, but in a unique way.

3 문장 3의 주어(수식어구 포함)에 밑줄을 긋고 우리말로 해석하시오.

TIP★ **명사+관계사절+관계사절**

두 개 이상의 관계사절이 연달아 사용된 경우, 각각의 선행사를 파악해야 한다.

The tree [**that** stands in *the park* [**where** we often walk]] survived the storm.
우리가 자주 걷는 공원에 서 있는 나무는 폭풍 속에서 살아남았다.

cf. 두 개의 관계대명사절이 하나의 선행사를 수식할 경우 접속사 없이 연달아 이어지기도 한다.
The tree [**that** stands in the park] [**that** we often rested beside] survived the storm.
공원에 서 있는, 우리가 자주 옆에서 쉬었던 그 나무는 폭풍 속에서 살아남았다.

> **[4]**They took part by providing services, **such as** special courts to settle disputes, guards for merchants and their goods, clerks for the paperwork, and buildings where people met.

● such as (예를 들어, ~와 같은)
문장 3의 in a unique way에 대한 추가 설명을 위해 예를 들고 있다.

4 문장 3~4의 내용으로 알맞은 것은?

ⓐ 귀족들도 다양한 형태로 무역 박람회에 참여했다.
ⓑ 중세에는 무역에 참여하는 계층이 귀족들로 제한되었다.
ⓒ 중세 귀족들은 자신들의 영지에서 박람회를 열기 위해 힘썼다.

5 The fairs were also **as** important for the spread of ideas **as** for the exchange of goods.

비교 대상인 A와 B는 문법과 의미상 서로 대등하다.

5 The fairs were also **as** *important* for the spread of ideas **as** for the exchange of goods.
              A   B

6 They were international events, and ideas from around the world got tossed around in many conversations.

5 밑줄 친 They가 가리키는 대상을 찾아 쓰시오.

7 With time, these fairs helped to end the isolation of the peasants and lords of Europe.

핵심 소재(trade)로 인해 발생한 종합적인 결과로 글을 끝맺는다.

6 문장 7을 간단히 표현할 때 빈칸에 알맞은 것은?

→ The fairs were _______________ places.

ⓐ gathering　　　　　ⓑ preparing　　　　　ⓒ spreading

Stage 3　요약하기

◆ 글의 내용을 아래와 같이 요약할 때, 빈칸 (A)~(C)에 들어갈 가장 적절한 말을 <조건>에 맞게 쓰시오.

The trade fairs in the High Middle Ages were also attended by (A) _____________ and played a key role in trading goods and sharing (B) _____________, and helped break the (C) _____________ of European peasants and lords.

조건　1. <보기>의 단어 중에서 골라 쓸 것
　　　2. 필요하면 문맥과 어법에 맞게 변형할 것
　　　3. 각각 한 단어로 작성할 것

보기　outsiders / knowledge / isolate
　　　rumors / connect / nobles

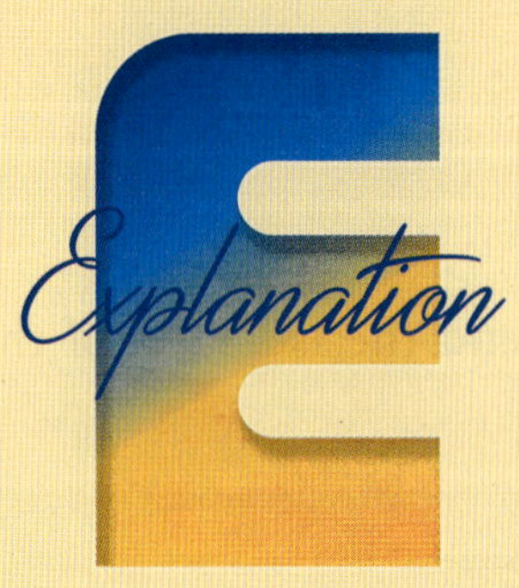

Explanation

Be informed about specific subjects
and interesting facts!

31~60

함께 풀면 좋은
기출문제

31 Solo Dining

1

소재 연계

글의 흐름으로 보아, 주어진 문장이 들어가기에 가장 적절한 곳은? <고1>

> Unfortunately, it is also likely to "crowd out" other activities that produce more sustainable social contributions to our social wellbeing.

Television is the number one leisure activity in the United States and Europe, consuming more than half of our free time. (①) We generally think of television as a way to relax, tune out, and escape from our troubles for a bit each day. (②) While this is true, there is increasing evidence that we are more motivated to tune in to our favorite shows and characters when we are feeling lonely or have a greater need for social connection. (③) Television watching does satisfy these social needs to some extent, at least in the short run. (④) The more television we watch, the less likely we are to volunteer our time or to spend time with people in our social networks. (⑤) In other words, the more time we make for *Friends*, the less time we have for friends in real life.

*Friends: 프렌즈 (미국의 한 방송국에서 방영된 시트콤)

2

글 구조 연계

다음 글의 제목으로 가장 적절한 것은? <고1>

Only a generation or two ago, mentioning the word *algorithms* would have drawn a blank from most people. Today, algorithms appear in every part of civilization. They are connected to everyday life. They're not just in your cell phone or your laptop but in your car, your house, your appliances, and your toys. Your bank is a huge web of algorithms, with humans turning the switches here and there. Algorithms schedule flights and then fly the airplanes. Algorithms run factories, trade goods, and keep records. If every algorithm suddenly stopped working, it would be the end of the world as we know it.

① We Live in an Age of Algorithms
② Mysteries of Ancient Civilizations
③ Dangers of Online Banking Algorithms
④ How Algorithms Decrease Human Creativity
⑤ Transportation: A Driving Force of Industry

32 Galaxies

1

글의 흐름으로 보아, 주어진 문장이 들어가기에 가장 적절한 곳은? \<고1>

> Since the dawn of civilization, our ancestors created myths and told legendary stories about the night sky.

We are connected to the night sky in many ways. (①) It has always inspired people to wonder and to imagine. (②) Elements of those narratives became embedded in the social and cultural identities of many generations. (③) On a practical level, the night sky helped past generations to keep track of time and create calendars — essential to developing societies as aids to farming and seasonal gathering. (④) For many centuries, it also provided a useful navigation tool, vital for commerce and for exploring new worlds. (⑤) Even in modern times, many people in remote areas of the planet observe the night sky for such practical purposes.

*embed: 깊이 새겨 두다 **commerce: 무역

2

글의 흐름으로 보아, 주어진 문장이 들어가기에 가장 적절한 곳은? \<고1>

> Yet, attach a camera to them, and suddenly we can see so much more.

Photography has always played an important part in our understanding of how the universe works. (①) Although telescopes help us see far beyond the limits of the naked eye, on their own they are still limited. (②) Details are revealed that would otherwise be invisible. (③) Indeed, 19th century astronomers working with the first astronomical cameras were astonished to discover that outer space was much more crowded than they had thought. (④) Their first photographs of the night sky showed unknown stars and galaxies. (⑤) Once cameras were taken on board rockets and orbiting satellites, they saw the universe clearly for the first time.

33 Cognitive Bias

1

다음 빈칸에 들어갈 말로 가장 적절한 것은?　　　<고1>

Here's the unpleasant truth: we are all biased. Every human being is affected by unconscious biases that lead us to make incorrect assumptions about other people. Everyone. To a certain extent, bias is a(n) ________________________________. If you're an early human, perhaps *Homo Erectus*, walking around the jungle, you may see an animal approaching. You have to make very fast assumptions about whether that animal is safe or not, based solely on its appearance. The same is true of other humans. You make split-second decisions about threats in order to have plenty of time to escape, if necessary. This could be one root of our tendency to categorize and label others based on their looks and their clothes.

① necessary survival skill
② origin of imagination
③ undesirable mental capacity
④ barrier to relationships
⑤ challenge to moral judgment

2

(A), (B), (C)의 각 네모 안에서 문맥에 맞는 낱말로 가장 적절한 것은?　　　<고1>

Intellectual humility is admitting you are human and there are limits to the knowledge you have. It involves (A) neglecting / recognizing that you possess cognitive and personal biases, and that your brain tends to see things in such a way that your opinions and viewpoints are favored above others. It is being willing to work to overcome those biases in order to be more objective and make informed decisions. People who display intellectual humility are more likely to be (B) receptive / resistant to learning from others who think differently than they do. They tend to be well-liked and respected by others because they make it clear that they (C) value / undervalue what other people bring to the table. Intellectually humble people want to learn more and are open to finding information from a variety of sources. They are not interested in trying to appear or feel superior to others.

	(A)	(B)	(C)
①	recognizing	receptive	value
②	recognizing	resistant	undervalue
③	recognizing	receptive	undervalue
④	neglecting	resistant	undervalue
⑤	neglecting	receptive	value

34 Shrinkflation

1

다음 빈칸에 들어갈 말로 가장 적절한 것은? <고1>

Sometimes it is the _______________ that gives a business a **competitive** advantage. Until recently, bicycles had to have many gears, often 15 or 20, for them to be considered high-end. But fixed-gear bikes with minimal features have become more popular, as those who buy them are happy to pay more for much less. The overall **profitability** of these bikes is much higher than the more complex ones because they do a single thing really well without the **cost** of added complexity. **Companies** should be careful of getting into a war over adding more features with their **competitors**, as this will increase **cost** and almost certainly **reduce profitability** because of **competitive** pressure on **price**.

*high-end: 최고급의

① simpler **product**
② affordable **price**
③ consumer loyalty
④ customized design
⑤ eco-friendly technology

2

다음 빈칸에 들어갈 말로 가장 적절한 것은? <고1>

Business consultant Frans Johansson describes **the** *Medici effect* as the emergence of new ideas and creative solutions when different backgrounds and disciplines come together. **The term** is derived from the 15th-century Medici family, who helped usher in the Renaissance by bringing together artists, writers, and other creatives from all over the world. Arguably, the Renaissance was a result of the exchange of ideas between these different groups in close contact with each other. Sound familiar? If you are unable to diversify your own talent and skill, then _______________ _______________ might very well just do the trick. Believing that all new ideas come from combining existing notions in creative ways, Johansson recommends utilizing a mix of backgrounds, experiences, and expertise in staffing to bring about the best possible solutions, perspectives, and innovations in business.

*usher in: ~이 시작되게 하다

① having others around you to compensate
② taking some time to reflect on yourself
③ correcting the mistakes of the past
④ maximizing your own strength
⑤ setting a specific objective

35 The Art of Passive Voice

1
소재 연계

밑줄 친 translate it from the past tense to the future tense가 다음 글에서 의미하는 바로 가장 적절한 것은? <고1 응용>

Get past the "I wish I hadn't done that!" reaction. If the disappointment you're feeling is linked to an exam you didn't pass because you didn't study for it, or a job you didn't get because you said silly things at the interview, or a person you didn't impress because you took entirely the wrong approach, accept that it's *happened* now. The only value of "I wish I hadn't done that!" is that you'll know better what to do next time. The learning payoff is useful and significant. This "if only I ..." agenda is virtual. Once you have worked that out, it's time to translate it from the past tense to the future tense: "Next time I'm in this situation, I'm going to try to ...".

*agenda: 의제 **tense: 시제

① look for a job linked to your interest
② get over regrets and plan for next time
③ surround yourself with supportive people
④ study grammar and write clear sentences
⑤ examine your way of speaking and apologize

2
글 구조 연계

밑줄 친 have that same scenario가 다음 글에서 의미하는 바로 가장 적절한 것은? <고1 응용>

There are more than 700 million cell phones used in the US today and at least 140 million of those cell phone users will abandon their current phone for a new phone every 14-18 months. I'm not one of those people who just "must" have the latest phone. Actually, I use my cell phone until the battery no longer holds a good charge. At that point, I figure I'll just get a replacement battery. But I'm told that battery is no longer made and the phone is no longer manufactured because there's newer technology and better features in the latest phones. That's a typical justification. The phone wasn't even that old; maybe a little over one year? I'm just one example. Can you imagine how many countless other people have that same scenario? No wonder cell phones take the lead when it comes to "e-waste."

① have frequent trouble updating programs
② cannot afford new technology due to costs
③ spend a lot of money repairing their cell phones
④ are driven to change their still usable cell phones
⑤ are disappointed with newly launched phone models

36 Optimistic Personality

1

주어진 글 다음에 이어질 글의 순서로 가장 적절한 것은? <고1>

> To be successful, you need to understand the vital difference between believing you will succeed, and believing you will succeed easily.

(A) Unrealistic optimists, on the other hand, believe that success will happen to them—that the universe will reward them for all their positive thinking, or that somehow they will be transformed overnight into the kind of person for whom obstacles don't exist anymore.

(B) Put another way, it's the difference between being a realistic optimist, and an unrealistic optimist. Realistic optimists believe they will succeed, but also believe they have to make success happen—through things like careful planning and choosing the right strategies.

(C) They recognize the need for giving serious thought to how they will deal with obstacles. This preparation only increases their confidence in their own ability to get things done.

① (A) – (C) – (B)　　② (B) – (A) – (C)
③ (B) – (C) – (A)　　④ (C) – (A) – (B)
⑤ (C) – (B) – (A)

2

다음 글에서 필자가 주장하는 바로 가장 적절한 것은? <고3 모평>

Learning a certain concept such as "molecules" requires more than just a single exposure to the idea. If a student is going to remember a science concept, he or she should experience it multiple times and in various contexts. That is one of the strengths of the learning cycle: the students have direct experience with the concept, then they talk about it, and then they have even more direct experience. Reading, watching videos, and listening to others' thoughts contribute to a more solid understanding of the concept. This suggests more than repetition. Each event allows the student to examine the concept from a different perspective. Ultimately this will lead to a substantive, useful understanding of the complexities and nuances of the concept.

① 과학 개념을 학습하려면 다양한 방식으로 여러 번 접해야 한다.
② 복잡한 과학 개념을 이해하기 위해서는 암기가 선행되어야 한다.
③ 효과적인 과학 학습을 위해 기본 개념을 숙지할 필요가 있다.
④ 과학 원리는 쉬운 것부터 어려운 것 순으로 가르쳐야 한다.
⑤ 다양한 시각 자료를 활용하여 과학 수업을 진행해야 한다.

37 Store Design

1

소재 연계

다음 빈칸에 들어갈 말로 가장 적절한 것은? <고1>

Within a store, the wall marks the back of the store, but not the end of the marketing. Merchandisers often use the back wall as a magnet, because it means that _________________________ _______________. This is a good thing because distance traveled relates more directly to sales per entering customer than any other measurable consumer variable. Sometimes, the wall's attraction is simply appealing to the senses, a wall decoration that catches the eye or a sound that catches the ear. Sometimes the attraction is specific goods. In supermarkets, the dairy is often at the back, because people frequently come just for milk. At video rental shops, it's the new releases.

*merchandiser: 상품 판매업자 **variable: 변수

① the store looks larger than it is
② more products can be stored there
③ people have to walk through the whole store
④ the store provides customers with cultural events
⑤ people don't need to spend too much time in the store

2

소재 연계 글 구조 연계

다음 빈칸에 들어갈 말로 가장 적절한 것은? <고1>

Although many small businesses have excellent websites, they typically can't afford aggressive online campaigns. One way to get the word out is through an advertising exchange, in which advertisers place banners on each other's websites for free. For example, a company selling beauty products could place its banner on a site that sells women's shoes, and in turn, the shoe company could put a banner on the beauty product site. Neither company charges the other; they simply exchange ad space. Advertising exchanges are gaining in popularity, especially among marketers who do not have much money and who don't have a large sales team. By _______________________, advertisers find new outlets that reach their target audiences that they would not otherwise be able to afford.

*aggressive: 매우 적극적인 **outlet: 출구

① trading space
② getting funded
③ sharing reviews
④ renting factory facilities
⑤ increasing TV commercials

38 Numeral 0

1

다음 빈칸에 들어갈 말로 가장 적절한 것은?　　　<고1>

There is a major problem with ＿＿＿＿＿＿＿＿＿＿ ＿＿＿＿＿＿＿＿＿＿＿＿＿＿＿＿＿. To determine the number of objects by counting, such as determining how many apples there are on a table, many children would touch or point to the first apple and say "one," then move on to the second apple and say "two," and continue in this manner until all the apples are counted. If we start at 0, we would have to touch nothing and say "zero," but then we would have to start touching apples and calling out "one, two, three" and so on. This can be very confusing because there would be a need to stress when to touch and when not to touch. If a child accidentally touches an apple while saying "zero," then the total number of apples will be off by 1.

① counting from 0
② numbering in reverse order
③ adding up the numbers given
④ learning words through games
⑤ saying numbers in a loud voice

2

다음 글의 주제로 가장 적절한 것은?　　　<고1>

Every day, children explore and construct relationships among objects. Frequently, these relationships focus on how much or how many of something exists. Thus, children count — "One cookie, two shoes, three candles on the birthday cake, four children in the sandbox." Children compare — "Which has more? Which has fewer? Will there be enough?" Children calculate — "How many will fit? Now, I have five. I need one more." In all of these instances, children are developing a notion of quantity. Children reveal and investigate mathematical concepts through their own activities or experiences, such as figuring out how many crackers to take at snack time or sorting shells into piles.

① difficulties of children in learning how to count
② how children build mathematical understanding
③ why fingers are used in counting objects
④ importance of early childhood education
⑤ advantages of singing number songs

39 Sleep

1

소재 연계

다음 글의 요지로 가장 적절한 것은?　　　　　<고1>

Many people view sleep as merely a "down time" when their brain shuts off and their body rests. In a rush to meet work, school, family, or household responsibilities, people cut back on their sleep, thinking it won't be a problem, because all of these other activities seem much more important. But research reveals that a number of vital tasks carried out during sleep help to maintain good health and enable people to function at their best. While you sleep, your brain is hard at work forming the pathways necessary for learning and creating memories and new insights. Without enough sleep, you can't focus and pay attention or respond quickly. A lack of sleep may even cause mood problems. In addition, growing evidence shows that a continuous lack of sleep increases the risk for developing serious diseases.

*vital: 매우 중요한

① 수면은 건강 유지와 최상의 기능 발휘에 도움이 된다.
② 업무량이 증가하면 필요한 수면 시간도 증가한다.
③ 균형 잡힌 식단을 유지하면 뇌 기능이 향상된다.
④ 불면증은 주위 사람들에게 부정적인 영향을 미친다.
⑤ 꿈의 내용은 깨어 있는 시간 동안의 경험을 반영한다.

2

소재 연계

다음 빈칸에 들어갈 말로 가장 적절한 것은?　　　　　<고1>

One of the most striking characteristics of a sleeping animal or person is that they do not respond normally to environmental stimuli. If you open the eyelids of a sleeping mammal the eyes will not see normally—they _______________ _______________. Some visual information apparently gets in, but it is not normally processed as it is shortened or weakened; same with the other sensing systems. Stimuli are registered but not processed normally and they fail to wake the individual. Perceptual disengagement probably serves the function of protecting sleep, so some authors do not count it as part of the definition of sleep itself. But as sleep would be impossible without it, it seems essential to its definition. Nevertheless, many animals (including humans) use the intermediate state of drowsiness to derive some benefits of sleep without total perceptual disengagement.

*stimuli: 자극 **disengagement: 이탈 ***drowsiness: 졸음

① get recovered easily
② will see much better
③ are functionally blind
④ are completely activated
⑤ process visual information

40 Interesting Habitats

1

소재 연계

글의 흐름으로 보아, 주어진 문장이 들어가기에 가장 적절한 곳은?　　　　　　　　　　　　　　　　<고1>

> But, when there is biodiversity, the effects of a sudden change are not so dramatic.

When an ecosystem is biodiverse, wildlife have more opportunities to obtain food and shelter. Different species react and respond to changes in their environment differently. (①) For example, imagine a forest with only one type of plant in it, which is the only source of food and habitat for the entire forest food web. (②) Now, there is a sudden dry season and this plant dies. (③) Plant-eating animals completely lose their food source and die out, and so do the animals that prey upon them. (④) Different species of plants respond to the drought differently, and many can survive a dry season. (⑤) Many animals have a variety of food sources and don't just rely on one plant; now our forest ecosystem is no longer at the death!

*biodiversity: (생물학적) 종 다양성　**habitat: 서식지

2

소재 연계

다음 빈칸에 들어갈 말로 가장 적절한 것은?　　　<고1>

Our homes aren't just ecosystems, they're unique ones, hosting species that are adapted to indoor environments and pushing evolution in new directions. Indoor microbes, insects, and rats have all evolved the ability to survive our chemical attacks, developing resistance to antibacterials, insecticides, and poisons. German cockroaches are known to have developed a distaste for glucose, which is commonly used as bait in roach traps. Some indoor insects, which have fewer opportunities to feed than their outdoor counterparts, seem to have developed the ability to survive when food is limited. Dunn and other ecologists have suggested that as the planet becomes more developed and more urban, more species will ___________________ ___________________. Over a long enough time period, indoor living could drive our evolution, too. Perhaps my indoorsy self represents the future of humanity.

*glucose: 포도당　**bait: 미끼

① produce chemicals to protect themselves
② become extinct with the destroyed habitats
③ evolve the traits they need to thrive indoors
④ compete with outside organisms to find their prey
⑤ break the boundaries between wildlife and humans

41 Microbes

1

주어진 글 다음에 이어질 글의 순서로 가장 적절한 것은? <고1>

> Why does garbage exist in the human system but not more broadly in nature?

(A) The output of the microbes—rich humus and soil—is in turn the very material from which a new oak tree may grow. Even the carbon dioxide that the squirrel breathes out is what that tree may breathe in.

(B) Nature is a beautiful harmony of systems whereby every system's output is a useful input for other systems. An acorn that falls from a tree is an important input for a squirrel that eats it. The by-product of that delicious meal—the squirrel's poop—is an important input for the microbes that consume it.

(C) This cycle is the fundamental reason why life has thrived on our planet for millions of years. It's like the Ouroboros—the ancient symbol depicting a snake or dragon eating its own tail; in a way, nature truly is a constant cycle of consuming itself.

*microbe: 미생물

① (A) – (C) – (B)　　② (B) – (A) – (C)
③ (B) – (C) – (A)　　④ (C) – (A) – (B)
⑤ (C) – (B) – (A)

2

다음 글에서 전체 흐름과 관계 <u>없는</u> 것은? <고1>

Health and the spread of disease are very closely linked to how we live and how our cities operate. The good news is that cities are incredibly resilient. Many cities have experienced epidemics in the past and have not only survived, but advanced. ① The nineteenth and early-twentieth centuries saw destructive outbreaks of cholera, typhoid, and influenza in European cities. ② Doctors such as Jon Snow, from England, and Rudolf Virchow, of Germany, saw the connection between poor living conditions, overcrowding, sanitation, and disease. ③ A recognition of this connection led to the replanning and rebuilding of cities to stop the spread of epidemics. ④ In spite of reconstruction efforts, cities declined in many areas and many people started to leave. ⑤ In the mid-nineteenth century, London's pioneering sewer system, which still serves it today, was built as a result of understanding the importance of clean water in stopping the spread of cholera.

*resilient: 회복력이 있는　**sewer system: 하수 처리 시스템

42 Iconic Landmarks

1

주어진 글 다음에 이어질 글의 순서로 가장 적절한 것은?　<고1>

> Toward the end of the 19th century, a new architectural attitude emerged. Industrial architecture, the argument went, was ugly and inhuman; past styles had more to do with pretension than what people needed in their homes.

(A) But they supplied people's needs perfectly and, at their best, had a beauty that came from the craftsman's skill and the rootedness of the house in its locality.

(B) Instead of these approaches, why not look at the way ordinary country builders worked in the past? They developed their craft skills over generations, demonstrating mastery of both tools and materials.

(C) Those materials were local, and used with simplicity — houses built this way had plain wooden floors and whitewashed walls inside.

*pretension: 허세, 가식

① (A) – (C) – (B)　　② (B) – (A) – (C)
③ (B) – (C) – (A)　　④ (C) – (A) – (B)
⑤ (C) – (B) – (A)

2

글의 흐름으로 보아, 주어진 문장이 들어가기에 가장 적절한 곳은?　<고1>

> When the boy learned that he had misspelled the word, he went to the judges and told them.

Some years ago at the national spelling bee in Washington, D.C., a thirteen-year-old boy was asked to spell *echolalia*, a word that means a tendency to repeat whatever one hears. (①) Although he misspelled the word, the judges misheard him, told him he had spelled the word right, and allowed him to advance. (②) So he was eliminated from the competition after all. (③) Newspaper headlines the next day called the honest young man a "spelling bee hero," and his photo appeared in *The New York Times.* (④) "The judges said I had a lot of honesty," the boy told reporters. (⑤) He added that part of his motive was, "I didn't want to feel like a liar."

*spelling bee: 단어 철자 맞히기 대회

43 Strategies of Plants

1

다음 글의 제목으로 알맞은 것은? 〈고1 응용〉

소재 연계

Plants are nature's alchemists; they are experts at transforming water, soil, and sunlight into an array of precious substances. Many of these substances are beyond the ability of human beings to conceive. While we were perfecting consciousness and learning to walk on two feet, they were, by the same process of natural selection, inventing photosynthesis (the astonishing trick of converting sunlight into food) and perfecting organic chemistry. As it turns out, many of the plants' discoveries in chemistry and physics have served us well. From plants come chemical compounds that nourish and heal and delight the senses.

Why would they go to all this trouble? Why should plants bother to devise the recipes for so many complex molecules and then expend the energy needed to manufacture them? Plants can't move, which means they can't escape the creatures that feed on them. A great many of the chemicals plants produce are designed, by natural selection, to compel other creatures to leave them alone: deadly poisons, foul flavors, toxins to confuse the minds of predators. Plants also can't change location or extend their reproductive range without help. Many other of the substances plants make draw other creatures to them by stirring and gratifying their desire. It is this fact of plants' immobility that causes them to make chemicals.

① Why Plants Need Photosynthesis to Survive
② Manage Unwanted Plants with New Chemicals
③ How Plants Became Nature's Chemical Producers
④ Adaptation Is Not a Necessity But a Choice for Plants
⑤ The Constant Survival Game Between Plants and Animals

2

글의 흐름으로 보아, 주어진 문장이 들어가기에 가장 적절한 곳은? 〈고1 응용〉

글 구조 연계

> Instead of that, say to them, 'I can't deal with that now but what I can do is I can ask Brian to give you a hand and he should be able to explain them.'

Whenever you say what you can't do, say what you can do. This ends a sentence on a positive note and has a much lower tendency to cause someone to challenge it.(①) Consider this situation—a colleague comes up to you and asks you to look over some figures with them before a meeting they are having tomorrow. (②) You simply say, 'No, I can't deal with this now.' (③) This may then lead to them insisting how important your input is, increasing the pressure on you to give in. (④) Or, 'I can't deal with that now but I can find you in about half an hour when I have finished.' (⑤) Either of these types of responses are better than ending it with a negative.

44 Language Acquisition

1

글의 흐름으로 보아, 주어진 문장이 들어가기에 가장 적절한 곳은? <고1>

> Grown-ups rarely explain the meaning of new **words** to children, let alone how **grammatical rules** work.

Our brains are constantly solving problems. (①) Every time we learn, or remember, or make sense of something, we solve a problem. (②) Some psychologists have characterized all **infant language-learning** as problem-solving, extending to children such scientific procedures as "**learning by experiment**," or "hypothesis-testing." (③) Instead they use the **words** or the **rules** in conversation and leave it to children to figure out what is going on. (④) In order to learn **language**, an **infant** must make sense of the contexts in which **language** occurs; problems must be solved. (⑤) We have all been solving problems of this kind since childhood, usually without awareness of what we are doing.

2

다음 빈칸에 들어갈 말로 가장 적절한 것은? <고1 응용>

Over time, babies construct expectations about what **sounds** they will **hear** when. They hold in their memory the **sound** patterns that occur on a regular basis. They make hypotheses like, "If I **hear** *this* **sound** first, it probably will be followed by *that* **sound**." Scientists conclude that much of babies' skill in **learning language** is due to their ___________ ___________________________. For babies, this means that they appear to pay close attention to the patterns that repeat in **language**. They remember, in a systematic way, how often **sounds** occur, in what order, with what intervals, and with what changes of pitch. This memory storage allows them to track, within the neural circuits of their brains, the frequency of **sound** patterns and to use this knowledge to make predictions about the meaning in patterns of **sounds**.

① lack of social pressures
② ability to calculate statistics
③ desire to interact with others
④ preference for simpler **sounds**
⑤ tendency to imitate caregivers

45 Coffee Machine Sounds

1

다음 빈칸에 들어갈 말로 가장 적절한 것은?　　　　<고1>

When meeting someone in person, body language experts say that smiling can portray confidence and warmth. Online, however, smiley faces could be doing some serious damage to your career. In a new study, researchers found that using smiley faces _________________________________.
The study says, "contrary to actual smiles, smileys do not increase perceptions of warmth and actually decrease perceptions of competence." The report also explains, "Perceptions of low competence, in turn, lessened information sharing." Chances are, if you are including a smiley face in an email for work, the last thing you want is for your co-workers to think that you are so inadequate that they chose not to share information with you.

① makes you look incompetent
② causes conflict between generations
③ clarifies the intention of the message
④ results in low scores in writing tests
⑤ helps create a casual work environment

2

밑줄 친 fall silently in the woods가 다음 글에서 의미하는 바로 가장 적절한 것은?　　　　<고1>

Most people have no doubt heard this question: If a tree falls in the forest and there is no one there to hear it fall, does it make a sound? The correct answer is no. Sound is more than pressure waves, and indeed there can be no sound without a hearer. And similarly, scientific communication is a two-way process. Just as a signal of any kind is useless unless it is perceived, a published scientific paper (signal) is useless unless it is both received *and* understood by its intended audience. Thus we can restate the axiom of science as follows: A scientific experiment is not complete until the results have been published *and understood*. Publication is no more than pressure waves unless the published paper is understood. Too many scientific papers fall silently in the woods.

*axiom: 자명한 이치

① fail to include the previous study
② end up being considered completely false
③ become useless because they are not published
④ focus on communication to meet public demands
⑤ are published yet readers don't understand them

46 Enlightenment

1

다음 빈칸에 들어갈 말로 가장 적절한 것은? <고1>

One of the main reasons that students may think they know the material, even when they don't, is that they mistake familiarity for understanding. Here is how it works: You read the chapter once, perhaps highlighting as you go. Then later, you read the chapter again, perhaps focusing on the highlighted material. As you read it over, the material is familiar because you remember it from before, and this familiarity might lead you to think, "Okay, I know that." The problem is that this feeling of familiarity is not necessarily equivalent to knowing the material and may be of no help when you have to come up with an answer on the exam. In fact, familiarity can often lead to errors on multiple-choice exams because you might pick a choice that looks familiar, only to find later that it was something you had read, but ________________

________________________.

*equivalent: 동등한

① you couldn't recall the parts you had highlighted
② it wasn't really the best answer to the question
③ that familiarity was based on your understanding
④ repetition enabled you to pick the correct answer
⑤ it indicated that familiarity was naturally built up

2

다음 글에서 필자가 주장하는 바로 가장 적절한 것은? <고2>

Over the years, memory has been given a bad name. It has been associated with rote learning and cramming information into your brain. Educators have said that understanding is the key to learning, but how can you understand something if you can't remember it? We have all had this experience: we recognize and understand information but can't recall it when we need it. For example, how many jokes do you know? You've probably heard thousands, but you can only recall about four or five right now. There is a big difference between remembering your four jokes and recognizing or understanding thousands. Understanding doesn't create use: only when you can instantly recall what you understand, and practice using your remembered understanding, do you achieve mastery. Memory means storing what you have learned; otherwise, why would we bother learning in the first place?

① 창의력 신장을 학습 활동의 목표로 삼아야 한다.
② 배운 것을 활용하기 위해서는 내용을 기억해야 한다.
③ 기억력 저하를 예방하기 위해 자신의 일상을 기록해야 한다.
④ 자연스러운 분위기를 만들 수 있는 농담을 알고 있어야 한다.
⑤ 학습 의욕을 유지하기 위해서는 실천 가능한 계획을 세워야 한다.

47 Context

1

소재 연계

다음 글의 요지로 가장 적절한 것은?　　　<고1>

Learners function within complex developmental, cognitive, physical, social, and cultural systems. Research and theory from diverse fields have contributed to an evolving understanding that all learners grow and learn in culturally defined ways in culturally defined contexts. While humans share basic brain structures and processes, as well as fundamental experiences such as relationships with family, age-related stages, and many more, each of these phenomena is shaped by an individual's precise experiences. Learning does not happen in the same way for all people because cultural influences are influential from the beginning of life. These ideas about the intertwining of learning and culture have been supported by research on many aspects of learning and development.

*intertwine: 뒤얽히다

① 문화 다양성에 대한 체계적 연구가 필요하다.
② 개인의 문화적 경험이 학습에 영향을 끼친다.
③ 인간의 뇌 구조는 학습을 통해 복잡하게 진화했다.
④ 원만한 대인관계 형성은 건강한 성장의 토대가 된다.
⑤ 학습 발달 단계에 적합한 자극을 제공하는 것이 좋다.

2

소재 연계

다음 글의 내용을 한 문장으로 요약하고자 한다. 빈칸 (A), (B)에 들어갈 말로 가장 적절한 것은?　　　<고1>

The perception of the same amount of discount on a product depends on its relation to the initial price. In one study, respondents were presented with a purchase situation. The persons put in the situation of buying a calculator that cost $15 found out from the vendor that the same product was available in a different store 20 minutes away and at a promotional price of $10. In this case, 68% of respondents decided to make their way down to the store in order to save $5. In the second condition, which involved buying a jacket for $125, the respondents were also told that the same product was available in a store 20 minutes away and cost $120 there. This time, only 29% of the persons said that they would get the cheaper jacket. In both cases, the product was $5 cheaper, but in the first case, the amount was 1/3 of the price, and in the second, it was 1/25 of the price. What differed in both of these situations was the price context of the purchase.

↓

When the same amount of discount is given in a purchasing situation, the ___(A)___ value of the discount affects how people ___(B)___ its value.

	(A)		(B)
①	absolute	......	modify
②	absolute	......	express
③	identical	......	produce
④	relative	......	perceive
⑤	relative	......	advertise

48 Research Validity

1

주어진 글 다음에 이어질 글의 순서로 가장 적절한 것은? <고1>

> Even though two variables seem to be related, there may not be a causal relationship.

(A) Does this mean that the size of one's feet (independent variable) causes an improvement in reading skills (dependent variable)? Certainly not. This false relationship is caused by a third factor, age, that is related to shoe size as well as reading ability.

(B) Hence, when researchers attempt to make causal claims about the relationship between an independent and a dependent variable, they must control for — or rule out — other variables that may be creating a spurious relationship.

(C) In fact, the two variables may merely seem to be associated with each other due to the effect of some third variable. Sociologists call such misleading relationships spurious. A classic example is the apparent association between children's shoe size and reading ability. It seems that as shoe size increases, reading ability improves.

*variable: 변인 **spurious: 허위의, 가짜의

① (A) – (C) – (B) ② (B) – (A) – (C)
③ (B) – (C) – (A) ④ (C) – (A) – (B)
⑤ (C) – (B) – (A)

2

주어진 글 다음에 이어질 글의 순서로 가장 적절한 것은? <고1>

> From a correlational observation, we conclude that one variable is related to a second variable. But neither behavior could be directly causing the other even though there is a relationship.

(A) They found the best predictor to be the number of tattoos the rider had. It would be a ridiculous error to conclude that tattoos cause motorcycle accidents or that motorcycle accidents cause tattoos.

(B) The following example will illustrate why it is difficult to make causal statements on the basis of correlational observation. The researchers at the U.S. Army conducted a study of motorcycle accidents, attempting to correlate the number of accidents with other variables such as socioeconomic level and age.

(C) Obviously, a third variable is related to both— perhaps preference for risk. A person who is willing to take risks likes to be tattooed and also takes more chances on a motorcycle.

*variable: 변인

① (A) – (C) – (B) ② (B) – (A) – (C)
③ (B) – (C) – (A) ④ (C) – (A) – (B)
⑤ (C) – (B) – (A)

49 Twinkling Stars

1

주어진 글 다음에 이어질 글의 순서로 가장 적절한 것은? <고1>

> The next time you're out under a clear, dark sky, look up. If you've picked a good spot for stargazing, you'll see a sky full of stars, shining and twinkling like thousands of brilliant jewels.

(A) It might be easier if you describe patterns of stars. You could say something like, "See that big triangle of bright stars there?" Or, "Do you see those five stars that look like a big letter W?"

(B) But this amazing sight of stars can also be confusing. Try and point out a single star to someone. Chances are, that person will have a hard time knowing exactly which star you're looking at.

(C) When you do that, you're doing exactly what we all do when we look at the stars. We look for patterns, not just so that we can point something out to someone else, but also because that's what we humans have always done.

① (A) – (C) – (B)
② (B) – (A) – (C)
③ (B) – (C) – (A)
④ (C) – (A) – (B)
⑤ (C) – (B) – (A)

2

다음 글의 제목으로 가장 적절한 것은? <고1>

Working around the whole painting, rather than concentrating on one area at a time, will mean you can stop at any point and the painting can be considered "finished." Artists often find it difficult to know when to stop painting, and it can be tempting to keep on adding more to your work. It is important to take a few steps back from the painting from time to time to assess your progress. Putting too much into a painting can spoil its impact and leave it looking overworked. If you find yourself struggling to decide whether you have finished, take a break and come back to it later with fresh eyes. Then you can decide whether any areas of your painting would benefit from further refinement.

*tempting: 유혹하는 **refinement: 정교하게 꾸밈

① Drawing Inspiration from Diverse Artists
② Don't Spoil Your Painting by Leaving It Incomplete
③ Art Interpretation: Discover Meanings in a Painting
④ Do Not Put Down Your Brush: The More, The Better
⑤ Avoid Overwork and Find the Right Moment to Finish

50 Consumer Loyalty

1

다음 글의 제목으로 가장 적절한 것은? <고1 모의>

소재 연계

Consumers are generally uncomfortable with taking high risks. As a result, they are usually motivated to use a lot of strategies to reduce risk. Consumers can collect additional information by conducting online research, reading news articles, talking to friends, or consulting an expert. Consumers also reduce uncertainty by buying the same brand that they did the last time, believing that the product should be at least as satisfactory as their last purchase. In addition, some consumers may employ a simple decision rule that results in a safer choice. For example, someone might buy the most expensive offering or choose a heavily advertised brand in the belief that this brand has higher quality than other brands.

① Lower Prices, Higher Sales
② Too Much Information Causes Stress
③ Advertisement: Noise for TV Viewers
④ Risk-taking: A Source of Bigger Profits
⑤ Safe Purchase: What Consumers Pursue Eagerly

2

글의 흐름으로 보아, 주어진 문장이 들어가기에 가장 적절한 곳은? <고1 모의>

소재 연계

> However, shoppers should understand that getting any of these sources of information has costs.

Shoppers usually have a limited amount of money to spend and a limited amount of time to shop. (①) It is important to realize that shopping is really a search for information. (②) You may obtain information from an advertisement, a friend, a salesperson, a label, a magazine article, the Internet, or several other sources. (③) You may also gain information from actual use of the product, such as trying on a dress, test-driving a car, or taking advantage of a promotion at a fitness center. (④) These costs may include transportation costs and time. (⑤) Only you can decide whether to take the costs or not.

*promotion: 판촉 행사

51 Adults vs. Infants

1

글의 흐름으로 보아, 주어진 문장이 들어가기에 가장 적절한 곳은? <고1>

소재 연계

> As children absorb more evidence from the world around them, certain possibilities become much more likely and more useful and harden into knowledge or beliefs.

According to educational psychologist Susan Engel, curiosity begins to decrease as young as four years old. By the time we are adults, we have fewer questions and more default settings. As Henry James put it, "Disinterested curiosity is past, the mental grooves and channels set." (①) The decline in curiosity can be traced in the development of the brain through childhood. (②) Though smaller than the adult brain, the infant brain contains millions more neural connections. (③) The wiring, however, is a mess; the lines of communication between infant neurons are far less efficient than between those in the adult brain. (④) The baby's perception of the world is consequently both intensely rich and wildly disordered. (⑤) The neural pathways that enable those beliefs become faster and more automatic, while the ones that the child doesn't use regularly are pruned away.

*default setting: 기본값 **groove: 고랑 ***prune: 가지치기하다

2

밑줄 친 by reading a body language dictionary가 의미하는 바로 가장 적절한 것은? <고1>

글 구조 연계

Authentic, effective body language is more than the sum of individual signals. When people work from this rote-memory, dictionary approach, they stop seeing the bigger picture, all the diverse aspects of social perception. Instead, they see a person with crossed arms and think, "Reserved, angry." They see a smile and think, "Happy." They use a firm handshake to show other people "who is boss." Trying to use body language by reading a body language dictionary is like trying to speak French by reading a French dictionary. Things tend to fall apart in an inauthentic mess. Your actions seem robotic; your body language signals are disconnected from one another. You end up confusing the very people you're trying to attract because your body language just rings false.

① by learning body language within social context
② by comparing body language and French
③ with a body language expert's help
④ without understanding the social aspects
⑤ in a way people learn their native language

52 Reasoning

1

(A), (B), (C)의 각 네모 안에서 문맥에 맞는 낱말로 가장 적절한 것은? <고1 응용>

When we don't want to believe a certain claim, we ask ourselves, "Must I believe it?" Then we search for contrary **evidence**, and if we find a single reason to (A) | defend / doubt | the claim, we can **disprove** the claim. Psychologists now have numerous findings on "motivated **reasoning**," showing the many tricks people use to reach the **conclusions** they want to reach. When subjects are told that an intelligence test gave them a low score, they choose to read articles (B) | supporting / criticizing | the **validity** of IQ tests. When people read a (fictitious) scientific study reporting heavy caffeine consumption is associated with an increased risk of breast cancer, women who are heavy coffee drinkers find (C) | more / fewer | errors in the study than do less caffeinated women.

*fictitious: 가상의

```
        (A)              (B)             (C)
① defend  ……  supporting  ……  more
② doubt   ……  supporting  ……  fewer
③ doubt   ……  criticizing ……  more
④ doubt   ……  criticizing ……  fewer
⑤ defend  ……  criticizing ……  fewer
```

2

다음 빈칸에 들어갈 말로 가장 적절한 것은? <고1>

Scientists **believe that** the frogs' ancestors were water-dwelling, fishlike animals. The first frogs and their relatives gained the ability to come out on land and enjoy the opportunities for food and shelter there. **But** they ____. A frog's lungs do not work very well, and it gets part of its oxygen by breathing through its skin. But for this kind of "breathing" to work properly, the frog's skin must stay moist. And so the frog must remain near the water where it can take a dip every now and then to keep from drying out. Frogs must also lay their eggs in water, as their fishlike ancestors did. And eggs laid in the water must develop into water creatures, if they are to survive. For frogs, metamorphosis thus provides the bridge between the water-dwelling young forms and the land-dwelling adults.

*metamorphosis: 탈바꿈

① still kept many ties to the water
② had almost all the necessary organs
③ had to develop an appetite for new foods
④ often competed with land-dwelling species
⑤ suffered from rapid changes in temperature

53 Nature's Clues

1

소재 연계

주어진 글 다음에 이어질 글의 순서로 가장 적절한 것은? <고1 응용>

> For its time, ancient Greek civilization was remarkably advanced. The Greeks figured out mathematics, geometry, and calculus long before calculators were available. Centuries before telescopes were invented, they proposed that the Earth might rotate on an axis or revolve around the sun.

(A) But they were still a primitive people. There were many aspects of the world around them that they didn't understand very well. They had big questions, like *Why are we here?* and *Why is smoke coming out of that nearby volcano?*

(B) Myths provided answers to those questions. They were educational tools, passing knowledge from one generation to the next. They also taught morality and conveyed truth about the complexity of life. In this way, the Greeks were able to understand right and wrong in their lives.

(C) Along with these mathematical, scientific advances, the Greeks produced some of the early dramatic plays and poetry. In a world ruled by powerful kings and bloodthirsty warriors, the Greeks even developed the idea of democracy.

*geometry: 기하학

① (A) – (C) – (B)　　② (B) – (A) – (C)
③ (B) – (C) – (A)　　④ (C) – (A) – (B)
⑤ (C) – (B) – (A)

2

소재 연계

주어진 글 다음에 이어질 글의 순서로 가장 적절한 것은? <고1 응용>

> We make decisions based on what we *think* we know. It wasn't too long ago that the majority of people believed the world was flat.

(A) It wasn't until that minor detail was revealed — the world is round — that behaviors changed on a massive scale. Upon this discovery, societies began to travel across the planet. Trade routes were established; spices were traded.

(B) This perceived truth impacted behavior. During this period, there was very little exploration. People feared that if they traveled too far they might fall off the edge of the Earth. So for the most part they didn't dare to travel.

(C) New ideas, like mathematics, were shared between societies which allowed for all kinds of innovations and advancements. The correction of a simple false assumption moved the human race forward.

① (A) – (C) – (B)　　② (B) – (A) – (C)
③ (B) – (C) – (A)　　④ (C) – (A) – (B)
⑤ (C) – (B) – (A)

54 Food Science

1

소재 연계

다음 글의 내용을 한 문장으로 요약하고자 한다. 빈칸 (A)와 (B)에 들어갈 말로 가장 적절한 것은? 〈고1〉

According to an Australian study, a person's confidence in the kitchen is linked to the kind of food that he or she tends to enjoy eating. Compared to the average person, those who are proud of the dishes they make are more likely to enjoy eating vegetarian food and health food. Moreover, this group is more likely than the average person to enjoy eating diverse kinds of food: from salads and seafood to hamburgers and hot chips. In contrast, people who say "I would rather clean than make dishes." don't share this wide-ranging enthusiasm for food. They are less likely than the average person to enjoy different types of food. In general, they eat out less than the average person except for when it comes to eating at fast food restaurants.

↓

> In general, people who are confident in _____(A)_____ are more likely to enjoy _____(B)_____ foods than those who are not.

	(A)		(B)
①	cooking	......	various
②	cooking	......	specific
③	tasting	......	organic
④	dieting	......	healthy
⑤	dieting	......	exotic

2

소재 연계

다음 글의 주제로 가장 적절한 것은? 〈고2〉

If cooking is as central to human identity, biology, and culture as the biological anthropologist Richard Wrangham suggests, it stands to reason that the decline of cooking in our time would have serious consequences for modern life, and so it has. Are they all bad? Not at all. The outsourcing of much of the work of cooking to corporations has relieved women of what has traditionally been their exclusive responsibility for feeding the family, making it easier for them to work outside the home and have careers. It has headed off many of the domestic conflicts that such a large shift in gender roles and family dynamics was bound to spark. It has relieved other pressures in the household, including longer workdays and overscheduled children, and saved us time that we can now invest in other pursuits. It has also allowed us to diversify our diets substantially, making it possible even for people with no cooking skills and little money to enjoy a whole different cuisine. All that's required is a microwave.

① current trends in commercial cooking equipment
② environmental impacts of shifts in dietary patterns
③ cost-effective ways to cook healthy meals at home
④ reasons behind the decline of the food service industry
⑤ benefits of reduced domestic cooking duties through outsourcing

55 Frame

1

주어진 글 다음에 이어질 글의 순서로 가장 적절한 것은? <고1>

> Understanding how to develop respect for and a knowledge of other cultures begins with reexamining the golden rule: "I treat others in the way I want to be treated."

(A) It can also create a frustrating situation where we believe we are doing what is right, but what we are doing is not being interpreted in the way in which it was meant. This miscommunication can lead to problems.

(B) In a multicultural setting, however, where words, gestures, beliefs, and views may have different meanings, this rule has an unintended result; it can send a message that my culture is better than yours.

(C) This rule makes sense on some level; if we treat others as well as we want to be treated, we will be treated well in return. This rule works well in a monocultural setting, where everyone is working within the same cultural framework.

① (A) – (C) – (B)　　② (B) – (A) – (C)
③ (B) – (C) – (A)　　④ (C) – (A) – (B)
⑤ (C) – (B) – (A).

2

글의 흐름으로 보아, 주어진 문장이 들어가기에 가장 적절한 곳은? <고1>

> Bad carbohydrates, on the other hand, are simple sugars.

All carbohydrates are basically sugars. (①) Complex carbohydrates are the good carbohydrates for your body. (②) These complex sugar compounds are very difficult to break down and can trap other nutrients like vitamins and minerals in their chains. (③) As they slowly break down, the other nutrients are also released into your body, and can provide you with fuel for a number of hours. (④) Because their structure is not complex, they are easy to break down and hold few nutrients for your body other than the sugars from which they are made. (⑤) Your body breaks down these carbohydrates rather quickly and what it cannot use is converted to fat and stored in the body.

*carbohydrate: 탄수화물　**convert: 바꾸다

56 Deliberate Violation

1

다음 빈칸에 들어갈 말로 가장 적절한 것은?　　　<고1 응용>

Many people are terrified to fly in airplanes. Often, this fear stems from a lack of control. The pilot is in control, not the passengers, and this lack of control instills fear. Many potential passengers are so afraid they choose to drive great distances to get to a destination instead of flying. But their decision to drive is based solely on emotion, not logic. Logic says that statistically, the probabilities of dying in a car crash are around 1 in 5,000, while the probabilities of dying in a plane crash are closer to 1 in 11 million. If you're going to take a risk, especially one that could possibly involve your well-being, wouldn't you want the probabilities in your favor? However, most people choose the option that will cause them the least amount of _______________. Pay attention to the thoughts you have about taking the risk and make sure you're basing your decision on facts, not just feelings.

*instill: 스며들게 하다

① anxiety　　　　② boredom
③ confidence　　　④ satisfaction
⑤ responsibility

2

다음 글에서 전체 흐름과 관계 <u>없는</u> 문장은?　　<고1>

I have seen many companies rush their products or services to market too quickly. ① There are many reasons for taking such an action, including the need to recover costs or meet deadlines. ② The problem with moving too quickly, however, is that it has a harmful impact on the creative process. ③ Great ideas, like great wines, need proper aging: time to bring out their full flavor and quality. ④ As a result, many companies are hiring employees regardless of their age, education, and social background. ⑤ Rushing the creative process can lead to results that are below the standard of excellence that could have been achieved with additional time.

57 Fan Work

1

다음 글의 요지로 가장 적절한 것은?　〈고1〉

When writing a novel, research for information needs to be done. The thing is that some kinds of fiction demand a higher level of detail: crime fiction, for example, or scientific thrillers. The information is never hard to find; one website for authors even organizes trips to police stations, so that crime writers can get it right. Often, a polite letter will earn you permission to visit a particular location and record all the details that you need. But remember that you will drive your readers to boredom if you think that you need to pack everything you discover into your work. The details that matter are those that reveal the human experience. The crucial thing is telling a story, finding the characters, the tension, and the conflict — not the train timetable or the building blueprint.

① 작품의 완성도는 작가의 경험의 양에 비례한다.
② 작가의 상상력은 가장 훌륭한 이야기 재료이다.
③ 소설에서 사건 전개에 대한 묘사는 구체적일수록 좋다.
④ 소설을 쓸 때 독자의 관심사를 먼저 고려하는 것이 중요하다.
⑤ 소설에 포함될 세부 사항은 인간의 경험을 드러내는 것이어야 한다.

2

다음 글의 주제로 가장 적절한 것은?　〈고1〉

Science fiction involves much more than shiny robots and fantastical spaceships. In fact, many of the most outlandish pieces of science fiction have their basis in scientific facts. Because a great deal of science fiction is rooted in science, it can be used to bring literature out of the English classroom and into the science classroom. Not only does science fiction help students see scientific principles in action, but it also builds their critical thinking and creative skills. As students read a science fiction text, they must connect the text with the scientific principles they have learned. Students can read a science fiction text and a nonfiction text covering similar ideas and compare and contrast the two. Students can also build their creative skills by seeing scientific principles used in a different way, possibly creating science fiction stories of their own or imagining new ways to apply the knowledge and skills they have learned.

*outlandish: 이상한, 기이한

① common themes in science fiction movies
② influence of science fiction on popular culture
③ examples of scientific principles in science fiction
④ historical development of the science fiction genre
⑤ benefits of using science fiction in the science classroom

58 Brain Potential

1

주어진 글 다음에 이어질 글의 순서로 가장 적절한 것은?　<고1>

> The adolescent **brain** is not fully developed until its early twenties. This means the way the adolescents' decision-making circuits integrate and process information may put them at a disadvantage.

(A) On the other hand, the limbic system matures earlier, playing a central role in processing **emotional responses**. Because of its earlier development, it is more likely to influence decision-making. Decision-making in the adolescent **brain** is led by **emotional** factors more than the perception of consequences.

(B) Due to these differences, there is an **imbalance** between feeling-based decision-making ruled by the more mature limbic system and logical-based decision-making by the not-yet-mature prefrontal cortex. This may explain why some teens are more likely to make bad decisions.

(C) One of their **brain** regions that matures later is the prefrontal cortex, which is the control center, tasked with thinking ahead and evaluating consequences. It is **the area of the brain** responsible for preventing you from sending off an initial angry text and modifying it with kinder words.

*integrate: 통합하다　**limbic system: 대뇌변연계
***prefrontal cortex: 전전두엽 피질

① (A) – (C) – (B)　　② (B) – (A) – (C)
③ (B) – (C) – (A)　　④ (C) – (A) – (B)
⑤ (C) – (B) – (A)

2

다음 빈칸에 들어갈 말로 가장 적절한 것은?　<고1>

Think of the **brain** as a city. If you were to look out over a city and ask "where is the economy located?" you'd see there's no good answer to the question. Instead, the economy emerges from the interaction of all the elements — from the stores and the banks to the merchants and the customers. And so it is with the **brain**'s operation: it doesn't happen in one spot. Just as in a city, no neighborhood of the **brain** _______________________. In **brains** and in cities, everything emerges from the interaction between residents, at all scales, locally and distantly. Just as trains bring materials and textiles into a city, which become processed into the economy, so the raw electrochemical signals from sensory **organs** are transported along superhighways of neurons. There the signals undergo processing and transformation into our conscious reality.

*electrochemical: 전기화학의

① operates in isolation
② suffers from rapid changes
③ resembles economic elements
④ works in a systematic way
⑤ interacts with another

59 Behavior Change

1

다음 글의 내용을 한 문장으로 요약하고자 한다. 빈칸 (A), (B)에 들어갈 말로 가장 적절한 것은? <고1>

A woman named Rhonda who attended the University of California at Berkeley had a problem. She was living near campus with several other people — none of whom knew one another. When the cleaning people came each weekend, they left several rolls of toilet paper in each of the two bathrooms. However, by Monday all the toilet paper would be gone. It was a classic tragedy-of-the-commons situation: because some people took more toilet paper than their fair share, the public resource was destroyed for everyone else. After reading a research paper about behavior change, Rhonda put a note in one of the bathrooms asking people not to remove the toilet paper, as it was a shared item. To her great satisfaction, one roll reappeared in a few hours, and another the next day. In the other note-free bathroom, however, there was no toilet paper until the following weekend, when the cleaning people returned.

↓

> A small ______(A)______ brought about a change in the behavior of the people who had taken more of the ______(B)______ goods than they needed.

	(A)	(B)
①	reminder	shared
②	reminder	recycled
③	mistake	stored
④	mistake	borrowed
⑤	fortune	limited

2

다음 글의 내용을 한 문장으로 요약하고자 한다. 빈칸 (A), (B)에 들어갈 말로 가장 적절한 것은? <고1 응용>

If you want to modify people's behavior, is it better to highlight the benefits of changing or the costs of not changing? According to Peter Salovey, one of the originators of the concept of emotional intelligence, it depends on whether they perceive the new behavior as safe or risky. If they think the behavior is safe, we should emphasize all the good things that will happen if they do it — they'll want to act immediately to obtain those certain gains. But when people believe a behavior is risky, that approach doesn't work. They're already comfortable with the status quo, so the benefits of change aren't attractive, and the stop system kicks in. Instead, we need to destabilize the status quo and emphasize the bad things that will happen if they don't change. Taking a risk is more appealing when they're faced with a guaranteed loss if they don't. The prospect of a certain loss brings the *go system* online.

*status quo: 현재 상태

↓

> The way to modify people's behavior depends on their ______(A)______ : if the new behavior is regarded as safe, emphasizing the rewards works but if regarded as risky, highlighting the loss of staying ______(B)______ works.

	(A)	(B)
①	perception	changed
②	perception	unchanged
③	recognition	changed
④	consistency	unchanged
⑤	consistency	focused

60 The Middle Ages

1

다음 글의 제목으로 가장 적절한 것은?　　　<고2 응용>

In government, in law, in culture, and in routine everyday interaction beyond family and immediate neighbours, a widely understood and clearly formulated language is a great aid to mutual confidence. When dealing with property, with contracts, or even just with the routine exchange of goods and services, concepts and descriptions need to be as precise and unambiguous as possible, otherwise misunderstandings will arise. If full communication with a potential counterparty in a deal is not possible, then uncertainty and probably a measure of distrust will remain. As economic life became more complex in the later Middle Ages, the need for fuller and more precise communication was accentuated. A shared language facilitated clarification and possibly settlement of any disputes. In international trade, the use of a precise and well-formulated language aided the process of translation. The Silk Road could only function at all because translators were always available at interchange points.

*accentuate: 강조하다

① Earn Trust with Reliable Goods Rather Than with Words!
② Linguistic Precision: A Key to Successful Economic Transactions
③ Difficulties in Overcoming Language Barriers and Distrust in Trade
④ The More the Economy Grows, the More Complex the World Gets
⑤ Excessive Confidence: The Biggest Reason for Miscommunication

2

다음 글의 요지로 가장 적절한 것은?　　　<고2 응용>

Many historians have pointed to the significance of accurate time measurement to Western economic progress. The French historian Jacques Le Goff called the birth of the public mechanical clock a turning point in Western society. Until the late Middle Ages, people had sun or water clocks, which did not play any meaningful role in business activities. Market openings and activities started with the sunrise and typically ended at noon when the Sun was at its peak. But when the first public mechanical clocks were introduced and spread across European cities, market times were set by the stroke of the hour. Public clocks thus greatly contributed to public life and work by providing a new concept of time that was easy for everyone to understand. This, in turn, helped facilitate trade and commerce. Interactions and transactions between consumers, retailers, and wholesalers became less irregular. Important town meetings began to follow the pace of the clock, allowing people to better plan their time and allocate resources in a more efficient manner.

① 공공 시계는 서양 사회의 경제적 진보에 영향을 미쳤다.
② 서양에서 생산된 시계는 세계적으로 정교함을 인정받았다.
③ 서양의 시계는 교역을 통해 전파되어 세계적으로 대중화되었다.
④ 기계 시계의 발명은 다른 측량 장비들의 개발에 도움을 주었다.
⑤ 중세 시대의 시계 발명은 자연법칙을 이해하는 데 큰 전환점이 되었다.

천일문·어법끝 온라인 복습테스트를 찾는다면?
쎄듀런 OPEN
쎄듀가 직접 제작한 온라인 학습 콘텐츠와 선생님 인강이 합쳐져
학습은 더 쉽게, 실력은 더 높게!
9만 5천
문법·서술형 문항
2만 3천
구문 문장
2만 5천
어휘
총 143,000 DB를
쎄듀런에서! 
www.cedulearn.com 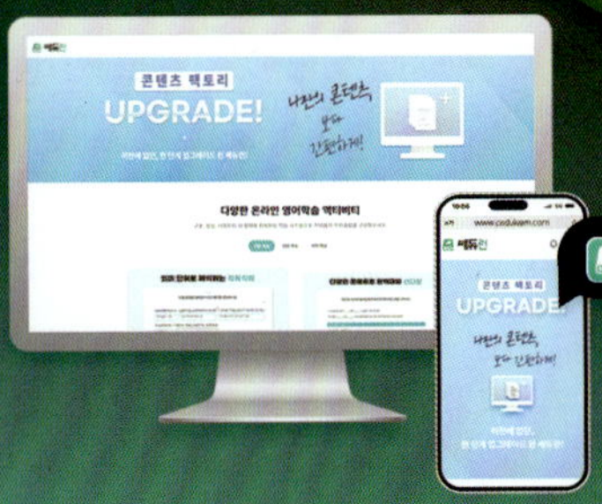
쎄듀런은 PC & Moblie APP 모두 사용 가능합니다.
콘텐츠를 제작하는 콘텐츠팩토리 및 서비스 결제 기능은 PC버전에서만 이용 가능합니다.
쎄듀런 모바일 앱 설치
GET IT ON
Google Play
Download on the
App Store
쎄듀런 홈페이지 상단의 쎄듀캠퍼스에서 똑똑한 온라인 영어학습을 시작해보세요!

① 구문 — 판매 1위 '천일문' 콘텐츠를 활용하여 정확하고 다양한 구문 학습

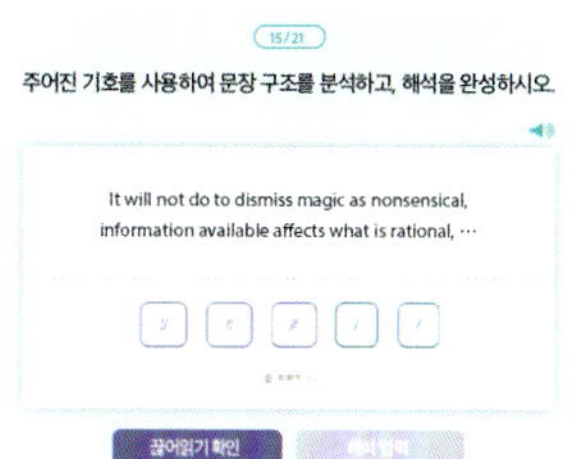

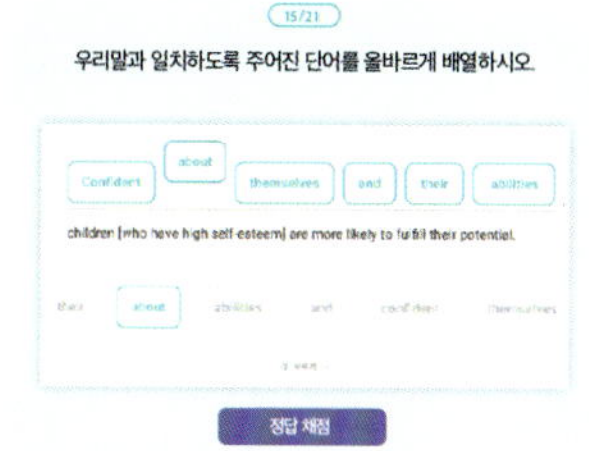

- 끊어읽기
- 해석하기
- 문장 구조 분석
- 해설·해석 제공
- 단어 스크램블링
- 영작하기

② 문법·서술형 — 쎄듀의 모든 문법 문항을 활용하여 내신까지 해결하는 정교한 문법 유형 제공

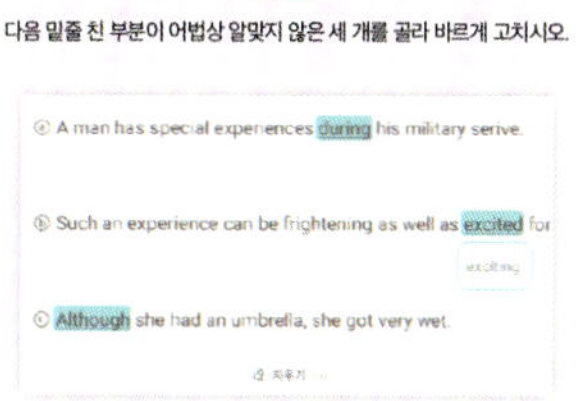

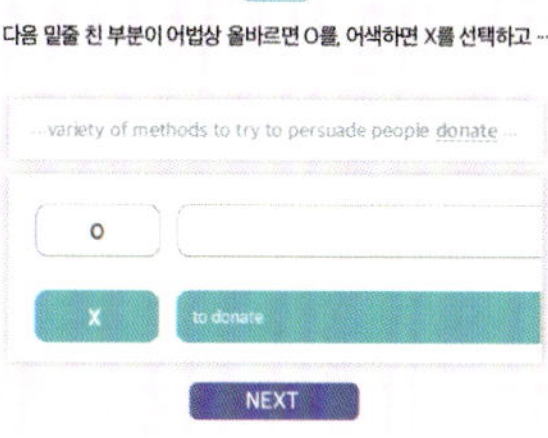

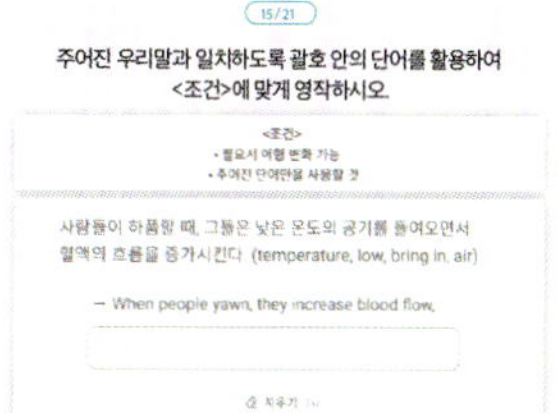

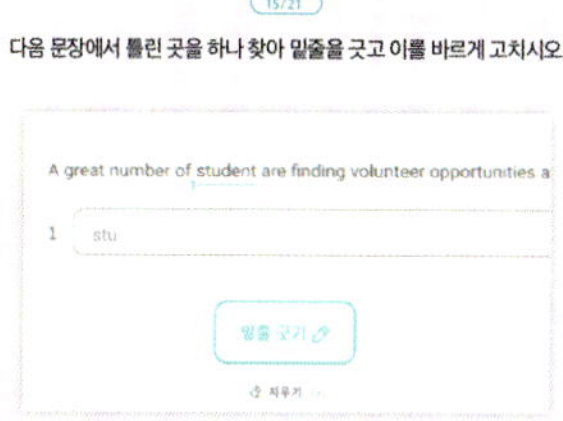

- 객관식과 주관식의 결합
- 문법 포인트별 학습
- 보기를 활용한 집합 문항
- 내신대비 서술형
- 어법+서술형 문제

③ 어휘 — 초·중·고·공무원까지 방대한 어휘량을 제공하며 오프라인 TEST 인쇄도 가능

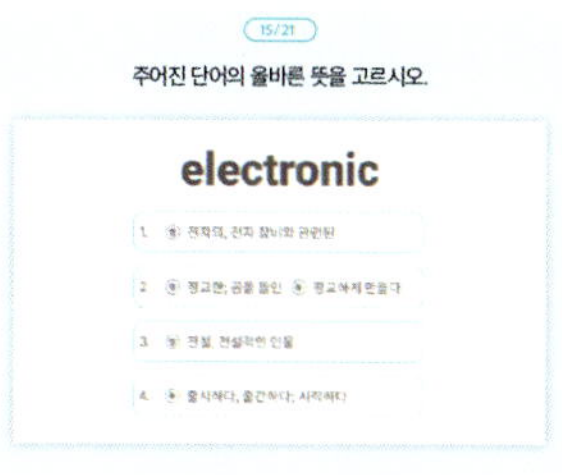

- 영단어 카드 학습
- 단어 ↔ 뜻 유형
- 예문 활용 유형
- 단어 매칭 게임

④ 선생님 보유 문항 이용

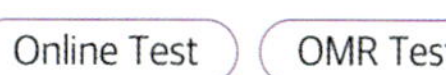

- Online Test
- OMR Test

천일문 독해

BASIC Explanation 설명글

쎄듀

천일문 독해

BASIC Explanation 설명글

정답 및 해설

31 Solo Dining

Stage 1　　**다의어 Check** **1** ⓐ　**2** ⓑ　**3** ⓑ
　　　　　　INTRO Q dining alone in public　**Q** ②

Stage 2　　**1** making a party of one the fastest-growing size　**2** (a): X, considering (b): O
　　　　　　3 ⓑ　**4** 저는 혼밥하는 사람들을 슬프고 외로운 사람들로 여기곤 했습니다.　**5** ⓑ

Stage 3　　(A) loneliness　(B) grown　(C) view

---

¹For a long time, / dining alone in public has been associated /
　　오랫동안　　　　　　　사람들이 있는 곳에서 혼밥하는 것은 연관되어 왔다
with loneliness and social isolation.
　　외로움 그리고 사회적 고립과

²Recent statistics, / however, / show // that the number of solo diners
　　최근 통계는　　　그러나　　보여준다　　　혼밥하는 사람의 수가
has more than doubled / in the past two years, / making a **party** of one
　　두 배가 넘게 되었다는 것을　　지난 2년간　　　(그 결과) 1인 **일행**을
the fastest-growing size / for restaurant reservations in the UK.
　가장 빠르게 증가하는 규모가 되게 했다　　영국의 식당 예약에서

³The stigma (surrounding solo dining) / is starting to disappear, /
　　낙인은　　　　　　혼밥을 둘러싼　　　　　사라지기 시작하고 있다
with some people even considering / those [who dine alone in public] /
　어떤 사람들은 심지어 (~을 …로) 간주하며　　사람들을　　사람들이 있는 곳에서 혼밥하는
as confident and successful individuals (enjoying the fruits of their
　　자신감 있고 성공한 개인으로　　　　　　　자신의 노동의 결실을 즐기는
labor).

⁴One person said to the BBC / after an **article** (on solo dining) /
　　한 사람이 BBC에 이야기했다　　　　기사가 ~한 후　　　혼밥에 대한
was published, // "I remember a time, / only a few years ago, /
　　게재된 (후)　　　저는 (~하는) 때를 기억합니다　　불과 몇 년 전
[when I found the idea of eating out alone / to be depressing].
　　제가 혼자 외식한다는 생각을 (~라고) 여겼던　　　　　　울적하다고

⁵I would view solo diners / as sad and lonely people.
　저는 혼밥하는 사람들을 (~로) 여기곤 했습니다　슬프고 외로운 사람들로

⁶Now, / I eat out by myself quite often, / and sometimes prefer it /
　　이제　　　저는 꽤 자주 혼자 외식합니다　　　그리고 때때로 그것을 더 선호합니다
to the **company** of others.
　　다른 사람들과 **함께 있는 것**보다

⁷I suppose // solo diners really aren't solo any more at all."
　저는 생각합니다　　혼밥하는 사람들이 정말로 더는 전혀 혼자가 아니라고

⁸Some even argue // that eating alone is like having dinner /
　심지어 어떤 사람들은 주장한다　　혼밥이 식사를 하는 것과 같다고
with someone [you love].
　누군가와 함께　당신이 사랑하는

전문해석 ¹오랫동안, 사람들이 있는 곳에서 혼밥하는 것은 외로움 그리고 사회적 고립과 연관되어 왔다. **²**그러나 최근 통계는 지난 2년간 혼밥하는 사람의 수가 두 배가 넘게 되었다는 것을 보여주는데, 그 결과 1인 일행이 영국의 식당 예약에서 가장 빠르게 증가하는 규모가 되게 했다. **³**혼밥을 둘러싼 낙인

Stage 1　**정답 찾아가기**

INTRO Q 사람들이 있는 곳에서 혼밥하는 것

Q 혼밥에 대한 과거와 현재의 인식이 어떻게 달라졌는지를 설명하는 글이다. 과거에는 혼밥하는 것을 외로움 그리고 사회적 고립과 연관 지었으나 이제는 혼밥하는 사람의 수가 늘면서 그들을 자신감 있고 성공한 개인으로 간주한다고 했다. 따라서 글의 주제로 가장 적절한 것은 ② 'the rise of solo dining in public as a social trend(사회적 경향으로서 사람들이 있는 곳에서의 혼밥 증가)'이다.

① 독립심을 증진하는 방법으로서의 혼밥
　혼밥이 독립심을 증진한다는 언급은 없음
③ 혼밥하는 사람 수의 감소 원인
　혼밥하는 사람 수는 증가했다고 했으므로 글의 내용과 반대됨
④ 혼밥에 대한 부정적인 견해와 그 사회적 문제
　혼밥에 대한 부정적인 과거 인식은 세부 사항에 해당함
⑤ 혼자 있기를 선호하는 사람들에게 혼밥의 이점
　혼밥의 이점은 언급되지 않음

Stage 2　**한 문장씩 뜯어보기**

1 making a party of one the fastest-growing size
　해설 동사 make를 사용하여 'O를 C가 되게 만들다[하다]'를 의미하도록 <make+O+C> 구조로 쓴다. 우리말에 맞춰, 목적어로 a party of one, 목적격보어로 the fastest-growing size를 써야 한다.

2 (a): X, considering (b): O
　해설 (a) <with+O´+v-ing/p.p.> 구조로, 분사의 의미상 주어인 some people과 consider가 능동 관계이므로 현재분사 considering으로 고쳐야 한다.
　(b) 수식받는 명사 confident and successful individuals와 enjoy가 능동 관계이므로 현재분사 enjoying이 알맞게 쓰였다.

3 ⓑ
　해설 혼밥하는 사람들이 늘고 혼밥에 대한 낙인이 사라지면서 혼밥을 긍정적으로 인식하게 되었음을 간단히 표현한 것이다.

4 저는 혼밥하는 사람들을 슬프고 외로운 사람들로 여기곤 했습니다.
　해설 문장 5에서 would는 '(과거에) ~하곤 했다'라는 의미이며, <view A as B>는 'A를 B로 여기다'

은 사라지기 시작하고 있는데, 어떤 사람들은 사람들이 있는 곳에서 혼밥하는 사람들을 자신의 노동의 결실을 즐기는 자신감 있고 성공한 개인으로 간주하기도 한다. [4]혼밥에 대한 기사가 게재된 후 한 사람이 BBC에 이야기했다. "저는 불과 몇 년 전, 혼자 외식한다는 생각을 울적하다고 여겼던 때를 기억합니다. [5]저는 혼밥하는 사람들을 슬프고 외로운 사람들로 여기곤 했습니다. [6]이제, 저는 꽤 자주 혼자 외식하고, 때로는 다른 사람들과 함께 있는 것보다 혼밥을 더 선호합니다. [7]저는 혼밥하는 사람들이 정말로 더는 전혀 혼자가 아니라고 생각합니다." [8]심지어 어떤 사람들은 혼밥이 당신이 사랑하는 사람과 함께 식사를 하는 것과 같다고 주장한다.

를 뜻한다.

5 ⓑ | 혼밥에 대한 태도의 변화 ⓐ기준 ⓒ전략

해설 이제는 남들과 함께 있는 것보다 혼밥을 선호하게 되었고, 혼밥이 사랑하는 사람과 식사를 하는 것과 다름없다고도 여기는 경향을 간단히 표현한 것이다.

Stage 3 요약하기

한때 (A) 외로움의 징후로 여겨졌지만, 영국에서 혼밥은 빠르게 (B) 증가해 왔으며, 현재 많은 사람들이 혼밥을 자신감과 자기애의 표시로 (C) 여긴다.

해설 (B) 현재완료 시제(has p.p.)를 완성해야 하므로 grow를 p.p. 형태인 grown으로 변형한다.

함께 풀면 좋은 기출문제

p. 138

1 ④

해석 텔레비전은 미국과 유럽에서 제1의 여가 활동으로, 우리 자유시간의 절반 이상을 소비한다. 우리는 일반적으로 텔레비전을 휴식을 취하고, 관심을 끄고, 매일 잠시나마 우리의 문제로부터 벗어나는 하나의 방법으로 생각한다. 이것이 사실이긴 하지만, 외롭다고 느끼거나 사회적 관계를 위한 더 큰 욕구가 있을 때 우리가 좋아하는 쇼와 등장인물을 보려는 동기가 더 부여된다는 증거가 늘고 있다. 적어도 단기적으로는, 텔레비전을 보는 것이 이러한 사회적 욕구를 어느 정도 정말로 충족시킨다. 불행히도, 그것은 또한 우리의 사회적 행복에 더 지속적인 사회적 기여를 하는 다른 활동들을 '몰아내기' 쉽다. 텔레비전을 더 많이 볼수록, 사회적 연결망 속에서 시간을 덜 할애하거나 사람들과 함께 시간을 덜 보내기 쉽다. 다시 말해서, <프렌즈>를 보는 시간을 더 많이 만들수록, 실생활에서 친구들을 위한 시간을 덜 갖게 된다.

어휘 crowd out ~을 몰아내다, ~이 설 자리를 없게 만들다 sustainable 지속적인; (환경 파괴 없이) 지속 가능한 contribution 기여, 이바지; 기부(금) leisure 여가 consume 소비하다; 먹다; 마시다 tune out 관심을 끄다; ~을 듣지 않다[무시하다] escape 벗어나다; 탈출하다, 달아나다; 탈출, 도피 tune in (to A) 시청[청취]하다, (TV, 라디오의 채널을) A에 맞추다 satisfy 충족시키다[채우다]; 만족시키다; 납득시키다 extent 정도, 규모 volunteer 할애하다; 자원하다

해설 Unfortunately(불행히도)가 이끄는 주어진 문장은 그것(it)에 대한 부정적인 내용을 also로 첨가한다. 이는 그것(it)에 대한 긍정적인 내용이 서술된 뒤에 이어져 '그것(it)은 A라는 장점이 있는데 불행히도 B라는 단점도 있다'는 흐름이 되는 것이 자연스럽다. ④의 앞 문장은 텔레비전 시청이 단기적으로는 사회적 욕구를 충족시킨다는 다소 긍정적인 내용이고, ④ 뒤는 텔레비전 시청에 대한 부정적인 내용이 갑자기 이어져 흐름이 끊긴다. ④에 주어진 문장을 넣어보면 ④ 앞의 Television watching을 주어진 문장이 it으로 받아 앞 문장과 반대되는 부정적인 측면을 언급하고, ④의 뒤에서 이를 구체적으로 설명하는 자연스러운 흐름이 완성된다. 따라서, 주어진 문장이 들어가기에 가장 적절한 곳은 ④이다.

2 ①

해석 한 세대 혹은 두 세대 전만 해도, '알고리즘'이라는 단어를 언급하면 대부분의 사람들에게 아무 반응도 얻지 못했다. 오늘날, 알고리즘은 문명의 모든 부분에서 나타난다. 알고리즘은 일상생활과 연결되어 있다. 알고리즘은 휴대전화나 노트북뿐만 아니라 자동차, 집, 전자 제품과 장난감에도 있다. 은행은 거대한 알고리즘 망이며, 인간들이 여기저기 스위치를 돌리고 있다. 알고리즘은 비행 일정을 잡고 비행기를 운항한다. 알고리즘은 공장을 운영하고, 상품을 거래하며, 기록을 보관한다. 만약 모든 알고리즘이 갑자기 작동을 멈춘다면, 이는 우리가 알고 있듯 세계의 종말이 될 것이다.

어휘 algorithm 알고리즘 draw a blank 아무 반응을 얻지 못하다 civilization 문명 (사회) not just[only] A but (also) B A뿐만 아니라 B도 appliance 전자 제품, (가정용) 기기 schedule 일정을 잡다, 예정하다; 일정, 스케줄 flight 비행; 항공편 run 운영하다; 달리다, 뛰다; 개최하다 [선택지] ancient 고대의; 아주 오래된; 고대인 transportation 교통 (수단); 운송, 수송 driving force 원동력; 추진력 industry 산업; 근면성

해설 알고리즘에 익숙하지 않았던 과거와 달리 현재 우리의 모든 일상에 연결되어 있는 알고리즘을 여러 예를 들어 설명하고 그 중요성을 강조하는 글이다. 따라서 글의 제목으로 가장 적절한 것은 ① 'We Live in an Age of Algorithms(우리는 알고리즘의 시대에 살고 있다)'이다.

② 고대 문명의 신비
고대 문명이 아닌 알고리즘이 이끄는 현대 문명에 관한 내용임

③ 온라인 뱅킹 알고리즘의 위험성
은행은 일상생활과 연결된 알고리즘의 예로 언급된 세부 사항임

④ 알고리즘은 어떻게 인간의 창의성을 감소시키는가
창의성의 감소는 언급되지 않음

⑤ 교통은 산업의 원동력
자동차, 비행기 등은 알고리즘이 연결된 예로 언급된 세부 사항임

32 Galaxies

Stage 1   다의어 Check 1 ⓑ 2 ⓐ
         INTRO Q 다른 은하   Q ⑤

Stage 2   1 ⓐ 2 looked, different, gas, clouds 3 ⓒ 4 ⓑ 5 ⓑ

Stage 3   (A) debated   (B) revealed   (C) expanding

---

1 Before the twentieth century, / astronomers barely understood our
20세기 이전까지   천문학자들은 우리은하를 거의 이해하지 못했다
own galaxy.

2 They had **observed** hundreds of stars (within the Milky Way), /
그들은 수백 개의 별을 **관측했다**   우리은하 내의
but also noted / it had many faint regions of light, / called nebulae.
그러나 또한 (~에) 주목했다 그것이 빛의 희미한 부분들을 많이 가지고 있는 것에   성운이라고 불리는

3 Some of these nebulae were gas clouds (associated with the births
이 성운 중 일부는 가스 구름이었다   탄생과 죽음에 관련된
and deaths (of stars)).
              별들의

4 But some looked different.
그러나 일부는 다르게 보였다

5 They had spiral or oval shapes [that suggested // they were more
그것들은 나선형 또는 타원형이었다   암시하는   그것들이 더 규칙적이라는 것을
regular / than a cloud].
구름보다

6 The origin (of these nebulae) / was debated / in 1920 /
기원은   이 성운들의   논의되었다   1920년에
by two famous astronomers.
두 명의 유명한 천문학자에 의해

7 One, Harlow Shapley, argued / that everything (in the sky) /
그중 한 명인 할로 섀플리는 주장했다   모든 것이   하늘에 있는
was part of the Milky Way; // the other, Heber Curtis, proposed /
우리은하의 일부라고   다른 한 명인 히버 커티스는 제시했다
that some of these nebulae were external galaxies
이 성운 중 일부가 외부 은하라고
(outside our own galaxy).
우리은하 밖에 있는

8 It was predicted // that it would take several decades /
예상되었다   수십 년이 걸릴 것으로
before this debate would finally be **settled**.
이 논쟁이 마침내 **해결되기**까지

9 Using the most powerful equipment (available at the time), /
가장 강력한 장비를 사용하여   그 당시에 사용할 수 있는
Edwin Hubble was able to demonstrate // that some nebulae were
에드윈 허블은 증명할 수 있었다   일부 성운이
in fact separate galaxies.
사실은 별개의 은하라는 것을

Stage 1 정답 찾아가기

Q 빈칸 문장의 주어가 다른 은하이므로 이에 대한 서술을 찾아야 한다. 성운의 기원에 대한 논쟁이 있었고, 이에 대해 일부 성운이 별개의 은하라는 것을 에드윈 허블이 증명했다고 했다. 따라서 빈칸에 들어갈 다른 은하에 대한 서술로 가장 적절한 것은 ⑤ 'did exist beyond our own(우리은하 너머에 정말 존재했다)'이다.

① 마침내 잃어버린 조각을 발견했다 다른 은하에 대한 정보를 완성한 게 아닌 다른 은하의 존재를 증명했다는 글임
② 우주의 비밀을 풀었다 우주의 비밀은 언급되지 않음
③ 그 당시에는 발견되지 않았다
허블이 다른 은하의 존재를 증명했다고 했으므로 글의 내용과 반대됨
④ 불규칙한 가스 구름처럼 보였다
일부 성운에 대한 세부 사항임

Stage 2 한 문장씩 뜯어보기

1 ⓐ | 천문학자들은 우리은하에서 본 희미한 성운에 대해 확신하지 못했다. ⓑ잘못 알고 있는ⓒ잘 아는
해설 당시 천문학자들은 가스 구름 형태의 성운과 다르게 생긴 성운들에 대해 잘 몰랐다고 했으므로 성운에 대해 확실히 알고 있지 않았다는 것이다.

2 looked, different, gas, clouds | 가스구름과 다르게 보였던 성운
해설 가스 구름 형태가 아닌 다른 형태의 성운을 지칭한다.

3 ⓒ | 두 천문학자는 그 성운이 우리은하의 일부인지 다른 은하인지에 대해 논쟁했다. ⓐ비슷한ⓑ나선형의
해설 한 천문학자는 하늘에 있는 모든 것이 우리은하의 일부라고 주장하고 다른 천문학자는 일부 성운이 외부 은하, 즉 우리은하가 아닌 다른 은하라고 제시했다.

4 ⓑ | 그럼에도 불구하고 ⓐ마찬가지로ⓒ다시 말해서
해설 문장 8은 논쟁이 해결되기까지 오래 걸릴 것으로 예상되었다는 내용이지만, 문장 9는 에드윈 허블이 일부 성운이 별개의 은하라는 것을 증명해 논쟁을 끝냈다는 내용이다. 따라서 역접 연결어인 Still(그럼에도 불구하고)이 가장 적절하다.

5 ⓑ | 에드윈 허블은 히버 커티스가 옳았음을 증명했다.
ⓐ둘 다 틀렸다ⓒ할로 섀플리가 옳았다
해설 에드윈 허블이 증명한 일부 성운이 별개의 은하라는 사실은 히버 커티스가 제시한 내용이다.

^{10}The universe had suddenly opened up / into a vast canvas.
우주는 갑자기 펼쳐졌다   거대한 캔버스로

^{11}Other galaxies did exist / beyond our own.
다른 은하들이 정말 존재했다   우리은하 너머에

전문해석 **1** 20세기 이전까지, 천문학자들은 우리은하를 거의 이해하지 못했다. **2** 그들은 우리은하 내의 수백 개의 별을 관측했지만, 성운이라고 불리는 빛의 희미한 부분들이 많다는 것에도 주목했다. **3** 이 성운 중 일부는 별들의 탄생과 죽음에 관련된 가스 구름이었다. **4** 그러나 일부는 다르게 보였다. **5** 그것들은 구름보다 (모양이) 더 규칙적이라는 것을 암시하는 나선형 또는 타원형이었다. **6** 이 성운들의 기원에 대해 유명한 천문학자 두 명이 1920년에 논의했다. **7** 그중 한 명인 할로 섀플리는 하늘에 있는 모든 것이 우리은하의 일부라고 주장했고, 다른 한 명인 히버 커티스는 이 성운 중 일부가 우리은하 밖에 있는 외부 은하라고 제시했다. **8** 이 논쟁이 마침내 해결되기까지 수십 년이 걸릴 것으로 예상되었다. **9** 그 당시에 사용할 수 있는 가장 강력한 장비를 사용하여, 에드윈 허블은 일부 성운이 사실은 별개의 은하라는 것을 증명할 수 있었다. **10** 우주는 갑자기 거대한 캔버스로 펼쳐졌다. **11** 다른 은하들이 우리은하 너머에 정말 존재했다.

 요약하기

천문학자들은 다르게 생긴 성운들이 우리은하의 일부인지에 대해 (A) 논쟁했다. 나중에 허블은 그 성운들을 별개의 은하로 (B) 밝혀냈고, 이는 우주에 대한 우리의 이해를 (C) 확장시켰다.

해설 (A), (B) 과거의 사실이므로 과거시제로 쓴다.
(C) 문장의 동사(revealed)가 있으므로 준동사 자리이다. 의미상 주어가 앞 절 전체이고 콤마(,) 이하는 그로 인한 '결과'를 의미하므로, 현재분사 expanding을 써서 분사구문을 완성한다.

함께 풀면 좋은 기출문제

p. 139

1 ②

해석 우리는 많은 방식으로 밤하늘과 연결되어 있다. 그것은 항상 사람들이 궁금해하고 상상하도록 영감을 주었다. 문명의 시작부터 우리 선조들은 밤하늘에 대해 신화를 만들었고, 전설적 이야기를 했다. 그러한 이야기들의 요소들은 여러 세대의 사회적, 문화적 정체성에 깊이 새겨졌다. 실용적인 관점에서, 밤하늘은 과거 세대들이 시간을 기록하고 달력을 만들도록 도왔고, 이는 농업과 계절에 따른 수확의 보조 기구로서 사회를 발전시키는 데 필수적이었다. 수 세기 동안, 그것은 또한 무역과 새로운 세계를 탐험하는 데 필수적인 유용한 항해 도구를 제공하였다. 심지어 현대에도, 지구의 외딴 지역에 있는 많은 사람들이 그러한 실용적인 목적을 위해 밤하늘을 관측한다.

어휘 **dawn** 시작, 시초; 새벽; 밝다[시작되다]   **inspire** 영감을 주다; 고무하다, 격려하다   **wonder** 궁금해하다; 놀라다; 경탄, 경이(감)   **narrative** 이야기; 서술   **practical** 실용적인; 현실[실질]적인; 타당한   **keep track of** ~을 기록하다   **aid** 보조 기구; 도움; 돕다   **gathering** 수확; 모임   **navigation** 항해; 운항   **vital** 필수적인; 활력이 넘치는   **explore** 탐험하다; 탐구[분석]하다   **remote** 외딴; 먼, 가깝지 않은; 원격의

해설 주어진 문장에 뚜렷한 연결 단서가 없는 경우, 대명사, 지시어 등을 통해 위치를 파악한다. 주어진 문장은 선조들이 밤하늘에 대해 신화를 만들고 전설적 이야기를 했다는 내용이다. ② 앞 문장에서는 ② 뒤에 나오는 those narratives가 지칭하는 내용을 찾을 수 없는데, ②에 주어진 문장을 넣어보면 선조들이 밤하늘에 대한 전설적 이야기(legendary stories)를 했고 그러한 이야기들(those narratives)의 요소들이 사회문화적 정체성에 깊이 새겨졌다는 자연스러운 글의 흐름이 완성된다. 따라서 주어진 문장이 들어가기에 가장 적절한 곳은 ②이다.

2 ②

해석 사진술은 우주가 어떻게 작용하는지를 우리가 이해하는 데 항상 중요한 역할을 해왔다. 비록 망원경이 우리가 육안의 한계를 훨씬 넘어 보도록 도와줄지라도, 망원경 그 자체만으로는 여전히 한계가 있다. 그러나, 카메라를 망원경에 부착하면 갑자기 우리는 훨씬 더 많은 것을 볼 수 있다. 그러지 않으면 볼 수 없는 세부 사항들이 드러난다. 최초 천문 카메라로 작업을 한 19세기 천문학자들은 자신들이 생각했던 것보다 우주가 훨씬 더 복잡하다는 것을 발견하고 정말로 깜짝 놀랐다. 최초의 밤하늘 사진들은 알려지지 않은 별들과 은하계들을 보여 주었다. 카메라가 로켓이나 궤도 위성에 탑재되었을 때, 그들은 처음으로 우주를 뚜렷하게 보았다.

어휘 **attach** 부착하다; 붙이다; 첨부하다; (중요성, 의미 등을) 두다   **work** 작용하다; 일하다; 효과가 있다   **naked** 아무것도 걸치지 않은, 벌거벗은   **otherwise** (만약) 그렇지 않으면[않았다면]; 그 외에는   **invisible** 볼 수 없는, 보이지 않는; 무형의   **indeed** 정말; 사실   **astonish** 깜짝 놀라게 하다   **on board** (기내에) 탑재[내장]된; 승선[탑승]한   **orbiting satellite** 궤도 위성

해설 주어진 문장은 역접 연결어 Yet(그러나)이 이끌며, 그것들(them)에 카메라를 부착하면 훨씬 더 많은 것을 볼 수 있다는 내용으로, 앞에는 them이 가리키는 것과 그것들에 카메라를 부착하기 전에는 많은 것을 볼 수 없다는 내용이 와야 한다. 주어진 문장의 them은 문맥상 ② 앞 문장에서 언급한 telescopes를 지칭한다. ②에 주어진 문장을 넣어보면 망원경의 한계를 이야기하는 앞 문장에 이어 망원경에 카메라를 부착해 그 한계를 뛰어넘고, 그렇게 해서 세부 사항들이 드러난다는 자연스러운 글의 흐름이 완성된다. 따라서 주어진 문장이 들어가기에 가장 적절한 곳은 ②이다.

33 Cognitive Bias

난이도 ★☆☆

Stage 1 다의어 Check **1** ⓑ **2** ⓑ
INTRO Q ② Q ⑤ OUTRO Q ③

Stage 2 **1** ⓒ **2** ⓐ **3** (a) Actor (b) Observer **4** internal, external **5** 1

Stage 3 (A) circumstantial (B) personal

---

1 According to Actor-Observer Bias, / we are more likely to attribute /
행위자–관찰자 편향에 따르면   우리는 (~의 탓으로) 돌릴 가능성이 더 많다
the behavior (of others) / to internal causes, / while attributing our
행동을   다른 사람의   내부 원인의 탓으로   반면 우리 자신의 행동을
own behavior / to external causes.
(~의 탓으로) 돌린다   외부 원인의 탓으로

2 Suppose // a student [who is performing poorly] / is having a talk /
가정해 보자   한 학생이   성적이 좋지 못한   상담하고 있다고
with a school advisor.
교내 상담사와

3 The student shows up late.
그 학생은 늦게 나타난다

4 When asked about the reasons [that led to their poor grades], /
이유에 대해 질문 받았을 때   그 사람(학생)의 좋지 못한 성적을 초래한
the student explains them / by pointing to external circumstances: /
그 학생은 이유를 설명한다   외부 상황을 들먹임으로써
the heavy course load, family issues, and stress.
과중한 수업 부담, 가족 문제, 스트레스와 같은

5 The advisor nods in understanding, / but in reality has a different opinion
그 상담사는 이해하며 고개를 끄덕인다   그러나 실제로는 다른 의견을 가지고 있다
(on the matter): // they are attributing the student's performance /
그 문제에 대한   즉, 그 사람(상담사)은 학생의 성적을 (~의 탓으로) 돌린다
to their personality traits, / underestimating the role
그 사람(학생)의 성격 특성의 탓으로   그리고 역할을 과소평가한다
[that circumstances might have **played**].
환경이 **했을** 수도 있는

6 However, / the student attributes their **poor** performance /
그러나   학생은 자신의 **좋지 못한** 성적을 (~의 탓으로) 돌린다
to external causes, / ignoring their own responsibility.
외부 원인의 탓으로   자신의 책임을 무시한 채

7 In reality, / both factors are likely at play here.
실제로   여기에는 두 요인 모두가 작용할 가능성이 있다

전문해석 **1** 행위자–관찰자 편향에 따르면, 우리는 우리 자신의 행동을 외부 원인의 탓으로 돌리는 반면, 다른 사람의 행동은 내부 원인의 탓으로 돌릴 가능성이 더 많다. **2** 성적이 좋지 않은 한 학생이 교내 상담사와 상담하고 있다고 가정해 보자. **3** 그 학생은 늦게 나타난다. **4** 성적이 좋지 않은 이유에 대해 질문을 받았을 때, 학생은 과중한 수업 부담, 가족 문제, 스트레스와 같은 외부 상황을 들먹이며 이유를 설명한다. **5** 상담사는 이해하며 고개를 끄덕이지만, 실제로는 그 문제에 대해 다른 의견이 있다. 즉, 그 상담사는 학생의 성적을 학생의 성격 특성의 탓으로 돌리고, 환경이 작용했을 수도 있는 역할을 과소평가한다. **6** 그러나 학생은 자신의 책임을 무시한 채 좋지 못한 성적을 외부 원인의 탓으로 돌린다. **7** 실제로, 여기에는 두 요인 모두가 작용할 가능성이 있다.

Stage 1 정답 찾아가기

Q 주어진 문장은 역접 연결어 However(그러나)가 이끌며 학생이 자신의 좋지 못한 성적을 '외부' 원인의 탓으로 돌린다는 내용이므로 앞에는 그와 반대로 좋지 못한 성적을 '내부' 원인의 탓으로 돌리는 내용이 와야 한다. ⑤의 앞 문장은 상담사가 학생의 좋지 못한 성적을 학생 본인의 성격 탓으로 본다는 내용이므로 주어진 문장과 상반된다. 주어진 문장을 ⑤에 넣어보면 ⑤의 앞 문장과 주어진 문장에서 언급한 내부, 외부 요인들을 ⑤ 뒤에서 both factors로 받아 실제로는 두 요인 모두가 작용한다는 설명과도 자연스럽게 연결된다. 따라서 주어진 문장이 들어가기에 가장 적절한 곳은 ⑤이다.

Stage 2 한 문장씩 뜯어보기

1 ⓒ | 학생은 좋지 못한 성적의 이유가 **상황과 관련된** 요인이라고 생각한다. ⓐ 개인적인 ⓑ 인지적
해설 학생은 외부 상황을 들먹이며 자신의 좋지 못한 성적의 이유를 설명한다고 했다.

2 ⓐ | 상담사는 좋지 못한 성적의 이유가 **내부 요인**이라고 생각한다. ⓑ 알려지지 않은 ⓒ 환경적인
해설 상담사는 좋지 못한 성적에 대해 내부 요인에 해당하는 학생의 성격 특성을 탓한다고 했다.

3 (a) Actor (b) Observer
해설 행위자–관찰자 편향에 따르면 자신의 행동은 외부 원인을 탓하고, 다른 사람의 행동은 내부 원인을 탓하므로 외부 요인을 탓하는 학생은 행위자(Actor), 내부 요인을 탓하는 상담사는 관찰자(Observer)이다.

4 internal, external | **내부 원인**(성격 특성과 책임)과 **외부 원인**(과중한 수업 부담, 가족 문제, 스트레스) 모두
해설 성격 특성과 책임은 개인이 가진 내부 원인이며 수업 부담, 가족 문제, 스트레스는 환경이 만드는 외부 원인이다.

5 1
해설 첫 문장에서 행위자–관찰자 편향에 대해 설명한 뒤, 이를 뒷받침하는 사례를 논거로 제시하고 있으므로 문장 1이 주제문이다.

Stage 3 요약하기

학생의 행위자–관찰자 편향 사례에서 행위자는 자신의 부정적 결과를 (A) **상황적** 요인의 탓으로 돌리지만, 관찰자

는 그것(부정적 결과)을 그들(행위자)의 (B) 개인적 요인
의 탓으로 돌린다.

해설 (A), (B) 뒤의 명사 factors를 수식하는 자리이므로
각각 형용사 형태인 circumstantial, personal로 변형
해야 한다.

1 ①

해석 여기 우리는 모두 편향되어 있다는 불편한 진실이 있다. 모든 인간은 다른 사람들에 대해 부정확한 추측을 하도록 이끄는 무의식적인 편견에 의해 영향을 받는다. 모두가 그렇다. 어느 정도까지는 편견은 필수적인 생존 기술이다. 당신이 가령 '호모 에렉투스'처럼 정글을 이리저리 돌아다니는 초기 인류라면, 당신은 동물이 다가오고 있는 것을 볼지도 모른다. 당신은 오직 동물의 겉모습만 근거로 하여 그 동물이 무해한지 아닌지에 대해서 매우 빠른 추측을 해야 한다. 다른 인류에 대해서도 마찬가지이다. 당신은 필요한 경우에, 도망칠 충분한 시간을 가지려고 위협에 대한 순간적인 결정을 내린다. 이는 타인의 외모와 옷을 근거로 하여 그들을 범주로 나누고 분류하는 우리 성향의 한 근간일 수도 있다.

어휘 unpleasant 불편한, 불쾌한; 불친절한   biased 편향된 cf. bias 편견; 편견을 갖게 하다   unconscious 무의식적인   assumption 추측, 가정   to a certain extent 어느 정도까지   appearance (겉)모습, 외모; 출현   split-second 순간적인   categorize 범주로 나누다, 분류하다   label 분류하다 [선택지] undesirable 바람직하지 않은; 원하지 않는   capacity 능력; 용량, 수용량   barrier 장벽; 장애물   moral 도덕적인

해설 빈칸 문장으로 보아, 편견이 어느 정도까지는 '어떠한지'를 추론해야 한다. 빈칸 문장의 앞부분은 편견 때문에 인간이 부정확한 추측을 한다는 부정적인 내용인 반면, 빈칸 문장의 뒤는 If로 '가상 상황'을 예로 들어 편견이 생존과 관련된 위험을 재빠르게 판단하는 데 도움을 준다고 설명한다. 이를 통해 편견이 생존에 도움이 됨을 알 수 있으므로 빈칸에 가장 적절한 것은 ① 'necessary survival skill(필수적인 생존 기술)'이다.

② 상상력의 근원 상상력에 대한 언급은 없음
③ 바람직하지 않은 정신 능력
   편견은 인류의 생존에 도움이 되었으므로 글의 내용과 반대됨
④ 관계에 대한 장벽 관계에 장벽이 된다는 언급은 없음
⑤ 도덕적 판단의 난제 도덕적 판단에 대한 언급은 없음

2 ①

해석 지적 겸손이란 여러분이 인간이고 여러분이 가진 지식에 한계가 있다는 것을 인정하는 것이다. 그것은 여러분이 인지적이고 개인적인 편견을 지니고 있고, 여러분의 두뇌가 다른 것보다 여러분의 의견과 관점이 선호되는 방식으로 사물을 바라보는 경향이 있다고 (A) 인정하는 것을 포함한다. 그것은 더 객관적이고 정보에 근거한 결정들을 내리기 위해 그러한 편견들을 극복하고자 기꺼이 노력하는 것이다. 지적 겸손을 보이는 사람들은 자신들이 생각하는 것과 다르게 생각하는 다른 사람들로부터 배우는 것에 더 (B) 수용적일 것이다. 그들은 다른 사람들이 제안하는 것을 (C) 존중한다는 것을 분명히 하기 때문에 다른 사람들에게 아주 사랑받고 존경받는 경향이 있다. 지적으로 겸손한 사람들은 더 많은 것을 배우고 싶어 하고 다양한 출처에서 정보를 찾는 데 열려있다. 그들은 다른 사람들보다 우월하게 보이거나 느끼려고 애쓰는 데 관심이 없다.

어휘 humility 겸손   admit 인정하다; 입장을 허락하다   involve 포함[수반]하다; 관련[연루]시키다   possess 지니다, 갖추고 있다; 소유하다   favor 선호하다; 편들다; 호의; 지지, 찬성   objective 객관적인; 목적, 목표   informed 정보에 근거한; 잘[많이] 아는   bring to the table 제안하다, 제시하다   superior to A A보다 우월한, 우수한   [선택지] neglect 방치(하다); 도외시하다, 등한하다   resistant 저항[반대]하는; ~에 잘 견디는[강한]   undervalue 과소평가하다, 경시하다

해설 지적으로 겸손한 사람에 대해 설명하는 글이다. (A) 앞 문장에서 지적 겸손이란 자신이 가진 지식에 한계가 있다는 것을 인정하는 것이라고 했으므로, 인지적이고 개인적인 편견을 가지고 있음을 '인정하는 것(recognizing)'이다. (B) 앞 문장에서 지적 겸손을 가진 사람들은 편견을 극복하고자 노력한다고 했으므로, 그들은 자신과 생각이 다른 사람들로부터 배우는 것에 더 '수용적(receptive)'이다. (C) 지적으로 겸손한 사람이 아주 사랑받고 존경받는 이유는 그들이 다른 사람들의 제안을 '존중하기(value)' 때문이다.

난이도 ★★☆   p. 28

Stage 1 다의어 Check 1 ⓑ 2 ⓑ 3 ⓑ
  INTRO Q 1 ① 2 (1) (A) (2) (B) (3) (C) Q ②
Stage 2 1 (a): Shrinkflation (b): companies 2 ⓐ 3 higher production costs 4 ⓑ 5 ⓒ
Stage 3 (A) reducing (B) profits (C) raising

---

[1] Shrinkflation is a **term** (made up of two separate words): / shrink
슈링크플레이션은 **용어**이다   서로 다른 두 단어로 구성된   shrink(줄어들다)와
and inflation.
inflation(인플레이션)이라는

[2] Shrinkflation happens // when companies reduce the size
슈링크플레이션은 발생한다   기업이 크기를 줄일 때
(of their products) / while keeping the price the same.
제품의   가격을 동일하게 유지하면서

(B) [3] This helps them **maintain** or increase their profits /
이것은 그들(기업)이 이윤을 **유지하거나** 늘리도록 도와준다
while keeping their prices competitive / with other brands.
가격을 경쟁력 있게 유지하면서   다른 브랜드와 (비교하여)

[4] Companies often use shrinkflation / to deal with higher production
기업은 종종 슈링크플레이션을 사용한다   더 높은 생산비에 대처하려고
costs.

(A) [5] When raw materials or labor become more expensive, //
원자재나 노동력이 더 비싸지면
they need to find ways (to save money).
그들(기업)은 방법을 찾아야 한다   돈을 절약할

[6] One way is / to reduce the weight, **volume**, or quantity
한 가지 방법은 ~이다   무게, **용량** 또는 수량을 줄이는 것
(of their products), / enabling them to preserve their profit margins.
제품의   그리고 이는 그들(기업)이 이윤 폭을 유지할 수 있게 한다

(C) [7] Companies might also use shrinkflation / to keep their market share.
기업은 또한 슈링크플레이션을 사용할지도 모른다   자신의 시장 점유율을 유지하려고

[8] If they raise their prices, // customers might switch to another brand.
그들(기업)이 가격을 올리면   고객들은 다른 브랜드로 갈아탈 수 있다

[9] By reducing product sizes slightly, / they minimize the risk
제품 크기를 약간 줄여서   그들(기업)은 위험을 최소화한다
(of losing customers to competitors) / while still making a profit.
경쟁사에 고객을 빼앗길   계속해서 이윤을 내면서도

전문해석 [1] 슈링크플레이션은 shrink(줄어들다)와 inflation(인플레이션)이라는 서로 다른 두 단어로 구성된 용어이다. [2] 슈링크플레이션은 기업이 가격을 동일하게 유지하면서 제품의 크기를 줄일 때 발생한다. (B) [3] 이것은 기업이 다른 브랜드와 비교하여 가격을 경쟁력 있게 유지하면서 이윤을 유지하거나 늘리도록 도와준다. [4] 기업은 더 높은 생산비에 대처하려고 종종 슈링크플레이션을 사용한다. (A) [5] 원자재나 인건비가 더 비싸지면 기업은 돈을 절약할 방법을 찾아야 한다. [6] 한 가지 방법은 제품의 무게, 용량 또는 수량을 줄이는 것인데, 이는 기업이 이윤 폭을 유지할 수 있게 한다. (C) [7] 기업은 또한 시장 점

Stage 1 정답 찾아가기

Q 주어진 글은 슈링크플레이션의 의미와 그것이 언제 발생하는지를 설명한다. (B)의 This는 주어진 글의 Shrinkflation을 받아 이것의 효과와 기업이 더 높은 생산비에 대처하기 위해 사용한다는 목적을 설명하므로 주어진 글 바로 뒤에 와야 한다. (B)의 마지막에 언급된 생산비 상승에 대해 구체적으로 원자재 가격과 인건비 상승을 예로 들어 그 대책을 설명하는 (A)가 (B) 뒤에 이어져야 한다. 마지막으로 첨가를 나타내는 연결어 also로 슈링크플레이션의 추가적인 효과(시장 점유율 및 고객 유지)를 설명하는 (C)가 오는 것이 자연스럽다. 따라서 글의 순서로 가장 적절한 것은 ② (B)-(A)-(C)이다.

Stage 2 한 문장씩 뜯어보기

1 (a): Shrinkflation (b): companies | (a): 슈링크플레이션 (b): 기업
해설 문맥상 문장 3의 This는 문장 2의 주어인 Shrinkflation을 받으며, 슈링크플레이션이 이윤을 유지하거나 늘리도록 돕는 대상인 them은 문장 2의 companies를 지칭한다.

2 ⓐ | 슈링크플레이션의 목적 중 하나인 생산비 **줄이기**
ⓑ 측정하기 ⓒ 이해하기
해설 기업이 더 높은 생산비에 대처하려고 슈링크플레이션을 사용한다는 것을 간단히 표현한 것이다.

3 higher production costs | 더 높은 생산비
해설 원자재나 인건비가 더 비싸지는 것은 생산비가 높아지는 것을 의미한다.

4 ⓑ | 생산비를 줄이는 한 방법은 제품을 **축소하는** 것이다. ⓐ 홍보하다 ⓒ 과잉 생산하다
해설 제품의 무게, 용량, 수량을 줄이는 것은 제품을 축소하는 것에 해당한다.

5 ⓒ | 슈링크플레이션의 또 다른 목적인 시장 점유율 **유지하기** ⓐ 늘리기 ⓑ 최소화하기
해설 기업은 시장 점유율을 유지하려고 슈링크플레이션을 사용할지도 모른다고 했다.

Stage 3 요약하기

슈링크플레이션은 가격을 (C) 올리지 않고 비용을 관리하고 (B) 이윤을 유지하려고 제품 크기를 (A) 줄이는 것을 수반하는데, 이리하여 시장 경쟁력을 유지한다.

유율을 유지하려고 슈링크플레이션을 사용할지도 모른다. ⁸기업이 가격을 올리면 고객들은 다른 브랜드로 갈아탈 수 있다. ⁹제품 크기를 약간 줄여서 기업은 계속해서 이윤을 내면서도 경쟁사에 고객을 빼앗길 위험을 최소화한다.

1 ①

해석 때때로 기업에 경쟁우위를 주는 것은 더 단순한 제품이다. 최근까지, 자전거는 최고급이라고 여겨지려면 보통 15개나 20개의 많은 기어를 가져야 했다. 그러나 최소한의 특징을 가지고 있는 고정식 기어 자전거들은 그것들을 사는 사람들이 훨씬 적은 것(특징)에 대해 기꺼이 더 지불하면서 점점 더 인기를 얻게 되었다. 이러한 자전거들의 전반적인 수익성은 더 복잡한 자전거들보다 훨씬 더 큰데, 추가되는 복잡성에 대한 비용 없이 한 가지를 정말 잘하기 때문이다. 기업들은 경쟁 업체와 더 많은 특징들을 추가하는 전쟁을 하는 것을 조심해야 하는데, 이것이 가격에 대한 경쟁적 압박 때문에 비용을 증가시키고 수익성을 거의 확실히 감소시킬 것이기 때문이다.

어휘 competitive advantage 경쟁우위 ((경쟁 기업보다 우월한 성과를 낼 수 있는 위치))　consider 여기다, 생각하다; 사려하다, 고려하다　fixed-gear 고정식 기어의　feature 특징, 특색; 이목구비; 특징으로 삼다　overall 전반적인, 종합적인; 전반적으로; 대체로　profitability 수익성　[선택지] affordable 적당한, 감당할 수 있는　loyalty 충성도; 충실, 충성　customize 맞춤 제작하다, 원하는 대로 만들다

해설 빈칸 문장으로 보아, '무엇'이 기업에 경쟁우위를 주는지 찾아야 한다. 이어지는 내용에서 자전거를 예로 들어 특징이 많은 것보다 훨씬 더 적은 자전거가 더 인기를 얻었다고 설명하므로, 기업에 경쟁우위를 주는 것은 ① 'simpler product(더 단순한 제품)'이다.

② 적당한 가격 사람들은 더 단순한 제품에도 기꺼이 더 지불한다고 했으므로 가격은 해당 안 됨
③ 소비자 충성도
④ 맞춤형 디자인
⑤ 친환경 기술
소비자 충성도, 맞춤형 디자인, 친환경 기술은 언급되지 않음

2 ①

해석 기업 컨설턴트인 프란스 요한슨은 '메디치 효과'를 다양한 배경과 학문 분야가 합쳐질 때 새로운 생각과 창의적인 해결책이 출현하는 것이라고 말한다. 그 용어는 15세기 메디치 가문에서 유래하는데, 그들은 전 세계의 화가, 작가 그리고 다른 창작자들을 함께 모아 르네상스 시대가 시작되도록 도왔다. 거의 틀림없이, 르네상스 시대는 서로 근접한 이 다양한 집단들 사이에서 생각을 교환한 결과였다. 익숙하게 들리는가? 만약 여러분이 자신의 재능과 기술을 다양화할 수 없다면, 그때는 여러분 주위에 보완할 다른 사람들을 두는 것이 아마 확실히 효과가 있을 것이다. 모든 새로운 생각이 기존 개념들을 창의적인 방식으로 결합하는 것에서 나온다고 믿으면서, 요한슨은 기업에서 가능한 최고의 해결책, 전망 그리고 혁신을 유발하려면 인력 배치에서 배경, 경험 그리고 전문 지식을 혼합하여 활용할 것을 권장한다.

어휘 emergence 출현, 부상　discipline 학문 분야; 규율, 훈육; 훈육하다　derive from ~에서 유래하다[나오다]　arguably 거의 틀림없이, 주장하건대　diversify 다양화하다; 다양해지다　may well 아마 ~일 것이다; (~하는 것도) 당연하다　do the trick 효과가 있다, 성공하다　staffing 인력 배치　bring about ~을 유발[초래]하다　[선택지] compensate 보완하다; 보상하다　correct 바로잡다, 정정하다; 맞는, 정확한; 적절한　objective 목표, 목적; 객관적인; 실재하는

해설 빈칸 문장으로 보아, 자신의 재능과 기술을 다양화할 수 없다면, '무엇'이 효과가 있을지를 찾아야 한다. 도입부에서 '메디치 효과'라는 용어를 정의한 뒤, 그것의 유래와 르네상스 시대에 미친 영향에 대해 구체적으로 설명한다. 빈칸 문장 뒤에서는 다양한 배경의 집단들이 서로 생각을 교환하고 창의적인 방식으로 결합해 혁신을 이루는 메디치 효과를 기업에도 적용할 것을 권장하며 글을 맺고 있으므로 빈칸에 들어갈 말로 가장 적절한 것은 ① 'having others around you to compensate(여러분 주위에 보완할 다른 사람들을 두는 것)'이다.

② 스스로를 되돌아보는 시간을 갖는 것
개인이 아닌 다른 사람들과 생각을 교환하고 결합하라는 내용임
③ 과거의 실수를 바로잡는 것 과거의 실수는 언급되지 않음
④ 자신의 강점을 최대화하는 것 개인에 관한 내용이 아님
⑤ 구체적인 목표를 설정하는 것 목표 설정은 언급되지 않음

35 The Art of Passive Voice

Stage 1   **다의어 Check** 1 ⓑ   2 ⓑ
     INTRO Q ②   **Q** ①

Stage 2   **1** ⓒ   **2** Pooh   **3** ⓒ   **4** (a): O (b): X, is

Stage 3   (A) focus   (B) control   (C) outcome

---

[1] "The passive **voice** can be your friend."
'수동태는 당신의 친구가 될 수 있다.'

[2] Although this advice may seem overly simplistic, // it recognizes the
이 조언은 지나치게 단순한 것 같지만   그것은 중요한 역할을 인정한다
important role [that passive voice can play / in writing].
수동태가 할 수 있는   글쓰기에서

[3] Actually, / the passive voice allows / the writer to decide /
실제로   수동태는 할 수 있게 한다   글쓴이가 결정하는 것을
what to place / in and out of focus.
무엇을 둘지   초점에 맞게 그리고 벗어나게

[4] You can say // "Pooh ate the honey" (active voice, actor mentioned), /
당신은 표현할 수 있다   '푸가 꿀을 먹었다'   (능동태, 행위자 언급됨)
"The honey was eaten by Pooh" (passive voice, actor mentioned), /
'꿀이 푸에 먹혔다'   (수동태, 행위자 언급됨)
or "The honey was eaten" (passive voice, actor unmentioned).
또는 '꿀이 먹혔다'   (수동태, 행위자 언급되지 않음)

[5] Maybe you don't want to write / "Pooh ate the honey," // because
아마 당신은 쓰고 싶지 않을지도 모른다   '푸가 꿀을 먹었다'(라고)   왜냐하면
the honey's **absence** is all [that matters], / not that it was Pooh /
꿀의 **없음**이 전부이기 때문이다   중요한   바로 푸였다는 것이 아니라
who caused that absence.
그 없음을 유발한 이가

[6] Only the passive voice / allows you to do so.
오직 수동태만이   당신이 그렇게 하게 한다

[7] Likewise, / a news article [that states passively / that "helicopters
마찬가지로   뉴스 기사는   수동태로 쓰는   '헬리콥터가
were flown in / to fight a fire"] / makes sense // if the use of helicopters is
투입되었다'고   불을 끄려고   타당하다   헬리콥터의 사용이 ~라면
/ what matters in the report, / rather than which pilots did the flying.
보도에서 중요한 것   어느 조종사가 조종했는지보다

[8] The reader does not need to be informed // that a guy (named Bob) /
독자는 알 필요가 없다   한 남자가   이름이 밥인
was flying one of the helicopters.
헬리콥터 중 한 대를 조종하고 있었다는 것을

전문해석 [1]'수동태는 당신의 친구가 될 수 있다.' [2]이 조언은 지나치게 단순한 것 같지만, 수동태가 글쓰기에서 할 수 있는 중요한 역할을 인정한다. [3]수동태는 실제로 글쓴이가 <u>무엇을 초점에 맞게 두고 무엇을 초점에 벗어나게 둘지 결정할 수 있게</u> 한다. [4]당신은 '푸가 꿀을 먹었다'(능동태, 행위자 언급됨), '꿀이 푸에게 먹혔다'(수동태, 행위자 언급됨), 또는 '꿀이 먹혔다'(수동태, 행위자 언급되지 않음)라고 표현할 수 있다. [5]아마 당신은 '푸가 꿀을 먹었다'라고 쓰고 싶지 않을지도 모르는데, 꿀이 없다는 게 중요한

Stage 1   **정답 찾아가기**

Q 빈칸 문장으로 보아 수동태 사용으로 '무엇'을 할 수 있는지를 찾아야 한다. 수동태의 중요한 역할을 설명하는 글로, 수동태를 쓰면 '꿀이 없음'과 '불을 끄려고 헬리콥터가 사용된 것'과 같이 중요한 것에 초점을 두고 행위자 같이 덜 중요한 것은 언급하지 않을 수 있다고 했다. 따라서 빈칸에 들어갈 말로 가장 적절한 것은 ① 'to decide what to place in and out of focus(무엇을 초점에 맞게 두고 무엇을 초점에 벗어나게 둘지 결정하는 것)'이다.

② 문장을 이해하기 더 쉽게 만들다
수동태 문장이 이해하기 더 쉽다는 언급은 없음

③ 요점을 숨겨서 독자를 끌어당기다
수동태는 요점이 아닌 것을 숨기는 것임

④ 직접적인 언어를 사용하여 독자의 흥미를 유지하다
직접적인 언어와 독자의 흥미는 언급되지 않음

⑤ 지나치게 단순한 문장으로 메시지를 전달하다
simplistic을 활용한 오답. 수동태 문장이 단순하다는 언급은 없음

Stage 2   **한 문장씩 뜯어보기**

1 ⓒ | 글쓴이는 수동태를 사용해서 무엇을 **강조할지** 말지 결정할 수 있다. ⓐ충고하다 ⓑ대조하다
해설 무엇을 초점에 둘지 결정할 수 있다는 것은 어떤 부분을 강조할지 선택할 수 있음을 의미한다.

2 Pooh
해설 꿀을 먹는 행위를 한 주체인 Pooh를 가리킨다.

3 ⓒ
해설 같은 상황을 나타내는 능동태, 수동태 문장을 예로 들어서, 수동태에서는 행위자인 Pooh가 아니라 행위의 결과인 '꿀이 없음'이 중요하다고 했다.

4 (a): O (b): X, is
해설 (a) 주절의 주어는 a news article이고 that states ~ a fire"는 이를 수식하는 관계대명사절이므로 단수동사가 알맞게 쓰였다.
(b) if절의 주어는 the use이고 of helicopters는 수식어구이므로 단수동사 is로 고쳐야 한다.

Stage 3   **요약하기**

문장의 (A) **초점**은 태에 따라 다른데, 수동태는 글쓴이가 행위자보다 행위의 (C) **결과**를 강조함으로써 초점을 (B) **통제**할 수 있게 한다.

전부이지 꿀이 없는 원인이 바로 푸라는 게 중요한 것이 아니기 때문이다. **⁶**오직 수동태만이 당신이 그렇게 하게 한다(행위자가 아닌 행위의 결과에 초점을 두게 한다.). **⁷**마찬가지로, '불을 끄려고 헬리콥터가 투입되었다'라고 수동태로 쓰는 뉴스 기사는 어느 조종사가 조종했는지보다 헬리콥터의 사용이 보도에서 중요한 것이라면 타당하다. **⁸**독자는 이름이 밥인 한 남자가 헬리콥터 중 한 대를 조종하고 있었다는 것을 알 필요가 없다.

1 ②

해석 '내가 그것을 하지 않았다면 좋을 텐데!'라는 반응을 넘어서라. 만약 당신이 느끼는 실망이 시험공부를 하지 않아서 통과하지 못한 시험, 면접에서 바보 같은 말을 해서 얻지 못한 일자리, 또는 완전히 잘못된 접근법을 취하는 바람에 좋은 인상을 주지 못한 사람과 연관되어 있다면, 이제 그 일이 '벌어졌다'는 것을 받아들여라. '내가 그것을 하지 않았다면 좋을 텐데!'의 유일한 가치는 당신이 다음에 무엇을 할지 더 잘 알게 될 것이라는 점이다. 배움으로 얻는 이득은 유용하고 의미가 있다. 이러한 '내가 …이면 얼마나 좋을까'라는 의제는 가상이다. 당신이 그것을 파악했다면, 이제 그것을 과거 시제에서 미래 시제로 바꿀 때이다. '다음에 내가 이 상황일 때 나는 …하려고 노력할 것이다.'로 말이다.

어휘 get past ~을 넘어서다; 곁을 지나가다　be linked to A A와 연관되다　silly 바보 같은, 어리석은; 바보　impress 좋은 인상을 주다; 이해시키다　payoff 이득, 보상; 뇌물　significant 의미가 있는, 중요한; 상당한　virtual 가상의; 사실상의, 거의 ~와 다름없는　work A out A를 파악하다; A를 계산하다　translate 바꾸다; 번역하다　[선택지] get over 극복하다; ~을 넘다, 건너다　supportive 도와주는, 지원하는, 힘을 주는

해설 일어난 일은 받아들이고 다음에 유사한 상황에서 무엇을 할지 개선하려 노력해야 한다는 내용의 글이다. 문맥상 밑줄 친 문장의 past tense(과거 시제)는 과거에 대한 후회를 의미하며, future tense(미래 시제)는 다음 번 같은 상황의 대처 방안을 의미하므로, 밑줄 친 부분이 의미하는 바로 가장 적절한 것은 ② 'get over regrets and plan for next time(후회를 극복하고 다음을 계획하다)'이다.

① 당신의 관심사와 관련된 직업을 찾다
　직업을 찾는 내용이 아님
③ 도와주는 사람들로 자신을 둘러싸다
　주변에 어떤 사람을 두어야 한다는 언급은 없음
④ 문법을 공부하고 명확한 문장을 쓰다
　시제가 언급되었지만 문법에 대한 내용이 아님
⑤ 당신의 말하는 방식을 점검하고 사과하다
　말하는 방식을 과거형에서 미래형으로 바꾸라고는 했지만 사과해야 한다는 내용은 없음

2 ④

해석 오늘날 미국에서 사용되는 휴대전화는 7억 대 이상이고, 그 휴대전화 사용자 중 최소 1억 4천만 명은 14~18개월마다 새 휴대전화를 갖기 위해 자신들의 현재 휴대전화를 버릴 것이다. 나는 최신 휴대전화를 '반드시' 가져야 하는 그런 사람 중 한 명은 아니다. 실제로 나는 배터리가 더 이상 충전이 잘 안될 때까지 휴대전화를 사용한다. 그때 나는 그저 교체용 배터리를 사야겠다고 생각한다. 그러나 들어 보니 그 배터리가 더 이상 만들어지지 않고, 최신 휴대전화에 더 새로운 기술과 더 나은 기능들이 있어서 그 휴대전화는 더 이상 제조되지 않는다고 한다. 그것은 전형적인 변명이다. 그 휴대전화는 심지어 그렇게 오래되지도 않았다. 아마 1년 조금 넘지 않았는가? 나는 단지 하나의 사례일 뿐이다. 얼마나 수많은 다른 사람들이 이와 똑같은 시나리오를 겪는지 상상할 수 있는가? '전자 폐기물'에 관해서 휴대전화가 선두에 있다는 것은 놀랍지 않다.

어휘 charge 충전; 요금; 청구하다; 기소하다　manufacture 제조하다, 생산하다; (이야기를) 지어내다　feature 기능; 특색, 특징; 특징으로 삼다　typical 전형적인; 보통의, 일반적인　justification (정당하다고 하는) 변명, 정당화; 타당한[정당한] 이유　take the lead 선두에 있다, 앞장서다　when it comes to A A에 관해서, A에 관한 한　[선택지] afford 감당하다; (~을 살, 할) 여유[형편]가 되다　launch 출시하다; 시작하다, 착수하다; 발사하다

해설 휴대전화를 자주 교체하는 사용자들에 반해 '나'는 충전이 잘 안될 때까지 사용하는데, 그때가 되면 배터리가 제조되지 않아서 기존 휴대전화를 쓸 수 없게 된다고 했다. 밑줄 친 문장의 same scenario(똑같은 시나리오)는 앞서 언급한 '나'의 경우를 가리키므로, 밑줄 친 부분이 의미하는 바로 가장 적절한 것은 ④ 'are driven to change their still usable cell phones(아직 사용할 수 있는 휴대전화를 교체하게 된다)'이다.

① 프로그램 업데이트에 자주 문제가 생기다
　프로그램 업데이트는 언급되지 않음
② 비용 때문에 새로운 기계를 감당할 수 없다
　새 휴대전화의 비용 문제는 언급되지 않음
③ 휴대전화를 수리하는 데 많은 돈을 쓰다
　기존 제품이 생산되지 않아서 수리할 수 없다고 했음
⑤ 새로 출시된 휴대전화 모델에 실망하다
　새로운 모델에 대한 평가는 언급되지 않음

36 Optimistic Personality

Stage 1 다의어 Check **1** ⓑ
INTRO Q ② Q ③ OUTRO Q ①

Stage 2 **1** ⓑ **2** individual **3** true optimism **4** X, what → that[which] **5** ⓒ **6** ⓒ

Stage 3 (A) consistently (B) diverse (C) hopefulness

---

¹Developing an optimistic personality requires / more than merely
낙관적인 성격을 기르는 것은 필요로 한다 / 단순히 긍정적인 생각을
having positive beliefs (about specific future outcomes), / known as
가지는 것 이상을 / 미래의 특정한 결과에 대해 / ~라고 알려진
"positive outcome expectancies" / in psychological **terms**.
'긍정적인 결과 기대'라고 알려진 / 심리학 **용어로**

²While it's certainly beneficial / to approach individual situations with
(~은) 분명히 유익하지만 / 개별적인 상황에 낙관적으로 접근하는 것은
optimism, // true optimism extends beyond isolated incidents.
진정한 낙관주의는 산발적인 사건 너머에 이른다

³It involves **cultivating** optimistic beliefs [that span across various
이는 낙관적인 생각을 **기르는 것을** 포함한다 / 삶의 여러 영역에 걸친
areas of life] / in order to encompass diverse scenarios and challenges.
다양한 시나리오와 난관을 아우르도록

⁴Furthermore, / for these optimistic beliefs / to truly shape one's
또한 / 이러한 낙관적인 생각이 / 정말로 사람의 성격을 형성하려면
personality, / they must demonstrate stability over time.
그것들(낙관적인 생각)은 시간이 지나도 안정감을 보여줘야 한다

(⁵Although personality traits generally become stable / with age, //
성격 특성은 일반적으로 안정되지만 / 나이가 들수록
they can also undergo frequent changes / throughout a lifetime.)
그것들(성격 특성)은 빈번한 변화를 겪을 수도 있다 / 평생에 걸쳐

⁶A disposition (towards optimism) / involves maintaining consistent,
성향은 / 낙관주의에 대한 / 일관되고 전반적인 긍정적 생각을
generalized positive beliefs / not just on a day-to-day basis, /
유지하는 것을 포함한다 / 그날그날뿐만 아니라
but also over weeks, months, and even years.
몇 주, 몇 달, 심지어 몇 년 동안에도

⁷This enduring positivity forms / the foundation (of an optimistic
이 지속되는 긍정성은 형성한다 / 기반을 / 낙관적인 성격의
personality), / influencing how one perceives the world around them /
그리고 사람이 주변 세계를 인지하는 방식에 영향을 미친다
with a hopeful mindset.
희망찬 사고방식으로

전문해석 ¹낙관적인 성격을 기르는 것은 미래의 특정한 결과에 대해 단순히 긍정적인 생각을 갖는 것, 즉 심리학 용어로 '긍정적인 결과 기대'라고 알려진 것 이상을 필요로 한다. ²개별적인 상황에 낙관적으로 접근하는 것은 분명히 유익하지만, 진정한 낙관주의는 산발적인 사건을 넘어선다. ³이는 다양한 시나리오와 난관을 아우르도록 삶의 여러 영역에 걸친 낙관적인 생각을 기르는 것을 포함한다. ⁴또한, 이러한 낙관적인 생각이 정말로 사람의 성격을 형성하려면 그 생각은 시간이 지나도 안정감을 보여줘야 한다. (⁵성격 특성은 일반적으로 나이가 들수록 안정되지만, 평생에 걸쳐 빈번히 변화할 수도 있다.) ⁶낙

Stage 1 **정답 찾아가기**

Q 글의 도입부에서 낙관적인 성격을 기르는 데 필요한 것에 대해 언급한 후, 이는 삶의 여러 영역에 걸쳐 낙관적인 생각을 갖는 것이라 설명한다. 나아가 이러한 생각이 성격 형성으로 이어지려면 긍정적인 생각을 오랜 시간 안정적이고 일관되게 유지해야 한다고 했다. 반면에 ③은 성격이 평생 동안 빈번한 변화를 겪을 수 있다는 내용이므로 글의 흐름과 무관하다.

Stage 2 **한 문장씩 뜯어보기**

1 ⓑ | 낙관주의는 단지 특정 상황에서 긍정적인 **관점을** 유지하는 것만은 아니다.
ⓐ 변화 ⓒ 결과 • solely 오로지, 단지; 단독으로
outlook 관점, 견해; 경치; (앞날에 대한) 전망
해설 낙관적인 성격을 기르려면 미래의 특정한 결과에 대해 긍정적인 생각을 갖는 것 이상이 필요하다고 했다.

2 individual
해설 밑줄 친 isolated는 문장에서 '산발적인, 가끔 따로따로 발생하는'이라는 의미로 쓰여 '개별적인'을 뜻하는 individual과 유사하다.

3 true optimism
해설 문장 3은 문장 2의 진정한 낙관주의(true optimism)가 산발적인 사건 너머에 이른다는 것에 대한 구체적 설명으로, 진정한 낙관주의가 어느 영역까지 아우르는지에 대한 내용이다.

4 X, what → that[which]
해설 what 앞에 선행사(optimistic beliefs)가 있고, 뒤에 주어가 빠진 불완전한 구조가 이어지므로 주격 관계대명사 that[which]으로 고쳐야 한다.

5 ⓒ | 진정한 낙관주의는 삶의 영역 전체에 걸쳐 **광범위한 긍정성을 발달시키는 것이다.** ⓐ유연한 ⓑ현실적인
해설 다양한 시나리오와 난관을 아우르도록 삶의 여러 영역에 걸친 낙관적인 생각을 기르는 것은 광범위한 긍정성을 발달시키는 것이다.

6 ⓒ | 진정한 낙관주의는 **시간이 지나도 계속된다.**
ⓐ변화하다 ⓑ약화되다
해설 낙관주의적 성향은 그날그날뿐만 아니라 오랜 시간 일관된 긍정적 생각을 유지하는 것이며 이는 시간이 지나도 계속됨을 의미한다.

관주의 성향은 그날그날뿐만 아니라 몇 주, 몇 달, 심지어 몇 년 동안에도 일관되고 전반적인 긍정적 생각을 유지하는 것을 포함한다. [7]이 지속되는 긍정성은 낙관적인 성격의 기반을 형성하며, 사람이 희망찬 사고방식으로 주변 세계를 인지하는 방식에 영향을 미친다.

Stage 3 **요약하기**

낙관적인 성격을 기르는 것은 (B) 다양한 삶의 경험과 난관에 걸쳐 긍정적인 생각을 (A) 지속적으로 유지하는 것을 필요로 하며, 시간이 지나도 (C) 희망을 마음에 품는 것이다. •foster (생각을) 마음에 품다; 육성[조장]하다

함께 풀면 좋은 기출문제

p. 143

1 ③

해석 성공하려면, 성공할 거라고 믿는 것과 쉽게 성공할 거라고 믿는 것 사이의 중요한 차이를 이해할 필요가 있다. (B) 다르게 말하면, 그것은 현실적인 낙관주의자인 것과 비현실적인 낙관주의자인 것 사이의 차이이다. 현실적인 낙관주의자들은 자신들이 성공할 거라고 믿을 뿐 아니라, 신중한 계획과 적절한 전략 선택과 같은 일들을 통해 성공이 일어나게 해야 한다고도 믿는다. (C) 그들은 어떻게 장애물을 처리할지를 진지하게 생각할 필요를 인식한다. 이런 준비는 일을 완수하는 능력에 대한 자신감을 증가시킬 뿐이다. (A) 반면에, 비현실적인 낙관주의자들은 성공이 자신들에게 일어날 것, 즉 자신들의 모든 긍정적 사고에 대해 만천하가 보상해 줄 것이라거나, 또는 어떻게든 자신들이 하루아침에 장애물이 더 이상 존재하지 않는 유형의 사람으로 완전히 바뀔 것이라고 믿는다.

어휘 vital 중요한, 필수적인; 생명의   reward 보상하다, 보답하다   somehow 어떻게든; 왠지   transform 완전히 바꿔 놓다; 변형시키다   obstacle 장애(물)   put another way 다르게 말하면, 바꿔 말하면   strategy 전략, 계획   give a thought to A A를 생각하다   serious 진지한; 심각한   deal with 처리하다; ~을 다루다

해설 주어진 문장은 성공할 거라고 믿는 것과 쉽게 성공할 거라고 믿는 것에는 차이가 있다는 내용이다. 이에 대해 Put another way(다르게 말하면)로 시작하여 현실적, 비현실적 낙관주의자들의 차이로 주어진 문장을 바꿔 설명하는 (B)가 이어져야 한다. (C)의 They는 문맥상 (B)의 마지막 문장에서 언급된 Realistic optimists를 받아 그들에 대한 추가 설명을 한다. 마지막으로 역접 연결어 on the other hand(반면에)로 이와 반대되는 비현실적인 낙관주의자들을 설명하는 (A)가 그 뒤에 오는 것이 자연스럽다. 따라서 글의 순서로 가장 적절한 것은 ③ (B)-(C)-(A)이다.

2 ①

해석 '분자'와 같은 어떤 하나의 개념을 배우는 것은 그 개념에 대한 단 한 번의 노출 그 이상을 필요로 한다. 한 학생이 과학 개념을 기억하려면 그것을 다양한 상황에서 여러 번 경험해야 한다. 그것이 순환 학습의 장점 중 하나인데, 학생들은 개념에 대해 직접적인 경험을 하고, 그다음 그것에 대해 이야기하며, 그러고 나서 훨씬 더 많은 직접적인 경험을 한다. 읽고, 영상을 보고, 다른 사람의 생각을 듣는 것은 더 확실한 개념의 이해에 기여한다. 이것은 반복 이상의 것을 암시한다. 각각의 경우는 학생이 다른 관점에서 개념을 검토하도록 한다. 궁극적으로 이것은 개념의 복잡한 특징들과 미묘한 차이에 대한 실질적이고 유용한 이해로 이어질 것이다.

어휘 certain 어떤, 무슨; 확실한, 틀림없는   molecule 분자   exposure 노출; 폭로   multiple 다수의; 다양한   context 상황, 맥락   strength 장점, 강점; 힘; 세기, 강도   cycle 순환; 자전거; 회전   contribute to A A에 기여하다   solid 확실한; 단단한; 고체(의)   allow O to-v O가 v하도록 하다   examine 검토하다, 조사하다   perspective 관점, 시각; 균형감; 원근법   ultimately 궁극적으로   lead to A A로 이어지다   substantive 실질적인   complexities 복잡한 특징들; 복잡성   nuance 미묘한 차이, 뉘앙스

해설 첫 문장의 requires more than just ~에서 필자가 중요하게 생각하는 것이 뒤에서 설명될 것임을 추측할 수 있다. 두 번째 문장에서 학생이 과학 개념을 기억하려면 그 개념을 다양한 상황에서 여러 번 경험해야 한다고 했고, 그렇게 하는 것의 장점과 긍정적인 결과가 이어지며 뒷받침한다. 따라서 필자가 주장하는 바로 가장 적절한 것은 ① '과학 개념을 학습하려면 다양한 방식으로 여러 번 접해야 한다.'이다.

② 암기가 아닌 다양한 상황에서 여러 번 경험하는 것이 중요함
③ 개념 이해의 필요성이 아닌 그 방법에 관한 내용임
④ 가르치는 난이도 순서에 대한 언급은 없음
⑤ 시각 자료를 포함한 다양한 경험을 중요시함

37 Store Design

난이도 ★★☆   p. 40

Stage 1   다의어 Check 1 ⓑ
INTRO Q ②, ③   Q ⑤
Stage 2   1 ⓑ   2 not backfire   3 ⓐ   4 a special accommodation   5 ⓒ
Stage 3   (A) back   (B) navigate   (C) displayed

---

¹In large chain drugstores, / pharmacy is almost always on the
대형 체인 드러그스토어에서   약국은 거의 항상 뒷벽에 위치한다
back wall, // so customers will be forced to visit /
따라서 고객들은 (어쩔 수 없이) 구경하게 될 것이다
the rest of the store, too.
매장의 나머지 부분도

²But a special **accommodation** must be made / for those customers,
그러나 특별한 **조정**이 이루어져야 한다   그러한 고객들을 위해
// lest the strategy backfire.
그 전략이 역효과를 낳지 않도록

³When shoppers are headed for the pharmacy, // they typically
쇼핑객들이 약국으로 향할 때   그들은 보통
have a serious task at hand, / and so they're not interested /
당면한 중대한 용건이 있다   그래서 그들은 관심이 없다
in browsing the shelves (of the store) / on their way back.
선반들을 둘러보는 것에   매장의   돌아가는 길에

⁴Therefore, / drugstores are merchandised / from the rear /
따라서   드러그스토어는 판매가 계획된다   뒤쪽에서부터도
as well as from the front— // at least some signs, displays,
앞에서부터뿐만 아니라   즉 적어도 몇몇 표시판, 진열품,
and fixtures are positioned / so they are visible to shoppers
그리고 설치물들이 배치된다   그것들이 쇼핑객들에게 잘 보이도록
(walking from the back of the store to the front).
매장 뒤에서 앞으로 걸어 나가는

⁵It's almost like planning two different stores / on the same site, //
이는 두 개의 다른 매장을 설계하는 것과 거의 같다   같은 장소에
but it's done / because the pharmacy is so effective /
그러나 그렇게 한다   약국이 매우 효과적이기 때문에
at pulling shoppers through the store.
쇼핑객들을 매장 안으로 끌어들이는 데

전문해석 ¹대형 체인 드러그스토어에서 약국은 거의 항상 뒷벽에 위치하므로 고객들은 매장의 나머지 부분도 어쩔 수 없이 구경하게 될 것이다. ²그러나 그 전략이 역효과를 낳지 않도록 그러한 고객들을 위해 특별한 조정이 이루어져야 한다. ³쇼핑객들이 약국으로 향할 때, 보통 당면한 중대한 용건이 있어서 돌아가는 길에 매장의 선반들을 둘러보는 것에 관심이 없다. ⁴따라서 드러그스토어는 매장 앞쪽뿐만 아니라 뒤쪽에서부터도 상품 판매가 계획되는데, 적어도 몇몇 표시판, 진열품, 설치물들이 매장 뒤에서 앞으로 걸어 나가는 쇼핑객들에게 잘 보이도록 배치된다. ⁵이는 같은 장소에 두 개의 다른 매장을 설계하는 것과 거의 같지만, 쇼핑객들을 매장 안으로 끌어들이는 데 약국이 매우 효과적이기 때문에 그렇게 한다.

Stage 1 정답 찾아가기

INTRO Q ① 여행객을 위한 매장 ② 약국 이용자를 위한 매장 ③ 일반 쇼핑객을 위한 매장

Q 드러그스토어 뒷벽에 위치한 약국을 이용하는 고객의 관심을 끌기 위해 매장 앞쪽뿐만 아니라 뒤쪽에서도 상품 판매가 계획된다는 내용의 글이다. 밑줄 친 문장의 two different stores(두 개의 다른 매장)는 문맥상 일반 쇼핑객처럼 앞쪽에서 뒤쪽으로 나아갈 때와 약국 이용객처럼 뒤쪽에서 앞쪽으로 나아갈 때, 두 방향 모두에서 고객의 관심을 끌도록 설계한 매장을 의미하므로 밑줄 친 부분이 의미하는 것은 ⑤ 'optimizing layouts to serve both general and specific shoppers(일반 쇼핑객과 특정 쇼핑객 모두에게 서비스를 제공하도록 배치를 최적화하기)'이다.

① 고객의 편의를 위해 추가 매장을 여는 것
추가 매장을 여는 것은 언급되지 않음
② 두 가지 구역을 합쳐서 약국 경험을 향상시키는 것
두 가지 구역을 합치는 것은 언급되지 않음
③ 한 매장에서 서로 다른 두 회사의 제품을 판매하는 것
서로 다른 두 회사의 제품을 판매한다는 언급은 없음
④ 많은 고객을 유치하기 위해 두 개의 별도 약국을 설치하는 것
한 매장의 배치에 관한 내용으로 두 개의 별도 약국을 설치하는 것이 아님

Stage 2 한 문장씩 뜯어보기

1 ⓑ | 드러그스토어에 있는 약국은 방문객들이 더 많은 제품을 보도록 입구 **반대편에** 배치된다. ⓐ 가까이 ⓒ 바깥에
해설 드러그스토어에서 약국은 거의 항상 매장 뒷벽에 위치한다고 했으므로 입구의 반대편이다.

2 not backfire | 그 전략이 **역효과를 낳지 않도록**
해설 <lest+S′(+should)+V′(~하지 않도록)>는 <so that+S′+should not+V′>으로 바꿔 쓸 수 있다.

3 ⓐ | 약국 고객들은 돌아가는 길에 나머지 매장을 둘러보지 **않는다.**
ⓑ 정리하다 ⓒ 기억하다
해설 약국에 가는 쇼핑객들은 매장의 선반들을 둘러보는 것에 관심이 없다고 했다.

4 a special accommodation | 특별한 조정
해설 매장 앞쪽뿐만 아니라 뒤쪽에서부터도 판매를 계획하는 것은 a special accommodation에 해당한다.

5 ⓒ | 고객이 **나갈** 때 둘러보는 데 도움이 되는 곳에 표시판과 제품을 배치하는 것이 전략이다. ⓐ 지불하다 ⓑ 줄을 서서 기다리다
해설 매장 뒤에서 앞으로 걸어 나가는 쇼핑객들은 약국을 이용한 뒤 매장을 나가는 고객을 의미한다.

드러그스토어는 보통 고객이 매장 전체를 (B) 돌아보도록 약국을 (A) 뒤쪽에 배치한다. 또한, 매출을 증가시키기 위해 고객이 나가는 길에 전략적 배치가 (C) 진열된다. • arrangement 배치, 배열; 준비

해설 (C) strategic arrangements(전략적 배치)와 display(진열하다)는 수동 관계이므로 display를 수동태를 이루는 과거분사 displayed로 변형한다.

함께 풀면 좋은 기출문제　　　　　　　　　p. 144

1　③

해석 매장 안에서 벽은 매장의 뒤쪽을 나타내지만, 마케팅의 끝을 나타내지는 않는다. 상품 판매업자는 종종 뒷벽을 자석[마음을 끄는 것]으로 사용하는데, 이것은 사람들이 (뒷벽에 가기 위해) 매장 전체를 걸어야 한다는 것을 의미하기 때문이다. 이것은 좋은 일인데, 왜냐하면 이동 거리는 다른 측정 가능한 어떤 소비자 변수(소비자 행동에 관계되는 변수)보다도 방문 고객당 판매량과 더 직접적으로 관계가 있기 때문이다. 때로는 벽이 마음을 끌어당기는 힘은 단순히 감각에 호소하는 것인데, 즉 시선을 끄는 벽 장식물이나 귀를 기울이게 하는 소리이다. 때로는 마음을 끄는 것은 특정 상품이다. 슈퍼마켓에서 유제품은 보통 뒤편에 있는데, 왜냐하면 사람들이 자주 우유만 사러 오기 때문이다. 비디오 대여점에서는 그것은 새로 출시된 비디오이다.

어휘 store 가게, 상점; 보관[저장]하다　mark 나타내다, 표시하다; 기념하다　magnet 자석; 마음을 끄는 것　relate to A A와 관계가 있다, A에 관련되다　measurable 측정 가능한　attraction 끌어당기는 힘; 사람의 관심을 끄는 것; 끌림; 명소　appeal to A A에 호소하다　specific 특정한; 구체적인　dairy 유제품(의); 낙농장　frequently 자주, 흔히　rental shop 대여점　release 출시[발매](물); 석방(하다); 방출(하다)　[선택지] whole 전체의, 모든; 전체　provide A with B A에게 B를 제공하다

해설 빈칸 문장으로 보아, 판매업자가 매장의 뒷벽을 고객의 마음을 끄는 자석으로 사용하는 이유를 찾아야 한다. 빈칸 다음 문장에서 소비자의 이동 거리가 판매량과 직접적인 관계가 있다고 했고, 이후에는 마음을 끄는 뒷벽의 특징과 예를 언급하며 마무리한다. 이를 통해 매장의 뒷벽 마케팅의 이유가 판매량과 관련된 소비자의 이동 거리를 증가시키기 때문이라는 것을 알 수 있다. 따라서 빈칸에 가장 적절한 것은 ③ 'people have to walk through the whole store(사람들이 매장 전체를 걸어야 한다)'이다.

① 그 매장이 실제보다 더 커 보인다
② 더 많은 제품이 그곳에 보관될 수 있다
④ 그 매장은 고객에게 문화 행사를 제공한다
　①, ②, ④ 언급 없음
⑤ 사람들이 매장에서 너무 많은 시간을 보낼 필요가 없다
　소비자의 이동 거리가 늘면 매장에서 보내는 시간도 증가할 것이므로 글의 내용과 반대됨

2　①

해석 비록 많은 작은 사업체가 훌륭한 웹사이트를 가지고 있지만, 그들은 보통 매우 적극적인 온라인 (광고) 캠페인을 할 여유가 없다. 소문나게 하는 한 가지 방법은 광고 교환을 통하는 것인데, 이는 광고주들이 서로의 웹사이트에 무료로 배너를 게시하는 것이다. 예를 들어, 미용 제품을 판매하는 회사는 여성 신발을 판매하는 사이트에 자신의 배너를 게시할 수 있고, 그다음에는 그 신발 회사가 미용 제품 사이트에 배너를 게시할 수 있다. 어느 회사도 상대에게 비용을 청구하지 않는데, 그들은 그저 광고 공간을 교환하기 때문이다. 광고 교환은 인기를 얻고 있는데, 특히 돈이 많지 않고 큰 영업 팀이 없는 마케팅 담당자들 사이에서 그러하다. 공간을 교환함으로써, 광고주들은 그렇지 않으면 (닿을) 여유가 없었을 자신의 광고 대상자에 닿는 새로운 (광고의) 출구를 발견한다.

어휘 business 사업체; 사업; (직장의) 일, 업무　afford ~할 여유가 있다　get the word out 소문나게 하다　place (광고를) 게시하다[내다]; 놓다[두다]; 장소　in turn 그다음에는　neither (둘 중) 어느 것도 ~ 않다　charge 비용을 청구하다; 기소하다; 요금　gain in popularity 인기를 얻다　reach ~에 닿다[이르다]; 거리[범위]　target audience 광고 대상자　otherwise 그렇지 않으면　[선택지] fund 자금[기금]을 대다; 기금[자금]　commercial (TV, 라디오의) 광고; 상업의

해설 빈칸 문장으로 보아, 광고주들이 '무엇'을 함으로써 광고 대상자에 닿을 출구를 발견하는지를 추론해야 한다. 글의 도입부에서 웹사이트는 있지만 적극적인 온라인 (광고) 캠페인을 할 여유가 없다는 작은 사업체들의 문제점이 제시되었다. 이어지는 문장에서 이를 해결하는 방법은 광고주끼리 서로의 웹사이트에 무료로 배너를 게시하는 광고 교환을 활용하는 것이라고 했다. 이는 곧 '(광고) 공간을 교환'하여 광고하는 것이므로, 빈칸에 들어갈 말로 가장 적절한 것은 ① 'trading space(공간을 교환함)'이다.

② 자금을 지원받는 것
③ 상품평을 공유하는 것
④ 공장 시설을 빌리는 것　②~④ 언급 없음
⑤ TV 광고를 늘리는 것
　TV 광고를 할 만큼의 여유가 없는 작은 사업체의 경우임

38 Numeral 0

Stage 1 다의어 Check 1 ⓐ 2 ⓑ
INTRO Q ② Q ④

Stage 2 1 왜냐하면 0이라는 우리의 개념이 생겨난 것은 바로 힌두 수학자들 사이에서였기 때문이다
2 ⓑ 3 ⓒ 4 ⓑ 5 ⓐ

Stage 3 (A) drawn (B) unfamiliar

---

¹Mathematics has a name (for nothing), // which is "zero."
수학은 이름을 가지고 있다   무(無)에 대한   그리고 그것은 'zero(0)'이다

²It is notable / that the origin (of "zero") / is a Hindu word, *sunya*,
(~은) 주목할 만하다   기원이   'zero(0)'의   'sunya'라는 힌두어인 점은
(meaning "emptiness,") // for it was among Hindu mathematicians /
'텅 비어 있음'을 의미하는   왜냐하면 바로 힌두 수학자들 사이에서였기 때문이다
that our idea of zero arose.
0이라는 우리의 개념이 생겨난 것은

³To the Greeks and Romans, / the very idea of zero was unthinkable—
그리스인과 로마인에게   0이라는 그 개념은 생각할 수 없는 것이었다
// how could nothing be something?
어떻게 무(無)가 무언가가 될 수 있겠는가?

⁴Lacking a symbol for it / in their number systems, / they could not
그것(0)에 대한 기호가 없어서   그들의 숫자 체계에   그들(그리스인과 로마인)은
take advantage of / convenient "positional" notation ([in which, /
(~을) 이용할 수 없었다   편리한 '위치' 기수법을
for example, / 307 **stands for** 3 hundreds, no tens, and 7 ones]).
예를 들어   307은 백이 3개, 십은 없고, 일이 7개 있음을 **나타내는**

⁵This limitation (of how numbers are written) / is one reason
이러한 한계는   숫자가 쓰이는 방식에 대한   한 이유이다
[why multiplying with their numerals / is such a nightmare].
그들의 숫자로 곱하는 것이   그렇게 악몽 같은

⁶By comparison, / the idea of emptiness was familiar /
그에 비해   텅 비어 있다는 개념은 친숙했다
to Hindu mathematicians (in India) / from Buddhist philosophy.
힌두 수학자들에게   인도의   불교 철학에서 비롯되어

⁷They had no difficulty with an abstract symbol [that signified nothing],
그들(힌두 수학자들)은 추상적인 기호와 관련해 어려움이 없었다   무(無)를 의미하는
// and their notation was **transmitted** to Europe / during the Middle Ages
그리고 그들의 표기법은 유럽으로 **전해졌다**   중세 시대에
/ by Arab scholars— / thus, our "Arabic numerals" were formed.
아랍 학자들에 의해   이렇게 해서 우리의 '아라비아 숫자'가 생겨났다

⁸The Hindu *sunya* became the Arabic *sifr*, // which shows up in English /
힌두어 'sunya'는 아랍어 'sifr'가 되었다   그리고 이것은 영어에서 나타난다
in both the words "zero" and "cipher."
'zero'와 'cipher'라는 단어에서 모두

전문해석 ¹수학은 무(無)에 대한 이름이 있는데, 그것은 'zero(0)'이다. ²'zero(0)'의 기원이 '텅 비어 있음' 을 의미하는 'sunya'라는 힌두어인 점은 주목할 만한데, 왜냐하면 0이라는 개념이 생겨난 것은 바로 힌

Stage 1 정답 찾아가기

Q 주어진 문장은 텅 비어 있다는 개념이 힌두 수학자들 에게 친숙했다는 내용인데, By comparison(그에 비해) 으로 연결된 것으로 보아 앞에는 이와 대조되는, 그 개념 에 친숙하지 않았던 사람들에 대한 내용이 와야 한다. ④ 의 앞 문장은 0이라는 개념을 생각할 수 없었던 그리스 인과 로마인들이 겪은 어려움을 제시하므로 주어진 문장 과 대조된다. 따라서 주어진 문장이 들어가기에 가장 적 절한 곳은 ④이다. 그렇게 되면 주어진 문장의 Hindu mathematicians를 ④의 뒤 문장에서 They로 받아 힌 두 수학자들에 대한 추가 설명이 이어지는 연결도 자연스 러워진다.

Stage 2 한 문장씩 뜯어보기

1 왜냐하면 0이라는 우리의 개념이 생겨난 것은 바로 힌 두 수학자들 사이에서였기 때문이다
해설 for 뒤에 절이 이어지는 것으로 보아 이유를 나 타내는 접속사로 쓰인 것을 알 수 있다. 강조구문 <It is[was]+부사구+that ~>이 쓰여 among Hindu mathematicians를 강조하고 있다.

2 ⓑ | 그들은 숫자 체계에 그것에 대한 기호가 없었기 때 문에 ⓐ만약 ~라면 ⓒ~이긴 하지만
해설 0이라는 기호의 부재로 인한 결과(편리한 '위치' 기수법을 이용할 수 없었음)가 뒤에 이어지므로 원인 을 나타내는 접속사가 와야 한다.

3 ⓒ
해설 0이라는 개념에 대한 기호가 없어서 그리스인과 로마인이 겪은 어려움(편리한 '위치' 기수법 이용 불가, 곱셈의 복잡함)에 대해 설명하는 내용이다.

4 ⓑ | 어려움 ⓐ흥미 ⓒ경험
해설 문장 7의 They는 문장 6에서 설명한 0이라는 개념에 친숙했던 Hindu mathematicians를 가리 키므로 0이라는 추상적인 기호를 사용하는 데 '어려움 이 없었다'는 흐름이 자연스럽다.

5 ⓐ | 아랍 학자들에 의한 인도의 '0' 개념의 유럽 전파
ⓑ친숙함 ⓒ추상성
해설 인도의 힌두 수학자들 사이에서 생겨난 0이라는 개념이 중세 시대에 아랍 학자들에 의해 유럽으로 전 해졌음을 간단히 표현한 것이다.

두 수학자들 사이에서였기 때문이다. ³그리스인과 로마인에게 0이라는 그 개념은 생각할 수 없는 것이었다. 어떻게 무(無)가 유(有)가 될 수 있겠는가? ⁴그들의 숫자 체계에 0에 대한 기호가 없었기 때문에, 편리한 '위치' 기수법(예를 들어, 307은 백이 3개, 십은 없고, 일이 7개 있음을 나타냄)을 이용할 수 없었다. ⁵숫자가 쓰이는 방식에 대한 이러한 한계는 그들의 숫자로 곱하는 것이 그렇게 악몽 같은 한 이유이다. ⁶그에 비해 텅 비어 있다는 개념은 불교 철학에서 비롯되어 인도의 힌두 수학자들에게 친숙했다. ⁷힌두 수학자들은 무(無)를 의미하는 추상적인 기호와 관련해 어려움이 없었고, 그들의 표기법은 중세 시대에 아랍 학자들에 의해 유럽으로 전해져 우리의 '아라비아 숫자'가 생겨났다. ⁸힌두어 'sunya'는 아랍어의 'sifr'가 되었고, 이것은 영어에서 'zero'와 'cipher'라는 단어에서 모두 나타난다.

Stage 3 **요약하기**

'텅 비어 있음'을 의미하는 힌두어에서 (A) 나온 수학 개념인 '0'은 인도에서 유럽으로 전해졌는데, 이는 그리스인과 로마인에게 이전에는 (B) 낯선 개념이었다.

해설 (A) 문장의 동사 was가 있으므로 draw는 준동사 형태가 되어야 한다. 의미상 주어인 The mathematical concept of "zero"와 draw(이끌어 내다)는 수동 관계이므로 과거분사인 drawn으로 써야 한다.
(B) '0'의 개념은 그리스인과 로마인에게 생각할 수 없는 것이었으므로 '낯선'이라는 의미의 unfamiliar로 써야 한다.

함께 풀면 좋은 기출문제

p. 145

1 ①

해석 0부터 숫자를 세는 것에는 중대한 문제가 있다. 탁자에 얼마나 많은 사과가 있는지를 알아내는 것처럼, 수를 세어 사물의 수를 알아내려면, 많은 아이들은 첫 번째 사과를 만지거나 가리킨 후 "하나"라고 말하고, 그러고 나서 두 번째 사과로 옮겨가서 "둘"이라고 말하며, 모든 사과를 셀 때까지 이런 방식으로 계속할 것이다. 만약 0부터 시작하면, 아무것도 만지지 않고 "영"이라고 말해야 하지만, 그 이후로는 사과를 만지기 시작하며 "하나, 둘, 셋" 등으로 말해야 할 것이다. 이것은 매우 혼란스러울 수 있는데 그 이유는 언제 만지고 언제 만지지 않아야 하는지를 강조할 필요가 있을 수도 있기 때문이다. 만약 한 아이가 "영"이라고 말하며 잘못하여 사과 하나를 만진다면, 사과의 총개수는 한 개 차이로 틀릴 것이다.

어휘 determine 알아내다, 밝히다; 결정하다 number 수, 숫자; 번호를 매기다[붙이다] object 사물, 물건, 물체; (연구 등의) 대상; 반대하다 manner 방식; 태도; 예의 confusing (무엇이) 혼란스러운, 혼란시키는 need 필요; 욕구; 필요로 하다; ~해야 하다 stress 강조하다; 스트레스(를 주다[받다]) accidentally 잘못하여; 우연히 [선택지] in reverse 반대로, 거꾸로 add up 전부 더하다, 합산하다

해설 빈칸 문장으로 보아, '무엇'에 중대한 문제가 있는지를 추론해야 한다. 사과의 수를 세는 것을 예로 들어 많은 아이들이 사과를 '하나'부터 세는 방식을 언급한 뒤, '0'부터 숫자를 세는 경우가 야기하는 혼란에 대해 설명하고 있다. 이를 통해 중대한 문제가 있는 것은 ① 'counting from 0(0부터 숫자를 세는 것)'임을 알 수 있다.

② 역순으로 번호를 매기는 것
역순이 아니라 0부터 숫자를 세는 것에 관한 글임
③ 주어진 숫자들을 전부 더하는 것 덧셈에 관한 언급은 없음
④ 게임을 통해 단어를 배우는 것 단어 학습에 관한 내용이 아님
⑤ 큰 소리로 숫자를 말하는 것 목소리 크기는 언급되지 않음

2 ②

해석 아이들은 매일 사물 사이의 관계를 탐구하고 구성한다. 이러한 관계는 무언가가 얼마만큼 혹은 몇 개 존재하는지에 자주 초점을 둔다. 따라서, 아이들은 "쿠키 하나, 신발 두 개, 생일 케이크 위에 초 세 개, 모래밭에 아이 네 명"이라고 센다. 아이들은 "어느 게 더 많지? 어느 게 더 적지? 충분할까?"라고 비교한다. 아이들은 "몇 개가 알맞을까? 나는 지금 다섯 개가 있어. 하나 더 필요하네."라고 계산한다. 이 모든 예에서, 아이들은 양에 대한 개념을 발달시키는 중이다. 아이들은 간식 시간에 몇 개의 크래커를 가져갈지 계산하는 것이나 조개껍질들을 더미로 분류하는 것과 같이, 자신만의 활동이나 경험을 통해 수학적 개념을 밝히고 연구한다.

어휘 construct 구성하다; 건설하다 exist 존재하다; (힘들게 근근이) 살아가다 calculate 계산하다, 산출하다; 추정하다, 추산하다 fit 알맞다, 적합하다; 건강한; 적절한, 어울리는 notion 개념, 관념, 생각 quantity 양, 수량; 다량, 다수 reveal 밝히다, 드러내다 investigate 연구하다, 조사하다 figure out 계산[산출]하다; ~을 알아내다, 이해하다 sort 분류하다, 구분하다; 해결[정리]하다; 종류 pile 더미, 쌓아 놓은 것; 쌓다[포개다]

해설 도입부는 아이들이 사물 사이의 관계를 탐구하는 데 물체의 양 또는 수에 초점을 둔다는 내용이다. 이어지는 예에서 아이들이 수를 세고, 비교하고, 계산하며 양의 개념, 즉 수학적 개념을 발달시킨다고 설명하므로 글의 주제로 가장 적절한 것은 ② 'how children build mathematical understanding(아이들이 수학적 이해를 구축하는 방법)'이다.

① 아이들이 숫자 세는 방법을 학습하는 데 겪는 어려움
아이들이 겪는 어려움은 언급되지 않음
③ 사물을 세는 데 손가락이 사용되는 이유
수를 셀 때 손가락을 사용한다는 내용은 없음
④ 유아교육의 중요성 아이들의 수학 개념 발달은 언급되었으나 유아교육의 중요성과는 관련 없음
⑤ 숫자 노래를 부르는 것의 장점 숫자 노래에 대한 언급은 없음

39 Sleep

Stage 1	다의어 Check 1 ⓑ 2 ⓐ
	INTRO Q ② Q ④
Stage 2	1 concerns 2 ⓑ 3 (a): auditory (b): motor 4 ⓒ
	5 감정적으로 영향을 받은 기억이 처리된다 6 2
Stage 3	(A) storage (B) stage

1 One of the most exciting areas (of science) / **concerns** //
가장 흥미로운 분야 중 하나는　　　　과학에서　　　**관심을 갖는다**

what the brain is up to / when a person is asleep / at night.
뇌가 무엇을 하고 있는지에　　　사람이 잠들었을 때　　　밤에

2 UC Berkeley's Dr. Matthew Walker explains // that / during sleep, /
UC 버클리의 매슈 워커 박사는 설명한다　　　~라고　　수면 중에

the brain **shifts** / what it learned that day / to more efficient storage
뇌가 **옮긴다(고)**　　그날 배운 것을　　　더 효율적인 저장 구역으로

regions (of the brain).
　　　　뇌의

3 Each stage (of sleep) / plays its own unique role / in capturing memories.
각 단계는　　수면의　　　저마다 고유한 역할을 한다　　　기억을 포착하는 데

4 For example, / studying a foreign language requires / learning
예를 들어　　　　외국어 공부는 필요로 한다　　　어휘를 배우는 것

vocabulary, / auditory memory (of new sounds), / and motor skills
　　　　　청각 기억　　　새로운 소리에 대한　　　그리고 운동 기능을

(to correctly say the new word).
새로운 단어를 정확하게 말하기 위한

5 The vocabulary is synthesized / by a certain area (of the brain) / early
어휘는 통합된다　　　　특정 영역에 의해　　　뇌의

in the night / during "slow-wave sleep," / a deep sleep without dreams.
이른 밤　　　'느린 파형 수면' 중에　　　꿈을 꾸지 않는 깊은 수면인

6 The motor skills (of speech) / are processed / during stage 2 non-REM
운동 기능은　　언어의　　　처리된다　　　2단계 비렘수면 단계 중에

sleep, // and the auditory memories are remembered / across all stages.
　　　　그리고 청각 기억은 기억된다　　　모든 단계에 걸쳐

7 Also, / memories [that are emotionally affected] / get processed /
또한　　기억들은　　　감정적으로 영향을 받은　　　처리된다

during REM sleep, / the stage [which is associated with dreaming].
렘수면 중에　　　단계인　　　꿈꾸는 것과 관련이 있는

8 Overall, / the more you learned / during the day, //
대체로　　　더 많이 배울수록　　　낮 동안

the longer you need to sleep / that night.
　　　더 오래 자야 한다　　　그날 밤에

전문해석 **1** 과학에서 가장 흥미로운 분야 중 하나는 사람이 밤에 잠들었을 때 뇌가 무엇을 하고 있는지에 관심 갖는다. **2** UC 버클리의 매슈 워커 박사는 뇌가 수면 중에 그날 배운 것을 뇌의 더 효율적인 저장 구역으로 옮긴다고 설명한다. **3** 수면의 각 단계는 기억을 포착하는 데 저마다 고유한 역할을 한다.

Stage 1 정답 찾아가기

Q 빈칸 문장으로 보아, 낮에 더 많이 배우는 것과 관련된 내용을 추론해야 한다. 글의 앞부분에서 전문가의 말을 인용해 수면 중에 뇌가 그날 배운 것을 저장한다고 했고, 수면의 각 단계는 기억을 포착하는 데 저마다 고유한 역할을 한다고 설명한다. 이를 통해 낮 동안 배운 것이 많으면 뇌가 그것을 처리할 수면 시간도 길어져야 함을 추론할 수 있다. 따라서 빈칸에 들어갈 말로 가장 적절한 것은 ④ 'the longer you need to sleep that night(그날 밤에 더 오래 자야 한다)'이다.

① 수면 중에 더 빨리 잊는다
　수면이 기억을 포착한다는 설명과 상반됨
② 감정이 더 커진다
　감정적 기억의 처리는 언급되었지만 학습량과는 관련 없음
③ 기억 용량이 더 커진다 기억 용량은 언급되지 않음
⑤ 그것에 대해 더 많이 꿈을 꾼다
　꿈과 관련된 렘수면 단계를 언급했지만 배운 것에 대해 꿈꾼다는 언급은 없음

Stage 2 한 문장씩 뜯어보기

1 concerns
해설 문장의 주어 One 뒤의 of ~ of science는 One을 수식하는 전명구이다.

2 ⓑ | 수면 중에 뇌는 학습된 정보를 더 효율적으로 저장하려고 재배치한다. ⓐ 반복하다 ⓒ 수정하다
해설 뇌가 그날 배운 것을 더 효율적인 저장 구역으로 옮긴다는 전문가의 말을 간단히 표현한 것이다.

3 (a): auditory (b): motor | (a): 청각의 (b): 운동의
• spatial 공간의, 공간적인
해설 (a) 새로운 소리에 대한 기억은 '청각'과 관련된 것이므로 auditory가 알맞다. (b) 새로운 단어를 정확히 말하는 것은 구강의 '운동' 기능과 관련되므로 motor가 알맞다

4 ⓒ
해설 외국어 공부를 예로 들어, 각 수면 단계에서 학습의 어떤 영역이 처리되는지를 설명하는 내용이다.

5 감정적으로 영향을 받은 기억이 처리된다
해설 that ~ affected는 주어 memories를 수식하는 주격 관계대명사절이며, 동사는 '동작'을 강조한 수동태 get processed이다.

⁴예를 들어, 외국어 공부는 어휘를 배우는 것, 새로운 소리에 대한 청각 기억, 그리고 새로운 단어를 정확하게 말하기 위한 운동 기능을 필요로 한다. ⁵어휘는 이른 밤 꿈을 꾸지 않는 깊은 수면인 '느린 파형 수면' 중에 뇌의 특정 영역에 의해 통합된다. ⁶언어의 운동 기능은 2단계 비렘수면 단계 중에 처리되고, 청각 기억은 모든 단계에 걸쳐 기억된다. ⁷또한, 감정적으로 영향을 받은 기억들은 꿈꾸는 것과 관련이 있는 단계인 렘수면 중에 처리된다. ⁸대체로 낮 동안 더 많이 배울수록, 그날 밤에 더 오래 자야 한다.

6 2

해설 수면 중 뇌가 그날 배운 것을 효율적으로 저장한다는 전문가의 말을 외국어 학습을 예로 들어 수면 단계별 처리되는 정보를 구체적으로 설명하므로 주제문은 문장 2이다.

Stage 3 요약하기

잠을 잘 때, 우리의 뇌는 더 잘 기억될 수 있는 (A) 저장고로 우리가 배운 것을 옮기며, 뇌는 다양한 유형의 학습을 더 잘 기억하고 조직화하기 위해 각 수면 (B) 단계를 사용한다.

함께 풀면 좋은 기출문제

p. 146

1 ①

해석 많은 사람이 수면을 그저 뇌가 멈추고 신체가 쉬는 '가동되지 않는 시간'으로 여긴다. 일, 학교, 가족, 또는 가정의 책임에 부응하기 위해 서두르는 중에, 사람들은 수면을 줄이고, 그것이 문제가 되지 않을 것으로 생각하는데, 왜냐하면 이러한 모든 다른 활동들이 훨씬 더 중요해 보이기 때문이다. 하지만 연구는 수면 중에 수행되는 많은 매우 중요한 과업이 건강을 유지하는 데 도움이 되고 사람들이 가장 좋은 상태에서 기능할 수 있게 한다는 것을 밝힌다. 잠을 자는 동안, 여러분의 뇌는 학습하고 기억과 새로운 통찰을 만드는 데 필요한 경로를 형성하느라 열심히 일하고 있다. 충분한 수면 없이, 여러분은 정신을 집중하고 주의를 기울이거나 빠르게 반응할 수 없다. 수면 부족은 심지어 감정 (조절) 문제를 일으킬 수도 있다. 게다가, 계속되는 수면 부족이 심각한 질병의 발생 위험을 증가시킨다는 것을 점점 더 많은 증거가 보여준다.

어휘 view A as B A를 B로 여기다[간주하다] merely 그저, 단지 down time 가동되지 않는 시간; 한가한[휴식] 시간 shut off 멈추다[서다] in a rush 서둘러 household 가정의; 가정 cut back on ~을 줄이다 carry out ~을 수행하다 enable O to-v O가 v할 수 있게 하다 function 기능(하다) at one's best 가장 좋은 상태에서 insight 통찰(력) lack 부족, 결핍; ~이 없다[부족하다] mood 감정, 기분; 분위기 continuous 계속적인, 지속적인; 반복된[거듭된]

해설 글의 도입부는 많은 사람이 수면을 그저 몸이 쉬는 시간으로 생각해 다른 활동을 위해 수면을 줄이는 것을 문제가 되지 않을 것으로 생각한다는 내용이다. 그런 다음 역접 연결어 But이 이끄는 문장에서 수면이 건강과 기능 발휘에 도움이 된다는 연구 결과를 주제문으로 제시한다. 이어지는 문장들은 모두 이를 뒷받침하는데, 수면 부족이 야기하는 문제점들을 언급하며 수면이 중요한 이유를 설명한다. 따라서 글의 요지로 가장 적절한 것은 ① '수면은 건강 유지와 최상의 기능 발휘에 도움이 된다.'이다.

② 업무량과 수면 시간의 상관관계에 대한 언급은 없음
③ 식단과 뇌 기능 향상에 관한 언급은 없음
④ 불면증이 아닌 수면 부족에 관한 내용임
⑤ 꿈에 관한 내용이 아님

2 ③

해석 잠을 자고 있는 동물이나 사람의 가장 두드러진 특징 중 하나는 그들이 환경의 자극에 정상적으로 반응하지 않는다는 것이다. 만약 당신이 잠을 자고 있는 포유류의 눈꺼풀을 열면, 그 눈은 정상적으로 볼 수 없을 것인데, 즉 그 눈은 기능적으로는 안 보인다. 어떤 시각적 정보는 명백히 눈으로 들어오지만, 그것은 축소되거나 약화되어서 정상적으로 처리되지 않는데, 이는 다른 감각 체계도 마찬가지이다. 자극은 등록되지만 정상적으로 처리되지 않고 개체를 깨우는 데 실패한다. 지각 이탈은 아마도 수면을 보호하는 기능을 제공해서 어떤 저자는 그것을 수면 자체의 정의의 일부로 여기지 않는다. 그러나 수면이 그것(지각 이탈) 없이는 불가능하기 때문에 지각 이탈은 수면의 정의에 필수적인 것으로 보인다. 그럼에도 (인간을 포함한) 많은 동물은 완전한 지각 이탈 없이 수면의 일부 이득을 얻으려고 졸음이라는 중간 상태를 이용한다.

어휘 striking 두드러진, 눈에 띄는; 빼어난 mammal 포유동물 apparently 명백히, 분명히; 듣자[보아] 하니 register 등록하다; 표명하다; 기록부, 명부 fail 실패하다; ~하지 않다; 낙제, 불합격 perceptual 지각의 serve 제공하다; 도움이 되다, 기여하다; 근무하다 count A as B A를 B로 여기다[간주하다] intermediate 중간의; 중급의 state 상태; 국가, 나라; 말하다, 진술하다 derive 얻다, 끌어내다; ~에서 비롯되다, 유래하다[선택지] blind 안 보이는; 눈이 먼, 맹인인; 맹목적인 activate 활성화시키다, 작동시키다

해설 빈칸 문장의 they가 지칭하는 것이 앞 절의 the eyes임을 파악한 뒤 그 눈과 관련된 내용을 추론해야 한다. 빈칸 문장의 앞부분에서 포유류가 자고 있을 때 눈은 정상적으로 보지 못한다고 했고, 대시(—) 이하는 이를 부연 설명하므로 잠을 잘 때 눈이 제 기능을 하지 못한다는 내용이 되어야 한다. 빈칸 뒤에도 시각 정보가 들어오긴 하지만 정상적으로 처리되지 않는 지각 이탈에 대한 설명이 이어지므로, 빈칸에 들어갈 말로 가장 적절한 것은 ③ 'are functionally blind(기능적으로는 안 보인다)'이다.

① 쉽게 회복되다 회복에 대한 언급은 없음
② 훨씬 더 잘 볼 수 있을 것이다
　수면 중에는 눈이 정상적으로 볼 수 없다는 글의 내용과 반대됨
④ 완전히 활성화되다
　수면 중 자극에 반응하지 않는다는 앞의 설명과 반대됨
⑤ 시각 정보를 처리하다 시각 정보는 눈으로 들어오지만 정상적으로 처리되지 않는다는 뒤 내용과 맞지 않음

40　Interesting Habitats

Stage 1　　다의어 **Check**　1 ⓑ　2 ⓐ
　　　　　　INTRO Q ②　**Q** ②

Stage 2　　**1** driftwood　**2** ⓒ　**3** ⓐ　**4** ⓑ

Stage 3　　(A) habitats　(B) organisms

---

1 Did you know // that there is a considerable amount of wood
　당신은 알고 있었는가　　　　　　상당량의 나무가 있다는 것을
(floating in the ocean)?
　바다에 떠다니는

2 It's interesting / to observe // that driftwood [that leaves the land /
　(~은) 흥미롭다　　관찰하는 것은　　유목이　　　육지를 떠나는
in order to start a new life / in the sea] / is unlikely to ever return.
　새로운 삶을 시작하고자　　바다에서　　결코 돌아올 것 같지 않다는 것을

3 However, / being lost at sea / doesn't necessarily mean / the **end**
　그러나　　바다에서 길을 잃는다는 것이　　반드시 의미하지는 않는다　　끝을
(of its adventures).
　그것(유목)의 모험의

4 In fact, / driftwood can stay afloat / in the ocean / for about 17 months,
　사실　　유목은 떠 있을 수 있다　　바다에서　　약 17개월 동안
/ providing **rare** benefits (like food, shade, protection from waves,
　드문 혜택을 제공하면서　　식량, 그늘, 파도로부터의 보호
and a place (to lay eggs)).
　그리고 장소 같은　알을 낳을

5 As a result, / the driftwood becomes a "floating reef" [that can be host to
　결과적으로　　유목은 '떠다니는 암초'가 된다　　　(~의) 수용처가 될 수 있는
/ a variety of marine wildlife, / including wingless water striders].
　다양한 해양 야생동물의　　　날개 없는 소금쟁이를 포함하여

6 These insects lay their eggs / on the floating wood / and are only
　이러한 곤충들은 알을 낳는다　　떠다니는 나무에　　그리고 바다에서
known to inhabit the ocean.
　서식하는 것으로만 알려져 있다

7 Moreover, / more than 100 other species of invertebrates and some
　게다가　　　100종이 넘는 다른 무척추동물과
130 species of fish / are known to thrive / using driftwood.
　130여 종의 어류는　　잘 자라는 것으로 알려져 있다　　유목을 이용해서

전문해석 **1** 바다에 떠다니는 상당량의 나무가 있다는 것을 알고 있었는가? **2** 바다에서 새로운 삶을 시작하고자 육지를 떠나는 유목이 결코 돌아올 것 같지 않다는 점을 관찰하는 것은 흥미롭다. **3** 그러나 바다에서 길을 잃는다는 것이 반드시 유목의 모험의 끝을 의미하지는 않는다. **4** 사실, 유목은 식량, 그늘, 파도로부터의 보호, 알을 낳을 장소와 같은 드문 혜택을 제공하면서 약 17개월 동안 바다에서 떠 있을 수 있다. **5** 결과적으로, 유목은 날개 없는 소금쟁이를 포함하여 다양한 해양 야생동물의 수용처가 될 수 있는 '떠다니는 암초'가 된다. **6** 이러한 곤충들은 떠다니는 나무에 알을 낳으며, 바다에서 서식하는 것으로만 알려져 있다. **7** 게다가 100종이 넘는 다른 무척추동물과 130여 종의 어류는 유목을 이용하여 잘 자라는 것으로 알려져 있다.

Stage 1　정답 찾아가기

INTRO Q ① 해양 생물 ② 유목 ③ 야생종

Q 바다에 떠다니는 나무인 유목(driftwood)에 관한 글이다. 유목이 식량, 그늘, 파도로부터의 보호, 알을 낳을 장소와 같은 드문 혜택을 제공해서 다양한 해양 생물이 유목을 이용하여 잘 자랄 수 있다고 했으므로, 제목으로 가장 적절한 것은 ② 'Driftwood: A Floating Habitat for Marine Life(해양 생물을 위한 떠다니는 서식지인 유목)'이다.

① 유목의 비극적 운명인 바다에서의 길 잃음
　유목의 해양 생태적 이점에 관한 글임
③ 식량 공급자로서 유목의 놀라운 역할 식량 공급은 유목이 제공하는 혜택 중 하나로 언급된 세부 사항에 해당함
④ 유목이 육지로 돌아올 때 무슨 일이 생기는가?
　유목이 육지로 돌아오지 않고 떠다니며 제공하는 혜택에 관한 내용임
⑤ 유목이 해양 서식지 손실에 대한 해법을 제공할 수 있는가? 해양 서식지 손실은 언급되지 않음

Stage 2　한 문장씩 뜯어보기

1 driftwood
해설 밑줄 친 동사 is는 접속사 that이 이끄는 명사절의 동사이다. 명사절의 주어는 주격 관계대명사 that leaves ~ in the sea의 수식을 받는 driftwood이다.

2 ⓒ | 유목은 오랜 시간 동안 바다 여행을 **계속**한다.
ⓐ 계획하다 ⓑ 마치다
해설 육지를 떠나 바다에서 새로운 삶을 시작하는 유목은 다시 돌아올 것 같지 않다는 것을 간단히 표현한 것이다.

3 ⓐ | 유목은 바다 여행에서 몇 가지 **역할**이 있다.
ⓑ 문제 ⓒ 목적지
해설 유목이 바다에 떠다니며 식량, 그늘 등의 드문 혜택을 제공한다는 것을 간단히 표현한 것이다.

4 ⓑ | 많은 바다 동물을 위한 **피난처**
ⓐ 덫 ⓒ 장애물
해설 밑줄 친 a "floating reef"는 다양한 해양 야생동물을 맞이하고 수용처가 될 수 있는 장소를 의미한다.

Stage 3　요약하기
지원과 피난처를 제공하며 바다에 떠다니는 유목은 다양한 해양 (B) 생물을 위한 아주 중요한 (A) 서식지로

함께 풀면 좋은 기출문제

p. 147

1 ④

해석 생태계에 생물이 다양할 때, 야생 생물들은 먹이와 서식지를 얻을 기회가 더 많아진다. 다양한 종들은 자신들의 환경 변화에 다르게 반응하고 대응한다. 예를 들어, 단 한 종류의 식물만 있는 숲을 상상해 봐라. 그 식물은 숲의 먹이 그물 전체의 유일한 먹이원이자 서식지이다. 이제, 갑작스러운 건기가 오고 이 식물이 죽는다. 초식 동물은 자신의 먹이원을 완전히 잃고 멸종되고, 그들을 먹이로 삼는 동물들도 그렇게 된다. 하지만 종 다양성이 있을 때, 갑작스러운 변화의 영향은 그렇게 극적이지 않다. 다양한 종의 식물들이 가뭄에 다르게 대응하고, 많은 식물이 건기에 살아남을 수 있다. 많은 동물은 다양한 먹이원을 가지고 있으며 그저 한 식물에 의존하지는 않는다. 즉 이제 우리의 숲 생태계는 더 이상 종말에 처해 있지 않다!

어휘 sudden 갑작스러운 dramatic 극적인; 인상적인 biodiverse 생물이 다양한 react 반응하다; 반작용하다 food web 먹이 그물 die out 멸종되다, 자취를 감추다 prey upon[on] ~을 먹이로 삼다 drought 가뭄 survive 살아남다, 생존하다; (위기 등을) 견뎌내다, 넘기다 rely on ~에 의존[의지]하다; ~을 믿다[신뢰하다] at the death 종말에 처한

해설 주어진 문장은 종 다양성이 있을 때 갑작스러운 변화의 영향이 그렇게 극적이지 않다는 내용이다. 역접 연결어 But이 이끄는 것으로 보아 그 앞에는 종 다양성이 없을 때의 경우가 서술되고, 그 뒤에는 종 다양성이 있을 때의 극적이지 않은 변화의 영향에 대한 내용이 나와야 한다. ④의 앞 문장은 숲에 단 한 종류의 식물만 있는 경우의 영향을 설명하고, ④의 뒤 문장은 다양한 종의 식물들이 가뭄에 다르게 반응해 살아남는다는 내용이므로 주어진 문장이 들어가기에 가장 적절한 곳은 ④이다.

2 ③

해석 우리의 집은 단순한 생태계가 아니라 독특한 곳이며, 실내 환경에 적응된 종들을 수용하고 새로운 방향으로 진화를 밀어붙인다. 실내 미생물, 곤충, 그리고 쥐는 모두 항균제, 살충제, 독에 대한 내성을 키우면서 우리의 화학적 공격에서 살아남을 수 있는 능력을 발달시켜 왔다. 독일 바퀴벌레는 포도당에 대한 혐오감을 발달시켜 온 것으로 알려져 있는데, 이는 바퀴벌레 덫의 미끼로 흔히 사용된다. 야외에 사는 상대 곤충에 비해 먹이를 잡아먹을 기회가 더 적은 일부 실내 곤충은 먹이가 한정적일 때 생존할 수 있는 능력을 발달시켜 온 것으로 보인다. 던과 다른 생태학자들은 지구가 점점 더 발전되고 도시화되면서, 더 많은 종들이 실내에서 잘 자라기 위해 그들이 필요로 하는 특성들을 진화시킬 것이라고 말해 왔다. 충분히 긴 시간에 걸쳐, 실내 생활은 우리의 진화도 이끌 수 있었다. 아마도 실내 생활을 좋아하는 내 모습은 인류의 미래를 대변할 것이다.

어휘 adapt to A A에 적응하다 evolution 진화; 발전, 진전 cf. evolve 발달시키다; 진화하다 microbe 미생물 chemical 화학적인; 화학의; 화학 물질 resistance 내성; 저항[반대]; 저항력 antibacterial 항균제; 항균성의 insecticide 살충제 cockroach 바퀴벌레 distaste 혐오감, 불쾌감 counterpart 상대, 대응물 drive 이끌다; 운전하다; 태워다 주다 indoorsy 실내 생활을 좋아하는 represent 대변[변호]하다; 대표하다; 나타내다 [선택지] extinct 멸종된; 사라진; 활동을 멈춘 trait (성격상의) 특성 boundary 경계(선)

해설 빈칸 문장으로 보아 지구가 더 발전되고 도시화되면서, 더 많은 종들이 '어떻게' 될지를 추론해야 한다. 도입부에서 우리의 집이 실내 환경에 적응된 종들을 새로운 방향으로 진화시킨다고 한 뒤, 그 종들이 집에서 쓰는 화학 물질에 내성을 키우고 먹이가 한정적일 때 살아남을 수 있는 능력을 발달시켰다고 구체적으로 설명하고 있다. 이는 종들이 실내 생활에 적합하도록 진화해 왔다는 것이므로, 빈칸에 들어갈 말로 가장 적절한 것은 ③ 'evolve the traits they need to thrive indoors(실내에서 잘 자라기 위해 그들이 필요로 하는 특성들을 진화시킨다)'이다.

① 자신을 보호하기 위해 화학 물질을 생산하다
  화학 물질을 생산하는 것이 아니라 화학 물질에 대한 내성을 키운다고 했음
② 서식지가 파괴되면서 멸종되다
  서식지 파괴는 언급되지 않았으며 멸종이 아닌 진화를 다루는 글임
④ 먹이를 찾기 위해 외부 생물들과 경쟁하다
  외부 생물과 경쟁한다는 언급은 없음
⑤ 야생동물과 인간 사이의 경계를 허물다
  야생동물에 대한 언급은 없으며 인간과의 경계 또한 언급되지 않음

41　Microbes

Stage 1	다의어 Check 1 ⓑ
	INTRO Q ②　Q ①
Stage 2	1 ⓑ　2 문장 4 해석 참고　3 ⓒ　4 ⓐ　5 (a): X, terrifying (b): O　6 disappeared
	7 ⓒ　8 9
Stage 3	(A) infect　(B) helps

[1]**Microorganisms, / also known as microbes, / such as bacteria**
　미생물은　　　　　　　microbes로도 알려진　　　　　　박테리아와

and viruses, / clearly are not able to think.
　바이러스 같은　　　　분명 생각하지 못한다

[2]**They don't have brains.**
　그들(미생물)은 뇌가 없다

[3]**They don't know / what they do to you, // just like you don't care /**
　그들(미생물)은 모른다　자신이 인간에게 무슨 짓을 하는지　인간이 신경 쓰지 않는 것처럼

about the millions of them [you kill during a shower].
　수백만 마리의 그들(미생물)에 대해　　인간이 샤워 중에 죽이는

[4]**The only time [your continuing well-being matters to them] /**
　유일한 때는　　　　인간의 지속적인 안녕이 그들(미생물)에게 문제되는

is when they kill you too well.
　그들(미생물)이 인간을 너무 잘 죽일 때이다

[5]**If they eliminate you / before they can spread, //**
　만약 그들(미생물)이 인간을 죽인다면　그들(미생물)이 퍼질 수 있기 전에

then they may well die out themselves.
　그러면 그들(미생물)은 아마 스스로 멸종될 것이다

[6]**This / in fact / sometimes happens.**
　이런 일은　　사실　　때때로 발생한다

[7]**History, / as Jared Diamond notes, / is full of diseases**
　역사는　　재러드 다이아몬드가 언급하는 것처럼　질병으로 가득 차 있다

[that "once caused terrifying epidemics / and then disappeared
　'한때 무서운 전염병을 일으킨　　　　그다음 수수께끼같이 사라진

as mysteriously // as they had come."]
　생겨났던 것만큼'

[8]**He cites / the dangerous but short-lived English sweating sickness,**
　그는 예로 든다　　　　위험하지만 짧게 지속된 영국의 발한병을

// which continued from 1485 to 1552, / killing tens of thousands,
　그리고 그것은 1485년부터 1552년까지 계속되었다　　수만 명을 죽이며

/ before burning itself out.
　스스로 소멸하기 전에

[9]**Too much efficiency is not a good thing / for any infectious organism.**
　과도한 효율성은 좋지 않은 것이다　　　어떤 감염성 미생물에도

전문해석 [1]microbes로도 알려진, 박테리아와 바이러스 같은 미생물(microorganisms)은 분명 생각하지 못한다. [2]미생물은 뇌가 없다. [3]인간이 샤워 중에 죽이는 수백만 마리의 미

Stage 1　정답 찾아가기

Q 빈칸 문장으로 보아, 감염성 미생물에게 '무엇'이 좋지 않은지를 추론해야 한다. 미생물이 인간을 너무 잘 죽이면 다른 인간에게 퍼지기도 전에 인간이 죽어버림으로써 미생물 스스로 멸종될 것이라고 했다. 이를 통해 전염병을 옮기는 미생물이 사람에게 너무 치명적이면 미생물도 같이 소멸된다는 것을 알 수 있으므로 빈칸에 들어갈 말로 가장 적절한 것은 ① 'Too much efficiency(과도한 효율성)'이다.

② 바이러스의 점진적 확산
③ 높은 청결 기준
④ 지나친 다양성　확산 속도, 청결 기준, 다양성은 언급되지 않음
⑤ 하루에 여러 번 샤워하기　샤워 중에 수백만 마리의 미생물이 죽는다는 내용은 도입부의 세부 사항에 해당함

Stage 2　한 문장씩 뜯어보기

1 ⓑ | 미생물은 자기 행동에 대한 어떤 의식 없이 기능한다.
ⓐ 가치 ⓒ 개입
해설 미생물은 생각하지 못하고 자신이 인간에게 무슨 짓을 하는지 모른다는 말을 바꿔 표현한 것이다.

2 문장 4 해석 참고
해설 your continuing ~ to them은 관계부사 when이 생략된 관계사절로 선행사 The only time을 수식한다. 동사 is 뒤의 when이 이끄는 명사절은 보어로 쓰였다.

3 ⓒ | 그것은 ~ 때문이다　ⓐ 마찬가지로 ⓑ 한편
해설 미생물이 퍼지기도 전에 인간을 죽이면 미생물은 멸종될 것이라는 내용으로, 문장 4에서 말하는 인간의 지속적인 안녕이 미생물에게 문제되는 '원인'을 설명한다.

4 ⓐ | 인간의 건강은 인간을 죽이는 것이 미생물 자신의 생존을 위태롭게 할 때만 미생물에게 중요하다. ⓑ 추구하다 ⓒ 보장하다
해설 미생물이 인간을 너무 잘 죽이면 멸종될 거라고 했으므로 생존이 위태로울 때만 인간의 건강에 신경을 쓸 것이다.

5 (a): X, terrifying (b): O
해설 (a) 수식받는 명사 epidemics가 감정을 불러일으키는 것이므로 현재분사 terrifying으로 써야 한다.
(b) as를 제외하면 mysteriously는 동사 disappeared를 수식하므로 부사가 알맞게 쓰였다.

6 disappeared
해설 병이 없어졌다는 뜻이므로 문장 7의 disappeared의 의미와 같다.

생물을 신경 쓰지 않는 것처럼, 미생물은 자신이 인간에게 무슨 짓을 하는지 모른다. **⁴**인간의 지속적인 안녕이 미생물에게 문제가 되는 유일한 때는 미생물이 인간을 너무 잘 죽일 때이다. **⁵**만약 미생물이 퍼질 수 있기 전에 인간을 죽인다면, 미생물은 아마 스스로 멸종될 것이다. **⁶**사실 이런 일은 때때로 발생한다. **⁷**재러드 다이아몬드가 언급하는 것처럼, 역사는 '한때 무서운 전염병을 일으킨 다음 생겨났던 것만큼 수수께끼같이 사라진' 질병으로 가득 차 있다. **⁸**그는 위험하지만 짧게 지속된 영국의 발한병을 예로 드는데, 그것은 스스로 소멸하기 전에 수만 명을 죽이며 1485년부터 1552년까지 계속되었다. **⁹**과도한 효율성은 어떤 감염성 미생물에도 좋지 않다.

7 ⓒ | 사람들을 너무 빨리 죽이는 것 ⓐ 뇌가 없는 것 ⓑ 스스로 멸종되는 것

해설 미생물이 확산되기도 전에 인간을 빠르게 죽이는 높은 효율성을 의미한다.

8 9

해설 도입에서 미생물의 특성을 설명하고, 미생물이 빠르게 인간을 죽이면 스스로 멸종한다고 언급한 뒤 영국의 발한병을 예로 들었다. 이를 요약하며 글을 마무리하는 문장 9가 주제문이다.

Stage 3 요약하기

박테리아와 바이러스 같은 미생물은 인간을 (A) 감염시키지만, 그들이 생존하고 확산하는 데 (B) 도움이 되는 정도로만 우리에게 영향을 주는 것이 그들에게 좋다.

해설 (B) that절의 주어 this에 맞춰 단수동사 helps로 변형한다.

함께 풀면 좋은 기출문제

p. 148

1 ②

해석 왜 쓰레기는 인간 체계에는 존재하지만 자연에서는 더 널리 존재하지 않을까? (B) 자연은 모든 체계의 산출물이 다른 체계에 유용한 투입물이 되는 체계의 아름다운 조화이다. 나무에서 떨어지는 도토리는 그것을 먹는 다람쥐에게 중요한 투입물이다. 그 맛있는 식사의 부산물인 다람쥐 배설물은 그것(배설물)을 섭취하는 미생물에게 중요한 투입물이다. (A) 미생물의 산출물인 비옥한 부엽토와 토양은 결국 그로부터 새로운 참나무가 자랄 수 있는 바로 그 물질이다. 심지어 다람쥐가 내쉬는 이산화탄소는 그 나무가 들이쉴 수도 있는 것이다. (C) 이러한 순환은 생명이 수백만 년 동안 우리 지구에서 번성해 온 근본적인 이유이다. 그것은 자신의 꼬리를 먹는 뱀 또는 용을 그린 고대 상징물인 우로보로스와 같은데, 어떤 면에서 자연은 진정 스스로를 소비하는 끊임없는 순환이다.

해설 주어진 글은 인간 체계에는 존재하는 쓰레기가 왜 자연에서는 더 널리 존재하지 않는지 질문을 던지고, (B)는 모든 체계의 산출물이 다른 체계의 유용한 투입물이 되는 자연의 조화를 예와 함께 설명하며 질문의 답을 하고 있으므로 주어진 글 바로 뒤에 와야 한다. (B)의 마지막에서 미생물의 투입물을 언급한 뒤에는 그것의 산출물을 설명하며 나무-다람쥐-미생물-나무의 순환 관계를 완성하는 (A)가 이어지는 것이 알맞다. 이를 (C)에서 This cycle로 받아 이 순환이 생명이 번성할 수 있는 근본적인 이유라고 결론짓는 흐름이 가장 자연스럽다. 따라서 글의 순서로 가장 적절한 것은 ② (B)-(A)-(C)이다.

어휘 output 산출물; 생산 *cf.* input 투입(물); 조언 humus 부엽토 ((미생물에 의해 분해, 부패되어 생긴 흙)) in turn 결국; 차례차례 acorn 도토리 by-product 부산물 poop 배설물

2 ④

해석 건강과 질병의 확산은 우리가 어떻게 사는지와 우리의 도시가 어떻게 운영되는지와 매우 밀접하게 연관되어 있다. 좋은 소식은 도시가 믿을 수 없을 정도로 회복력이 있다는 것이다. 많은 도시는 과거에 전염병을 경험한 적이 있고 살아남았을 뿐만 아니라, 발전했다. 19세기와 20세기 초 유럽 도시들에서 콜레라, 장티푸스, 독감의 파괴적인 발생을 목격했다. 영국의 존 스노와 독일의 루돌프 피르호와 같은 의사들은 열악한 생활환경, 인구 과밀, 위생과 질병 사이의 연관성을 알게 되었다. 이 연관성에 대한 인식은 전염병의 확산을 막기 위한 도시 재계획과 재건축으로 이어졌다. (재건 노력에도 불구하고 도시는 많은 지역에서 쇠퇴하였고 많은 사람이 떠나기 시작했다.) 19세기 중반에, 오늘날에도 여전히 사용되고 있는 런던의 선구적인 하수 처리 시스템은 콜레라의 확산을 막는 데 깨끗한 물의 중요성을 이해한 결과로 만들어졌다.

해설 질병의 확산을 막기 위한 노력으로 도시가 발전하게 되었다는 내용의 글이다. ① 이후는 유럽 도시들을 예로 들며 전염병이 발생했을 때 이를 막기 위해 어떤 노력을 했는지를 설명한다. 그런데 ④는 도시의 재건 노력에도 불구하고 많은 사람이 도시를 떠나 쇠퇴하게 되었다는 내용으로 도시 발전의 내용과 반대되므로 글의 흐름과 무관하다.

어휘 incredibly 믿을 수 없을 정도로 outbreak 발생, 발발 typhoid 장티푸스 influenza 독감, 인플루엔자 overcrowding 과밀, 혼잡 sanitation 위생 (시설) pioneering 선구[개척]적인 serve 사용되다; 제공하다; 기여하다

42　Iconic Landmarks

Stage 1　　다의어 Check **1** ⓑ　**2** ⓐ
　　　　　　　INTRO Q 1 ②　**2** (1) (A)　(2) (C)　(3) (B)　**Q** ④

Stage 2　　**1** 그는 최근에 막을 내린 파리 박람회를 완전히 능가할 정도로 아주 굉장한 행사를 꿈꿨다.
　　　　　　　2 the spectacular tower　**3** (a): X, Built　(b): O

Stage 3　　(A) structure　(B) wish　(C) marvelous

---

[1]Planning (for Chicago's Columbian Expo) / was well under way, //
계획은　　　시카고의 콜롬비아 박람회를 위한　　　잘 진행되고 있었다

but the man in **charge**, / architect Daniel Burnham, / was less than satisfied.
그러나 **담당**하는 사람이었던　　　건축가 다니엘 번햄은　　　조금도 만족스럽지 못했다

(C) [2]He dreamed of an event so amazing // it would utterly surpass /
그는 아주 굉장한 행사를 꿈꿨다　　　완전히 능가할 정도로

the recently concluded Paris Exposition.
최근에 막을 내린 파리 박람회를

[3]But the Chicago fair had nothing to compare / with the spectacular tower
그러나 시카고 박람회는 비교할 것이 아무것도 없었다　　　장관을 이루는 탑과

(designed by Gustave Eiffel) [that impressed visitors to the Paris show].
구스타브 에펠이 디자인한　　　파리 박람회의 방문객들에게 깊은 인상을 남긴

(A) [4]Burnham made a request for something great, / with that dream
번햄은 무언가 굉장한 것을 요청했다　　　그 꿈을 마음에 품고

in mind.

[5]Various grand towers were suggested, / including one (two miles
다양한 웅장한 탑들이 제안되었다　　　한 탑을 포함하여　　2마일 높이의

high), / and another (made of logs).
그리고 또 다른 탑　　통나무로 만든

[6]But Burnham **turned down** all the proposals; // he was looking for
그러나 번햄은 그 모든 제안을 **거절했다**　　　그는 완전히 색다른 것을

something completely different.
찾고 있었기 때문이다

(B) [7]That's // when an engineer (from Pittsburgh) / had an idea.
그때가 ~이다　　한 기술자가　　피츠버그에서 온　　아이디어를 떠올렸던 (때이다)

[8]He would build a giant wheel [that could lift passengers /
그는 거대한 바퀴를 만들 것이었다　　　탑승객들을 들어 올릴 수 있는

hundreds of feet into the sky].
수백 피트 상공으로

[9]Built in less than six months, / this breathtakingly enormous wheel
6개월도 안 되어 지어진　　　이 숨 막힐 정도로 거대한 바퀴는

could carry / more than two thousand passengers / at a time.
태울 수 있었다　　　2,000명이 넘는 탑승객을　　　한 번에

[10]The Ferris wheel has been with us / ever since.
대관람차는 우리와 함께해 오고 있다　　　그 이후로

Stage 1　정답 찾아가기

Q 시카고의 콜롬비아 박람회 준비 단계에서 담당자가 만족하지 못했다는 주어진 글 뒤에는 그 이유를 설명하는 (C)가 와야 한다. 그다음에는 (C)의 담당자가 파리 박람회를 능가할 정도의 행사를 꿈꾼 것을 that dream으로 받아 불만을 해결하기 위해 아이디어를 제안받았지만 모두 거절했다는 (A)가 이어지는 것이 적절하다. (B)는 그때 한 기술자가 떠올린 아이디어로 대관람차가 만들어졌다는 문제의 해결을 이야기하므로 마지막에 오는 것이 자연스럽다. 따라서 글의 순서로 가장 적절한 것은 ④ (C)-(A)-(B)이다.

Stage 2　한 문장씩 뜯어보기

1 그는 최근에 막을 내린 파리 박람회를 완전히 능가할 정도로 아주 굉장한 행사를 꿈꿨다.
해설 결과를 나타내는 표현 <so+형용사+a/an 명사 ~ (that) …>는 '아주 ~해서 …한; …할 정도로 ~한'을 의미한다. 문장 2는 이 구문의 변형으로 수식어구 so amazing이 명사 an event를 뒤에서 수식하고 있으며, amazing과 it 사이에는 접속사 that이 생략되었다.

2 the spectacular tower | 장관을 이루는 탑
해설 선행사 the spectacular tower와 이를 수식하는 관계사절(that impressed ~ Paris show) 사이에 수식어구(designed by Gustave Eiffel)가 있어 선행사와 관계사절이 떨어져 있는 구조이다.

3 (a): X, Built　(b): O
해설 (a) 분사의 의미상 주어 this breathtakingly enormous wheel과 build(짓다)는 수동 관계이므로 과거분사 built로 고친다.
(b) 부사 breathtakingly는 뒤의 형용사 enormous를 수식하므로 알맞게 쓰였다. 부사는 동사, 형용사, 다른 부사, 어구, 문장 전체를 수식할 수 있다.

Stage 3　요약하기

시카고 콜롬비아 박람회의 거대한 (A) 구조물인 상징적인 대관람차는 건축가 다니엘 번햄의 (B) 바람 덕분에 개발되었는데, 그는 독특하고 (C) 놀라운 행사를 목표로 했다.
• iconic 상징적인, 우상의　marvelous 놀라운, 굉장한

전문해석 [1]시카고의 콜롬비아 박람회를 위한 계획은 잘 진행되고 있었지만, 담당자였던 건축가 다니엘 번햄은 조금도 만족스럽지 못했다. (C) [2]그는 최근에 막을 내린 파리 박람회를 완전히 능가할 정도로 아주 굉장한 행사를 꿈꿨다. [3]그러나 시카고 박람회는 파리 박람회의 방문객들에게 깊은 인상을 남긴 구스타브 에펠이 디자인한 장관을 이루는 탑과 비교할 것이 아무것도 없었다. (A) [4]번햄은 그 꿈을 마음에 품고 무언가 굉장한 것을 요청했다. [5]2마일 높이의 탑과 통나무로 만든 또 다른 탑을 포함해 다양한 웅장한 탑들이 제안되었다. [6]그러나 번햄은 그 모든 제안을 거절했는데, 그는 완전히 색다른 것을 찾고 있었기 때문이다. (B) [7]그때 피츠버그에서 온 한 기술자가 아이디어를 떠올렸다. [8]그는 탑승객들을 수백 피트 상공으로 들어 올릴 수 있는 거대한 바퀴를 만들 것이었다. [9]6개월도 안 되어 지어진 이 숨 막힐 정도로 거대한 바퀴는 한 번에 2,000명이 넘는 탑승객을 태울 수 있었다. [10]대관람차는 그 이후로 우리와 함께해 오고 있다.

1 ③

해석 19세기 말이 되면서 새로운 건축학적 사고방식이 나타났다. 그 주장에 따르면, 산업 건축은 추하고 비인간적이며, 과거의 스타일은 사람들이 자신의 집에서 필요했던 것보다는 허세와 더욱 관련이 있었다. (B) 이러한 접근 대신에, 평범한 시골 건축업자들이 과거에 일했던 방식을 살펴보는 것은 어떠한가? 그들은 도구와 재료 둘 다에 숙달한 기술을 보이며, 세대를 거쳐 공예 기술을 발전시켰다. (C) 그 재료는 그 지역의 것이었고 단순하게 사용되었는데, 이러한 방식으로 건축된 집들은 실내가 평범한 나무 바닥과 회반죽을 칠한 벽으로 되어 있었다. (A) 그런데도 그것들은 사람들의 필요를 완벽하게 충족시켰고, 가장 잘 된 경우에는, 장인의 솜씨와 그 집이 그 지역에 뿌리내리고 있는 것에서 비롯된 아름다움을 갖추고 있었다.

어휘 attitude 사고방식, 태도[자세]   emerge 나타나다; 알려지다   argument 주장, 논거; 논쟁   inhuman 비인간적인, 인간미 없는; 잔혹한   have to do with ~와 관련이 있다   supply 충족시키다; 공급[제공]하다; 보충하다   craftsman 장인 *cf.* craft (수)공예; 기술, 기교   rootedness 뿌리내림   locality 지역; 인근   approach 접근(법); 다가가다[오다]   ordinary 평범한; 보통의, 일상적인   country 시골; 국가; 지역   demonstrate 보여주다; 입증하다   mastery 숙달한 기술; 숙달, 통달   plain 평범한, 보통의; 분명한; 평원   whitewashed 회반죽을 칠한, 희게 칠한

해설 주어진 글은 과거의 산업 건축이 사람들의 필요보다는 허세와 더욱 관련이 있었다는 내용이다. 이 건축 방식을 these approaches로 받아 그 대신 평범한 시골 건축업자들의 방식을 살펴볼 것을 제안하는 (B)가 주어진 글 뒤에 이어지는 것이 적절하다. 이후에는 (B)의 마지막 문장에서 언급된 시골 건축업자들이 숙달했던 재료를 Those materials로 받아 그것들이 단순하게 사용되었다고 설명하는 (C)가 와야 하며, 이를 But으로 연결하여 그런데도 그 재료들(they)은 사람들의 필요를 완벽하게 충족시켰다고 내용을 전환하는 (A)가 마지막에 오는 것이 자연스럽다. 따라서 글의 순서로 가장 적절한 것은 ③ (B)-(C)-(A)이다.

2 ②

해석 몇 년 전 워싱턴 디시에서 있었던 전국 단어 철자 맞히기 대회에서, 한 13세 소년이 '듣는 것은 무엇이든 되풀이하는 경향'을 의미하는 단어인 echolalia의 철자를 말하도록 요구받았다. 그는 그 단어의 철자를 잘못 말했지만 심사위원은 잘못 듣고 철자를 맞혔다고 말했고 그가 (다음 단계로) 진출하도록 했다. 그 소년은 자신이 단어의 철자를 잘못 말했다는 것을 알았을 때, 심사위원에게 가서 말했다. 그래서 그는 결국 대회에서 탈락했다. 다음 날 신문 기사 헤드라인에서 그 정직한 소년을 '단어 철자 맞히기 대회 영웅'이라고 칭했고, 그의 사진이 <뉴욕 타임즈>에 실렸다. "심사위원은 제가 아주 정직하다고 말했어요"라고 그 소년은 기자들에게 말했다. 그는 "거짓말쟁이처럼 느끼고 싶지 않았다"라고 자신의 동기를 덧붙였다.

어휘 misspell ~의 철자를 잘못 말하다[쓰다]   judge 심사위원, 심판; 판사; 판단하다[여기다]   mishear 잘못 듣다[알아듣다]   advance (경기 등에서 다음 단계로) 진출하다; 다가가다; 전진   eliminate (시합 등에서) 탈락시키다; 없애다, 제거하다   call ~라고 칭하다[부르다]; ~라고 (묘사)하다; 전화   appear (신문, 잡지 등에) 실리다; ~인 것 같다; 나타나다   motive 동기, 이유; 원동력이 되는

해설 '배경-문제 제시-해결'의 시간 순서로 전개되는 이야기 글이다. 주어진 문장은 소년이 철자를 잘못 말했음을 알고 심사위원에게 사실을 말했다는 내용이다. 따라서 그 앞에는 소년이 철자를 잘못 말했지만 심사위원이 알아차리지 못했다는 내용이 오고, 뒤에는 심사위원에게 사실을 말하고 난 뒤의 결과가 오는 것이 자연스럽다. ②의 뒤 문장은 소년이 결국 대회에서 탈락했다는 내용이므로 주어진 문장에 대한 결과에 해당한다. 따라서 주어진 문장이 들어가기에 가장 적절한 곳은 ②이다.

43　Strategies of Plants

Stage 1　　다의어 **Check** 1 ⓑ
　　　　　　Q ⑤　**OUTRO Q** ①

Stage 2　　**1** ⓑ　**2** O　**3** ⓐ　**4** ⓒ　**5** The greener and (the) more sour the young strawberry, the fewer the birds　**6** 1

Stage 3　　(A) transformation　(B) mature　(C) reproduction

---

1 Plants spread their offspring / to areas [where they can grow /
　식물은 자손을 퍼뜨린다　　　지역으로　　그들(식물)이 잘 자랄 수 있는
and pass on their genes], // so they somehow hitchhike.
그리고 자신의 유전자를 전달할 수 있는　　그래서 그들(식물)은 어떻게든 히치하이크한다

2 Consider wild strawberries.
야생 딸기를 생각해 보자

3 When strawberry seeds are still young / and not yet ready to be planted,
　딸기 씨앗이 아직 익지 않았을 때　　　　　그리고 아직 심어질 준비가 되지 않았을 때
// the surrounding fruit is green, sour, and hard.
주위의 열매는 푸르며 시고 단단하다

4 When the seeds finally mature, // the berries turn red, sweet, and tender.
씨앗이 마침내 다 자라면　　　　　열매는 빨갛고 달고 부드러워진다

5 The change in the berries' color **serves** / as a signal (attracting birds /
열매 색깔의 변화는 **역할을 한다**　　　신호로서　　　새를 끌어들이는
to eat the berries and fly off, / eventually to spit out the seeds).
열매를 먹고 날아가도록　　　그리고 결국 씨앗을 뱉어내도록

6 Obviously, / strawberry plants didn't intend to attract birds // when, /
분명히　　　딸기나무는 새를 끌어들이려고 의도하지 않았다　　　　~할 때
and only when, / their seeds were ready to be spread.
그리고 그때만　　　씨앗이 퍼질 준비가 되었을 (때)

7 Instead, / strawberry plants evolved / through natural selection.
대신　　　딸기나무는 진화했다　　　자연선택을 통해

8 The greener and more sour the young strawberry, / the fewer the birds
익지 않은 딸기가 더 푸르고 더 신맛이 날수록　　　새가 더 적었다
[that destroyed the seeds / by eating berries / before the seeds were
씨앗을 파괴한　　　열매를 먹어서　　씨앗이 준비되기 전에
ready]; // the sweeter and redder the final strawberry, /
그리고 최종 딸기가 더 달고 더 붉을수록
the more numerous the birds [that spread its mature seeds].
새가 더 많았다　　　　다 자란 씨앗을 퍼뜨린

전문해석 **1**식물은 자신이 잘 자랄 수 있고 자신의 유전자를 전달할 수 있는 지역으로 자손을 퍼뜨려서 어떻게든 히치하이크한다. **2**야생 딸기를 생각해 보자. **3**딸기 씨앗이 아직 익지 않고 심을 준비가 되지 않았을 때, 주위의 열매는 푸르며 시고 단단하다. **4**씨앗이 마침내 다 자라면 열매는 빨갛고 달고 부드러워진다. **5**열매 색깔의 변화는 새가 열매를 먹고 날아가, 결국 씨앗을 뱉어내도록 끌어들이는 신호의 역할을 한다. **6**분명히, 딸기나무는 씨앗이 퍼질 준비가 되었을 때만 새를 끌어들이려고 의도하지 않았다. **7**대신, 딸기나무는 자연선택을 통해 진화했다. **8**익지 않은 딸기가 더 푸르고 더 신맛이 날수록 씨앗이 다 자라기 전에 열매를 먹어 씨앗을 파괴한 새가 더 적었으며, 다 익은 딸기가 더 달고 더 붉을수록 다

Stage **1**　정답 찾아가기

Q 주어진 문장은 딸기가 '무엇' 대신 자연선택을 통해 진화했다는 내용이다. ⑤ 앞 문장은 딸기 씨앗이 퍼질 준비가 되었을 때만 새를 끌어들이려고 의도하지는 않았다는 내용이고, ⑤ 뒤는 딸기가 진화한 방식, 즉 씨앗을 퍼뜨리는 데 유리한 형질(익지 않았을 때는 더 푸르고 신맛이 나고, 익으면 더 달고 붉어짐)의 딸기가 번식에 더 많이 성공한 것에 대해 설명하고 있으므로 흐름이 끊어진다. 이곳에 주어진 문장을 넣어보면 ⑤ 뒤의 내용은 주어진 문장의 '자연선택'에 대한 구체적 설명임을 알 수 있으므로 주어진 문장이 들어가기에 가장 적절한 곳은 ⑤이다.

Stage **2**　한 문장씩 뜯어보기

1 ⓑ | 식물은 다른 것들에 의존한다
　ⓐ식물은 쉽게 자란다 ⓒ식물은 힘든 시간을 보낸다
해설 남의 차를 얻어 타는 것을 뜻하는 히치하이크는 식물이 잘 자라고 유전자를 전달할 수 있는 지역으로 자손을 퍼뜨리기 위해 자신이 아닌 다른 것에 의존한다는 의미이다.

2 O
해설 밑줄 친 attracting은 앞의 명사 signal을 수식하며, signal(신호)과 attract(끌어들이다)는 능동 관계이므로 현재분사 attracting이 알맞게 쓰였다.

3 ⓐ | 씨앗을 퍼뜨리고자, 딸기는 새를 끌어들이는 데 **다 익은 열매를 이용한다.** ⓑ씨앗 색깔 ⓒ달콤한 씨앗
해설 씨앗이 다 자라면 열매가 빨갛고 달고 부드러워지는데, 이렇게 다 익은 열매로 새를 끌어들인다.

4 ⓒ
해설 딸기나무가 씨앗을 퍼뜨린 것에는 딸기나무의 의도가 아닌 자연선택이 작용했다는 내용이다.

5 The greener and (the) more sour the young strawberry, the fewer the birds
해설 '~하면 할수록, 더욱 …하다'라는 의미의 <the+비교급 ~, the+비교급 …> 구문에서 be동사가 생략된 구조로 쓴다. 이때 more 앞의 the는 앞에 반복되어 생략 가능하다.

6 1
해설 문장 1은 식물이 잘 자랄 수 있고 유전자를 전달할 수 있는 곳으로 자손을 퍼뜨리기 위해 히치하이

자란 씨앗을 퍼뜨린 새가 더 많았다.

크한다는 내용이다. 이어지는 내용은 야생 딸기를 예로 들어 이를 구체적으로 설명하고 있으므로, 문장 1이 주제문이다.

딸기나무는 (B) 다 자란 씨앗의 확산을 위해 열매의 (A) 변화를 새들에게 보내는 신호로 활용하도록 진화했고, 이는 자손의 (C) 번식을 보장한다. • reproduction 번식; 복사, 복제 maintenance 유지, 지속

함께 풀면 좋은 기출문제
p. 150

1 ③

해석 식물은 자연의 연금술사들인데, 그것들은 물, 토양, 그리고 햇빛을 다수의 귀한 물질들로 바꾸는 데 전문적이다. 이 물질들 중 상당수는 인간이 상상할 수 있는 능력을 넘어선다. 우리가 의식을 완성해 가고 두 발로 걷는 것을 배우는 동안 식물은 동일한 자연선택 과정에 의해 광합성(햇빛을 식량으로 전환하는 놀라운 비결)을 발명하고 유기 화학을 완성하고 있었다. 밝혀진 것처럼, 화학과 물리학에서 식물이 발견한 것 중 상당수가 우리에게 상당히 도움이 되어 왔다. 영양분을 공급하고, 치료하고, 감각을 즐겁게 하는 화합물들이 식물에서 나온다.
왜 그것들은 이 모든 수고를 할까? 왜 식물은 그렇게나 많은 복합 분자들의 제조법을 고안해 내고 그런 다음에 그것들을 제조하는 데 필요한 에너지를 쏟는 것에 애를 써야만 할까? 식물은 움직일 수 없고, 이것은 자신들을 먹이로 하는 생물체로부터 도망갈 수 없다는 것을 의미한다. 치명적인 독, 역겨운 맛, 포식자의 정신을 혼란스럽게 하는 독소와 같이 식물이 생산해 내는 아주 많은 화학 물질들은 다른 생물체가 식물을 내버려 두도록 강제하려고 자연선택에 의해 고안되었다. 식물은 또한 위치를 바꿀 수 없으며, 도움 없이 자신의 번식 범위를 확장할 수 없다. 식물이 만드는 상당수의 다른 물질들은 다른 생물체의 욕구를 자극하고 충족시킴으로써 그것을 식물 쪽으로 끌어당긴다. 바로 식물의 부동성이라는 이러한 사실이 식물이 화학 물질을 만들도록 한다.

어휘 alchemist 연금술사 an array of 다수의; 다양한 substance 물질; 실체; 본질 conceive 상상하다; 임신하다 perfect 완성하다; 완벽하게 하다; 완벽한 convert 전환하다; 개종하다 turn out 밝혀지다; 모습을 드러내다; 되다[되어 가다] nourish 영양분을 공급하다; (생각을) 키우다 compel O to-v O가 v하도록 강제[강요]하다 draw 끌어당기다[뽑아내다]; 그리다 stir 자극하다; 젓다; 유발하다 gratify 충족[만족]시키다; 기쁘게 하다 immobility 부동성; 부동 (상태), 고정

해설 식물은 자연의 연금술사라고 한 뒤, 식물이 화학 물질을 만들어 내는 이유를 묻는 말에 대해 식물은 움직일 수 없어 포식자를 피하거나 번식을 위해 다른 생물체를 끌어당기려고 화학 물질을 만드는 것이라고 설명하는 글이다. 따라서 글의 제목으로 가장 적절한 것은 ③ 'How Plants Became Nature's Chemical Producers (식물은 어떻게 자연의 화학 물질 생산자가 되었는가)'이다.

① 식물이 생존하는 데 광합성이 필요한 이유
  광합성은 식물이 자연의 연금술사임을 설명하기 위해 언급된 세부 사항임
② 새로운 화학 물질로 원치 않는 식물을 관리하라
  식물 관리는 언급되지 않음
④ 식물에 적응은 필수가 아니라 선택이다
  식물이 환경에 적응한 자연선택 과정을 다루고 있으나 적응이 선택이라는 언급은 없음
⑤ 식물과 동물 사이의 끊임없는 생존 게임
  식물의 생존에 초점을 둔 글임

2 ④

해석 할 수 없는 것을 말할 때마다, 할 수 있는 것을 말하라. 이것은 긍정적인 어조로 문장을 끝내고 누군가가 이의를 제기하도록 하는 경향을 훨씬 더 낮춘다. 한 동료가 여러분에게 다가와서 내일 있을 회의 전에 일부 수치를 검토해달라고 요청하는 상황을 생각해 보자. 여러분은 그저 '안 돼요, 지금은 이 일을 처리할 수 없어요.'라고 말한다. 그러면 이것은 그들에게 여러분의 조언이 얼마나 중요한지를 주장하게 만들 수도 있어서, 여러분이 그 요청을 받아들일 수밖에 없도록 압박을 증가시킨다. 그 대신, '저는 지금 그 일을 처리할 수 없지만 제가 브라이언에게 당신을 도와주라고 부탁할 수는 있어요. 그러면 그가 그 수치를 설명해 줄 수 있을 것 같아요.'라고 그들에게 말해보라. 혹은, '저는 지금 그 일을 처리할 수 없지만 제 일이 끝나면 약 30분 내외로 당신을 찾아갈게요.'라고 말해보라. 이런 형태의 대답들 중 어느 것이든 부정적인 어조로 그 상황을 끝내는 것보다 더 낫다.

어휘 deal with (문제 등을) 처리하다; ~을 다루다 give a hand 도와주다, 거들다 note 어조; 메모; ~에 주목[주의]하다 tendency 경향 challenge 이의를 제기하다[도전하다]; 도전 figure 수치; 인물; 중요하다 insist 주장하다, 고집하다 input 조언(의 제공); 투입; 입력 give in 받아들이다[동의하다]; 굴복하다, 항복하다

해설 주어진 문장은 앞 문장에서 언급되었을 어떤 것 (that) 대신 이렇게 말해보라며 다른 방안을 제시하는 내용이다. 할 수 없는 것을 말할 때 할 수 있는 것을 말하며 긍정적인 어조로 끝내라는 글의 도입부로 보아 주어진 문장은 이에 대한 예시임을 알 수 있다. ④의 앞 문장은 부정적인 어조로 말을 끝냈을 때의 부정적인 결과를 이야기하고, ④ 뒤의 Or(혹은)로 연결되는 문장은 긍정적 어조로 대답하는 다른 예를 들고 있으므로, 부정적인 어조 대신 긍정적인 어조로 말하는 예를 드는 주어진 문장은 그사이에 위치하는 것이 가장 적절하다. 따라서 주어진 문장의 위치로 가장 적절한 곳은 ④이다.

Stage 1　　다의어 Check　1 ⓑ　2 ⓐ
　　　　　　　INTRO Q ①　Q ⑤

Stage 2　　1 parallel → parallels　2 birds　3 the ability to produce the set of consonants found in their own language　4 lost its hearing　5 ⓒ　6 ⓑ

Stage 3　　(A) innate　(B) easier

---

[1] There is an aspect (of speech learning in humans)
한 측면이 있다　　　　　　　인간 언어 학습의
[that **parallels** the subsong phase in birds], / the period
새들의 유사 노래 단계와 유사한　　　　　기간인
[during which birds of species [that learn to sing] /
조류들이　　　　　　노래를 배우는
begin to experiment / with sound production].
실험하기 시작하는　　　음 생성을

[2] This phase begins right on schedule // even if the bird has lost its
이 단계는 정확히 예정대로 시작된다　　　새가 청력을 잃었어도
hearing.

[3] Human infants also have a phase of babbling, // in which they
인간의 유아도 옹알이 단계가 있다　　　　그리고 그때 그들은
develop, / through trial-and-error learning, / the ability (to produce
발달시킨다　　시행착오 학습을 통해　　　능력을
the set of consonants (found in their own language)).
일련의 자음을 생성하는　　그들 자신의 언어에서 발견되는

[4] As with birds, / babbling begins and ends on schedule /
새와 마찬가지로　　옹알이는 예정대로 시작되고 끝난다
even in children [who are unable to hear].
아이들에게서도　　들을 수 없는

[5] This is a good reason (to believe // that the rhythms [in which
이것은 타당한 근거이다　　믿을　　리듬이
words and sentences are assembled / in speech] /
단어와 문장이 조립되는　　　언어에서
and the set of rules (known as grammar) / (in particular /
그리고 일련의 법칙들이　　문법으로 알려진　　(특히
the **division** of words / into such categories as nouns, verbs,
단어를 **분리**하는 것　　명사, 동사, 형용사, 부사와 같은 범주로)
adjectives, and adverbs) / are naturally present / in the human mind).
선천적으로 존재한다고　　인간의 머리에

[6] This idea, / argued most persuasively by Noam Chomsky, /
이 개념은　　노엄 촘스키에 의해 가장 설득력 있게 주장된
helps to explain // why the learning of speech proceeds so easily /
설명하는 데 도움을 준다　　언어 학습이 왜 그렇게 쉽게 진행되는지를
compared with the learning (of such inherently simpler tasks /
학습에 비해　　　본질적으로 더 단순한 일의
as addition and subtraction).
덧셈과 뺄셈처럼

전문해석 [1] 인간의 언어 학습에는 노래를 배우는 조류들이 음 생성을 실험하기 시작하는 기

Stage 1 정답 찾아가기

Q 빈칸 문장은 언어의 리듬(the rhythms)과 일련의 법칙들(the set of rules)이 '어떠한지'를 설명하는 내용이다. 빈칸 앞에서는 인간 언어 학습을 새들의 노래 학습과 비교하며, 청력을 잃은 새가 유사 노래를 학습하듯 들을 수 없는 아이도 옹알이 단계를 겪는다고 했다. 이를 통해 언어 학습 능력은 타고나는 것임을 알 수 있으므로 빈칸에 들어갈 말로 가장 적절한 것은 ⑤ 'naturally present in the human mind(선천적으로 인간의 머리에 존재한다)'이다.

① 소리를 듣는 것만큼 간단하다
　언어 학습의 난이도가 아닌 선천성에 대해 말하는 글임
② 사회적 상호작용을 통해 습득된다
　후천적 습득이 아니라 선천적인 측면을 강조하는 글임
③ 초기 언어 노출에 기반한다
　초기 언어 노출이 없는 들을 수 없는 아이도 옹알이한다는 내용과 반대됨
④ 어느 정도 우리 문화와 관련이 있다 문화에 대한 내용은 언급되지 않음

Stage 2 한 문장씩 뜯어보기

1 parallel → parallels
해설 관계대명사 that의 선행사는 an aspect이므로 관계사절의 동사는 단수동사 parallels로 고쳐야 한다. of speech learning in humans는 선행사의 수식어구임에 유의한다.

2 birds
해설 begin은 during which가 이끄는 관계사절의 동사이며, 관계사절의 주어는 birds of species이다. 주어와 동사 사이의 관계사절 that learn to sing은 주어 birds of species를 선행사로 한다.

3 the ability to produce the set of consonants found in their own language
해설 the ability를 수식하는 to부정사구인 to produce 이하를 영작한다. 일련의 자음이 '발견되는' 것이므로 the set of consonants를 수식하는 find는 수동 의미가 되도록 found로 쓴다.

4 lost its hearing
해설 들을 수 없다는 것은 청력을 잃었음을 의미한다.

5 ⓒ | 리듬과 일련의 법칙들
　ⓐ 언어 능력과 문법 ⓑ 명사와 동사 같은 범주
해설 동사 are는 that이 이끄는 명사절의 동사이며, 명사절의 주어는 the rhythms와 the set of rules이다. in which ~ in speech와 known as ~ and adverbs는 각각의 주어를 수식하는 수식어구이다.

간인 새들의 유사 노래 단계와 유사한 측면이 있다. ²이 단계는 새가 청력을 잃었어도 정확히 예정대로 시작된다. ³인간의 유아도 옹알이 단계를 겪는데, 이때 그들은 시행착오 학습을 통해 그들 자신의 언어에서 발견되는 일련의 자음을 생성하는 능력을 발달시킨다. ⁴새와 마찬가지로, 들을 수 없는 아이들에게서도 옹알이는 예정대로 시작되고 끝난다. ⁵이것은 언어에서 단어와 문장이 조립되는 리듬, 그리고 문법으로 알려진 일련의 법칙들(특히 단어를 명사, 동사, 형용사, 부사와 같은 범주로 분리하는 것)이 선천적으로 인간의 머리에 존재한다고 믿을 타당한 근거이다. ⁶노엄 촘스키가 가장 설득력 있게 주장한 이 개념은 덧셈과 뺄셈처럼 본질적으로 더 단순한 일의 학습에 비해 언어 학습이 왜 그렇게 쉽게 진행되는지를 설명하는 데 도움을 준다.

6 ⓑ | 언어 학습이 기초 수학을 배우는 것보다 더 **자연스러운 이유**
ⓐ 지루한 ⓒ 복잡한

해설 언어의 리듬과 법칙이 인간에게 선천적으로 존재하기에 기초 수학을 배우는 것에 비해 언어 학습이 쉽게 진행된다는 말을 간단히 표현한 것이다.

Stage 3 요약하기

인간의 언어 발달은 새의 유사 노래와 같고, 우리가 (A) 선천적인 언어 능력을 가지고 있어서 기초 수학보다 언어를 배우는 것이 (B) 더 쉽다는 것을 보여준다.

해설 (B) 뒤에 비교급을 나타내는 than이 있으므로 easy를 비교급인 easier로 변형한다.

1 ③

해석 우리의 뇌는 끊임없이 문제를 해결하고 있다. 우리가 무언가를 배우거나, 기억하거나, 이해할 때마다, 우리는 문제를 해결한다. 몇몇 심리학자들은 모든 유아 언어 학습을 문제 해결로 규정하였고, '실험을 통한 학습' 또는 '가설 검증'과 같은 과학적 절차를 어린이에게까지 확장했다. 어른들은 문법적인 규칙이 어떻게 작용하는지는 말할 것도 없고, 새로운 단어의 의미를 아이들에게 거의 설명해 주지 않는다. 대신 그들은 대화에서 단어나 규칙을 사용하고, 무슨 말인지 알아내는 일을 아이들에게 맡긴다. 언어를 배우려면, 유아는 언어가 사용되는 맥락을 이해해야 한다. 즉, 문제는 반드시 해결돼야 한다는 것이다. 우리 모두는 우리가 무엇을 하고 있는지 보통 인식하지 않고 어린 시절부터 이러한 종류의 문제들을 해결해 오고 있다.

어휘 let alone ~은 말할 것도 없이, ~은 고사하고   constantly 끊임없이, 거듭   make sense of ~을 이해하다   characterize 규정하다; 특징짓다; (~의) 특징이 되다   extend 확장[확대]하다; 연장하다   procedure (진행) 절차, 방법   hypothesis 가설; 추정, 추측   leave 맡기다; 떠나다; 남기다   figure out 알아내다, 이해하다; 계산[산출]하다   awareness 인식; 의식, 관심

해설 주어진 문장에 뚜렷한 연결 단서가 없는 경우, 대명사, 관사를 통해 위치를 파악할 수 있다. ③ 뒤에 나오는 they는 문맥상 아이들이 단어와 규칙을 알아내도록 두는 주체여야 하므로 주어진 문장의 Grown-ups를 대신하는 것임을 알 수 있다. 주어진 문장이 ③에 위치하면 ③ 뒤의 the words or the rules는 주어진 문장의 new words와 grammatical rules를 받아, 어른들이 아이들에게 문법 규칙과 새로운 단어의 의미를 설명하는 대신 아이들이 스스로 알아내도록 한다는 논리적 흐름이 완성된다. 따라서 주어진 문장이 들어가기에 가장 적절한 곳은 ③이다.

2 ②

해석 시간이 지나면서 아기는 자신이 어떤 소리를 언제 들을지에 대한 기대를 형성한다. 그들은 규칙적으로 발생하는 소리 패턴을 기억에 저장한다. 그들은 '내가 '이' 소리를 먼저 들으면 그것에 아마도 '저' 소리가 따라올 것이다'와 같은 가설을 세운다. 과학자들은 언어를 배우는 데 있어 아기의 기량 대부분이 통계를 계산하는 능력 때문이라고 결론짓는다. 아기에게 이것은 그들이 언어에서 반복되는 패턴에 세심한 주의를 기울이는 것처럼 보인다는 것을 의미한다. 아기들은 소리가 얼마나 자주, 어떤 순서로, 어떤 간격으로, 그리고 어떤 음조의 변화를 가지고 발생하는지를 체계적인 방식으로 기억한다. 이 기억 저장소는 아기들이 자신의 뇌의 신경 회로 내에서 소리 패턴의 빈도를 추적하고, 소리 패턴의 의미를 예측하기 위해 이 지식을 사용하도록 해 준다.

어휘 construct 형성하다, 구성하다; 건설하다   expectation 기대; 예상   on a regular basis 규칙적으로, 정기적으로   conclude 결론짓다; 끝내다; (협정 등을) 맺다   pay attention to A A에 주의를 기울이다   systematic 체계적인, 조직적인   order 순서; 질서; 명령[지시](하다); 주문(하다)   interval 간격; (연극, 영화 등의) 중간 휴식 시간   pitch 음조; 내던지다   storage 저장소   neural circuit 신경 회로   frequency 빈도; 잦음; 주파수   [선택지] calculate 계산하다; 추정하다   statistics 통계(학)   preference 선호(도), 애호   imitate 모방하다; 흉내 내다

해설 빈칸 문장으로 보아, 언어를 배우는 아기의 기량이 '무엇' 때문인지를 찾아야 한다. 빈칸 이전 내용에서 아기가 규칙적인 소리 패턴을 기억하며 가설을 세운다고 언급했고, 빈칸 이후에서는 아기가 반복적인 소리 패턴의 빈도, 순서 등을 체계적으로 기억해 그 의미를 예측한다고 설명한다. 이는 아기가 소리 패턴을 체계적으로 분석할 줄 안다는 것을 의미하므로 빈칸에 들어갈 말로 가장 적절한 것은 ② 'ability to calculate statistics(통계를 계산하는 능력)'이다.

① 사회적 압박의 결여
③ 남들과 상호 작용을 하려는 욕구
④ 더 단순한 소리에 대한 선호
⑤ 보호자를 모방하는 경향

사회적 압박, 상호 작용의 욕구, 특정 소리에 대한 선호, 모방에 대한 내용은 언급되지 않음

45 Coffee Machine Sounds

난이도 ★☆☆

Stage 1　다의어 Check　1 ⓑ
　　　　　INTRO Q ②　Q ③

Stage 2　1 signaling　2 ⓒ　3 X, give　4 ⓑ　5 ⓑ　6 ⓒ　7 ⓐ　8 ⓐ

Stage 3　(A) sounds　(B) indicate　(C) perceptions

---

[1] In the field of psychology, / Ivan Pavlov made a classic observation
　　심리학 분야에서　　　　　　이반 파블로프는 최고 수준의 관찰을 했다
/ in the 1920s / (about dogs (salivating / at the sound of a bell
　　1920년대에　　　개에 관한　　침을 흘리는　　　　종소리에
(signaling the arrival of food))).
　음식 도착 신호를 보내는

[2] Similarly, / the sounds (made by a coffee machine), /
　마찬가지로　　소리는　　　　　커피 머신이 내는
such as grinding, bubbling, sputtering, and hissing, / give hints
(원두를) 가는 소리, 부글부글하는 소리, 펑펑 튀는 소리, 쉬익 소리 같은　　　힌트를 준다
(about the taste experience (to come)).
　　맛 경험에 대한　　　　　앞으로의

[3] Even the high-pitched noises (made by milk foaming) /
　심지어 (음이) 아주 높은 소리는　　거품이 이는 우유가 내는
can **tell** a skilled barista / about the temperature of the milk.
숙련된 바리스타에게 **알려줄** 수 있다　　　　우유의 온도에 대해

[4] Klemens Knöferle's study showed // that changing the sounds
　Klemens Knöferle의 연구는 보여주었다　　　　소리를 바꾸는 것이
(of a coffee machine) / affected people's perceptions
　커피 머신의　　　　사람들의 인식에 영향을 미친다는 것을
(of the coffee's taste).
　커피 맛에 대한

[5] When the higher-pitched noises were increased, /
　(음이) 아주 높은 소리가 증폭되었을 때
the taste ratings went down, // and when they were reduced, /
　맛의 평가는 하락했다　　　　그리고 그 소리가 감소했을 때
the ratings went up.
　평가가 상승했다

[6] That's // why many manufacturers are now designing their machines
그것이 (~이다)　　　현재 많은 제조업자들이 (커피) 머신을 고안하고 있는 이유이다
/ to produce the ideal sounds / for a better taste experience.
　이상적인 소리를 만들어 내도록　　　더 나은 맛 경험을 위해

전문해석 [1]심리학 분야에서, 이반 파블로프는 1920년대에 음식이 도착했다는 신호를 보내는 종소리에 침을 흘리는 개에 관한 최고 수준의 관찰을 했다. [2]마찬가지로, (원두를) 가는 소리, 부글부글하는 소리, 펑펑 튀는 소리, 쉬익 소리 같은 커피 머신이 내는 소리는 앞으로의 맛 경험에 대한 힌트를 준다. [3]심지어 거품이 이는 우유가 내는 (음이) 아주 높은 소리는 숙련된 바리스타에게 우유의 온도를 알려줄 수 있다. [4]Klemens Knöferle의 연구는 커피 머신의 소리를 바꾸는 것이 커피 맛에 대한 사람들의 인식에 영향을 미친다는 것을 보여주었다. [5]음이 아주 높은 소리가 증폭되었을 때 맛의 평가는 하락했고, 그 소리가 감소했을 때 평가가 상승했다. [6]그것이 현재 많은 제조업자들이 더 나은 맛 경험을 위해 이상적인 소리를 만들어 내도록 (커피) 머신을 고안하고 있는 이유이다.

Stage 1　정답 찾아가기

INTRO Q ① 커피 준비 ② 소리 인식 ③ 파블로프의 실험

Q 도입부에서 파블로프의 관찰 내용에 빗대어 커피 머신 소리가 앞으로의 커피 맛 경험에 대한 힌트를 준다고 했다. 그 뒤에는 커피 머신 소리가 커피 맛에 대한 사람들의 인식에 영향을 미쳤다는 연구 내용을 구체적으로 서술하여 앞 내용을 뒷받침하므로 글의 주제로 가장 적절한 것은 ③ 'the impact of machine sounds on the perception of coffee flavor(머신의 소리가 커피 맛 인식에 미치는 영향)'이다.

① 온도와 커피 품질 간의 관계
　온도가 아닌 소리가 커피 맛의 인식에 영향을 준다고 했음
② 커피 제조에서 소리를 정보 출처로 사용하기
　글에서 언급되었으나 세부 사항에 해당함
④ 커피 맛 경험에서 머신 소리의 무의미함 글과 반대됨
⑤ 더 나은 맛을 위해 이상적인 커피 머신 소리를 만들려는 시도
　글의 마지막에 언급된 세부 사항에 해당함

Stage 2　한 문장씩 뜯어보기

1 signaling
　해설 문장의 동사는 made이므로 signal은 준동사로 써야 한다. the sound of a bell과 signal(신호를 보내다)은 능동 관계이므로 현재분사 signaling이 적절하다.

2 ⓒ l 개는 종소리를 음식이 도착한 것으로 **인식했다**.
　ⓐ 만들었다 ⓑ 혼동했다
　해설 개가 종소리에 침을 흘렸다는 것은 종소리를 음식이 도착한 것으로 인식했다는 의미이다.

3 X, give
　해설 문장의 주어가 복수명사인 the sounds이므로 복수동사 give로 고쳐야 한다. made by ~ and hissing은 the sounds를 수식하는 과거분사구와 수식어구이다.

4 ⓑ
　해설 커피 머신 소리가 앞으로의 맛 경험에 대한 힌트를 준다는 것은 맛을 예상하게 해준다는 것이다.

5 ⓑ l 거품이 이는 우유 소리는 실제로 바리스타에게 귀중한 **정보**를 제공할 수 있다. ⓐ 기술 ⓒ 경험
　해설 우유 거품 소리가 바리스타에게 우유의 온도에 대해 알려줄 수 있음을 표현한 것이다.

6 ⓒ
　해설 Klemens Knöferle의 연구가 밝힌 일반적인 내용을 높은 소리의 증폭과 감소의 경우로 구체화해 설명한다.

7 ⓐ | 사람들은 <u>더 낮은</u> 소리의 커피를 좋아한다.
　　ⓑ 특이한 ⓒ 증폭된
　　해설 높은 소리가 감소했을 때 커피 맛에 대한 평가가 상승하므로, 소리가 더 낮은 커피를 좋아함을 알 수 있다.

8 ⓐ | 이상적인 소리 ⓑ 강렬한 소리 ⓒ 다양한 소리
　　해설 커피 머신의 높은 소리가 감소했을 때 커피 맛에 대한 평가가 상승했으므로, 이상적인 소리를 만드는 것이 중요하다.

Stage 3 요약하기
커피 머신 (A) 소리는 커피를 만드는 사람들에게 맛을 (B) 나타낼 뿐만 아니라 커피를 마시는 사람들의 (C) 인식도 형성한다.

1　①

해석 누군가를 직접 만날 때, 신체 언어 전문가들은 미소가 자신감과 따뜻함을 보여줄 수 있다고 말한다. 그러나 온라인에서 웃음 이모티콘은 당신의 경력에 심각한 손상을 입힐 수 있다. 최신 연구에서, 연구자들은 웃음 이모티콘을 사용하는 것이 당신을 무능력하게 보이게 만든다는 것을 알아냈다. 그 연구는 '실제 미소와 달리, 웃음 이모티콘은 따뜻함에 대한 <u>인식</u>을 증가시키지 않고, 실제로 능력에 대한 <u>인식</u>을 감소시킨다.'라고 말한다. 그 보고서는 또한 '능력이 낮다고 <u>인식</u>하는 것이 결국 정보 공유를 줄였다.'라고 설명한다. 업무 이메일에 웃음 이모티콘을 포함시키고 있다면, 당신이 가장 바라지 않는 일은 동료들이 당신을 너무 부족하다고 생각해서 정보 공유를 하지 않아야겠다고 선택하는 상황일 것이다.

어휘 in person 직접, 몸소　portray 보여주다, 나타내다; 묘사하다　competence 능력; 권한 *cf.* incompetent 무능력한; 무능력자　in turn 결국, 그 결과; 차례차례　lessen 줄이다, 줄다　chances are ~일 것이다, ~일 것 같다　inadequate 부족한[무능한]; 불충분한, 부적당한　[선택지] clarify 명확하게 하다, 분명히 말하다　intention 의도; 목적

해설 빈칸이 연구에서 알아낸 사실에 있으므로 연구의 시사점을 추론해야 한다. 웃음 이모티콘은 능력에 대한 인식을 감소시킨다는 연구를 인용해 웃음 이모티콘이 경력에 손상을 입힐 수 있음을 시사하는 글이므로, 빈칸에 들어갈 말로 가장 적절한 것은 ① 'makes you look incompetent(당신을 무능력하게 보이게 만든다)'이다.

② 세대 간 갈등을 일으키다
③ 메시지의 의도를 명확히 하다
④ 작문 시험에서 낮은 점수를 초래하다
⑤ 자유로운 근무 환경을 조성하는 데 도움이 되다
세대 간 갈등, 메시지의 의도, 작문 시험, 근무 환경 조성은 모두 언급 없음

2　⑤

해석 대부분의 사람들은 틀림없이 이 질문을 들어 봤을 것이다. 만약 숲에서 나무가 쓰러지고 그것이 쓰러지는 것을 들을 사람이 거기에 아무도 없다면, <u>소리</u>가 나는 것인가? 정답은 '아니요'이다. <u>소리</u>는 압력파 이상이고, 정말로 듣는 사람이 없다면 <u>소리</u>는 있을 수 없다. 그리고 <u>마찬가지로</u>, 과학적 의사소통은 양방향의 과정이다. 어떤 종류의 <u>신호</u>든 <u>감지</u>되지 않으면 쓸모가 없는 것처럼, 출판된 과학 논문(<u>신호</u>)을 의도된 독자가 수신 '및' 이해하지 않으면 쓸모가 없다. 따라서 우리는 과학의 자명한 이치를 다음과 같이 재진술할 수 있다. 과학 실험은 그 결과가 출판될 때까지 '그리고 이해될' 때까지 완성되지 않는다. 출판된 논문이 이해되지 않으면 출판은 압력파에 지나지 않는다. 너무 많은 과학 논문이 <u>숲속에서 조용히 쓰러진다.</u>

어휘 have no doubt 틀림없이; 아마 ~일 것이다　pressure wave 압력파 ((압력 크기의 변화가 만들어 내는 파동))　indeed 정말로, 확실히; 사실　hearer 듣는 사람, 청취자　two-way 양방향의, 쌍방의　publish 출판[발행]하다; 게재하다[싣다]; 발표하다 *cf.* publication 출판, 발행; 출판물; 발표[공개]　paper 논문; 종이; 신문; 서류　intended 의도된, 대상[목표]으로 삼은; 계획된　restate 재진술하다, 다시 말하다　as follows 다음과 같이　complete 완성된; 완벽한; 완료하다　no more than ~에 지나지 않다, ~일 뿐이다　[선택지] end up v-ing 결국 v하게 되다

해설 나무가 쓰러지는 소리를 들을 사람이 없다면 소리가 나지 않은 것이라는 도입부에 빗대어 과학적 의사소통이 양방향의 과정임을 설명하는 글이다. 출판된 과학 논문을 독자가 수신 및 이해하지 않으면 쓸모가 없다고 한 뒤, 이를 숲에서 듣는 사람 없이 조용히 쓰러지는 나무에 비유하고 있으므로 밑줄 친 부분이 의미하는 바로 가장 적절한 것은 ⑤ 'are published yet readers don't understand them(출판되지만 독자들은 그것들을 이해하지 못한다)'이다.

① 이전 연구를 포함하지 못하다
이전 연구의 포함 여부에 관한 내용이 아님
② 결국 완전히 거짓으로 간주되다
수신과 이해가 안 된다는 것이지 거짓으로 간주된다는 것이 아님
③ 출판되지 않아서 쓸모가 없어지다
출판은 되지만 이해되지 않아서 쓸모가 없어짐
④ 대중의 요구를 충족시키려고 소통에 집중하다
대중의 요구 충족은 언급되지 않음

Enlightenment

난이도 ★★☆ p. 76

Stage 1 **다의어 Check** 1 ⓐ 2 ⓑ 3 ⓑ
   INTRO Q 1 ① 2 (1) (B) (2) (C) (3) (A) **Q** ⑤

Stage 2 **1** what its connections are **2** ⓑ **3** 그것이 책에 대한 사실이든 세상에 대한 사실이든
   4 ⓒ **5** 2

Stage 3 (A) acquiring (B) context

---

1 To be informed / is to know simply // that something is the case.
정보를 얻는 것은   단순히 아는 것이다   어떤 것이 사실임을

2 To be enlightened / is to know, / in addition, / what it is all about: //
깨우치는 것은   아는 것이다   덧붙여   그것(사실)에 대한 모든 것을

why it is the case, / what its connections are with other facts, /
즉 그것이 왜 사실인지   다른 사실과 그것의 연관성이 무엇인지

in what **respects** it is the same, / in what respects it is different, /
어떤 **측면**에서 같은지   어떤 측면에서 다른지

and so forth.
등을

(C) **3** This **distinction** is familiar / in terms of the differences (between
이 **구별**은 익숙하다   차이의 관점에서

being able to remember something / and being able to explain it).
무언가를 기억할 수 있는 것 사이의   그리고 그것을 설명할 수 있는 것

4 If you remember / what an author says, // you have learned something /
당신이 기억한다면   작가가 말한 것을   당신은 무언가를 배운 것이다

from reading his work.
그의 작품을 읽은 것에서

5 If what he says is true, // you have even learned something (about
그가 한 말이 사실이라면   당신은 심지어 무언가를 배운 것이다   세상에 대한

the world).

(B) **6** But whether it be a fact (about the book) / or a fact (about the
그러나 그것이 사실이든   책에 대한   혹은 사실이든

world) [that you have learned], // you have gained nothing but
세상에 대한   당신이 배운   당신은 그저 정보를 얻은 것뿐이다

information / if you have **exercised** only your memory.
오직 당신의 기억력만을 **사용했다면**

(A) **7** In other words, / you have not been enlightened.
다시 말해서   당신은 깨우치지 못했다

8 Enlightenment is achieved // only when, / in addition to knowing /
깨우침은 얻어진다   ~일 때만   아는 것뿐만 아니라

what an author says, / you know / what he means / and why he says it.
작가가 무엇을 말하는지   당신이 알 (때만)   그가 무엇을 의도하는지   그리고 그가 왜 그것을 말하는지

전문해석 **1** 정보를 얻는 것은 단순히 어떤 것이 사실임을 아는 것이다. **2** 덧붙여 깨우치는 것은 그 사실에 대한 모든 것, 즉 왜 그런 것인지, 다른 사실과 연관성이 무엇인지, 어떤 면에서 같은지, 어떤 면에서 다른지 등을 아는 것이다. (C) **3** 이 구별은 무언가를 기억할 수 있는 것과 그것을 설명할 수 있는 것의 차이의 관점에서 익숙하다. **4** 작가가 말한 것을 기억한다면, 당신은 그의 작품을 읽어서 무언가를 배운 것

Stage 1 정답 찾아가기

Q 주어진 글은 정보를 얻어 아는 것과 깨우치는 것의 차이를 구별해 설명한다. 따라서 이 구별을 This distinction으로 받아 이것이 무언가를 기억할 수 있는 것과 설명할 수 있는 것의 차이와 비슷하다고 설명하는 (C)가 뒤에 이어지는 것이 적절하다. 기억하여 알게 된 것의 예와 그 의미를 설명하는 (C) 뒤에는 역접 연결어 But으로 그 한계를 설명하는 (B)가 와야 한다. (A)는 그 한계가 깨우치지 못한 상태라고 In other words를 써서 바꿔 말한 뒤 깨우침의 조건을 설명하며 글을 맺고 있으므로 마지막에 오는 것이 자연스럽다. 따라서 글의 순서로 가장 적절한 것은 ⑤ (C)-(B)-(A)이다.

Stage 2 한 문장씩 뜯어보기

1 what its connections are
해설 밑줄 친 우리말과 문장의 구조로 보아 의문사가 이끄는 명사절을 써야 함을 알 수 있다. 의문사 명사절의 어순에 맞게 <의문사(what)+주어(its connections)+동사(are)>로 쓴다.

2 ⓑ | 다음의 차이에서 **비슷한** 구별이 생긴다
ⓐ 도덕적인 ⓑ 불분명한
해설 정보를 얻는 것과 깨우치는 것의 구별이 기억하는 것과 설명할 수 있는 것의 차이와 유사하다는 것을 표현한 것이다.

3 그것이 책에 대한 사실이든 세상에 대한 사실이든
해설 가정법 현재로 현재나 미래의 단순한 가정을 나타내는 <whether it be A or B> 구문이 쓰였으며, 이는 'A이든 B이든'으로 해석한다.

4 ⓒ | 기억은 정보가 되는 것에 지나지 않는다.
ⓐ 세상 ⓑ 진실 • result in (결과적으로) ~이 되다
nothing more than ~에 지나지 않는, ~에 불과한
해설 기억력만 사용하면 그저 정보를 얻는 것뿐이라는 말을 간단히 표현한 것이다.

5 2
해설 문장 8은 깨우침을 얻는 조건에 관한 내용인데, 이는 문장 2에서 콜론(:) 이하의 내용과 함께 자세히 설명하고 있다.

Stage 3 요약하기
깨우침은 단순히 정보를 (A) 얻는 것 이상을 요구하는데,

이다. **⁵**그가 한 말이 사실이라면, 세상에 대한 무언가까지 배운 것이다. (B) **⁶**그러나 그것이 책에 대해 배운 사실이든 세상에 대해 배운 사실이든 당신의 기억력만을 사용했다면 그저 정보를 얻은 것뿐이다. (A) **⁷**다시 말해서, 당신은 깨우치지 못했다. **⁸**깨우침은 작가가 무엇을 말하는지 아는 것뿐만 아니라 그가 무엇을 의도하고 왜 그것을 말하는지 알 때만 얻어진다.

이는 사실 이면에 있는 더 깊은 의미와 (B) 맥락을 이해하는 것을 포함한다.

해설 (A)를 포함한 just ~ information이 전치사 than의 목적어 역할을 하는 명사구가 되어야 하며, (A)는 명사 information을 목적어로 취해야 하므로 (A)는 이를 모두 만족하는 동명사 acquiring으로 쓴다.

1　②

해석 학생들이 자료를 알지 못할 때도, 알고 있다고 생각하는 주된 이유 중 하나는 친숙함을 이해하는 것으로 착각하기 때문이다. 그것이 작동하는 방식이 여기 있다. 당신은 읽을 때 아마도 (중요한 것을) 눈에 띄게 표시하면서, 그 장을 한 번 읽는다. 그러고 나서 나중에, 아마도 눈에 띄게 표시된 자료에 집중하면서, 그 장을 다시 읽는다. 다시 읽다 보면 이전에 읽은 것에서 그것을 기억하기 때문에 자료가 친숙하고, 이러한 친숙함은 당신이 "좋아, 그것을 알겠어."라고 생각하게 할지도 모른다. 문제는 이런 친숙한 느낌이 자료를 아는 것과 반드시 같지는 않으며 시험에서 답을 생각해 내야 할 때 아무런 도움이 되지 않을 수도 있다는 것이다. 사실, 익숙해 보이는 선택지를 고를 수 있기 때문에 친숙함은 종종 객관식 시험에서 오류로 이어질 수 있는데, 결국 나중에 그것은 당신이 읽었던 것이지만 사실 그 질문에 대한 가장 알맞은 해답은 아니었다는 것을 알게 된다.

어휘 material 자료; 직물, 천; 재료　mistake A for B A를 B로 착각[혼동]하다　work 작동하다, 기능하다; 일하다; 효과가 있다　highlight 눈에 띄게 표시하다; 강조하다　lead O to-v O가 v하게 하다　be of help 도움이 되다, 힘이 되다　come up with ~을 생각해 내다　[선택지] recall 기억해 내다, 상기하다; 기억; 회수　be based on ~에 근거하다[기초하다]　enable O to-v O가 v하게 하다　indicate 보여 주다, 나타내다; 시사하다

해설 빈칸 내용으로 보아, 객관식 시험에서 친숙함 때문에 고른 선택지에 대해 나중에 알게 되는 것이 '무엇'인지를 추론해야 한다. 글의 도입부에서 학생들이 친숙함을 이해로 착각한다고 했고, 빈칸 앞 문장에서는 이 점이 시험에서 답을 생각해 내야 할 때 아무런 도움이 되지 않는다고 했다. In fact로 이 문제에 대해 자세한 설명을 덧붙이는 빈칸 문장은 익숙해서 고른 선택지가 오답으로 이어진다는 내용이 되어야 하므로 빈칸에 가장 적절한 것은 ② 'it wasn't really the best answer to the question(사실 그 질문에 대한 가장 알맞은 해답은 아니었다)'이다.

① 당신이 눈에 띄게 표시했던 부분을 기억해 내지 못했다
　눈에 띄게 표시된 부분에 집중하고 기억한다고 했으므로 내용과 반대됨
③ 그 친숙함은 당신의 이해에 근거한 것이었다
　친숙함을 이해하는 것으로 착각한다고 했음
④ 반복이 정답을 선택할 수 있게 했다
　반복은 친숙함으로 이어지고 결국 오답을 선택하게 한다는 내용임
⑤ 그것은 친숙함이 자연스럽게 형성됨을 보여 주었다
　familiarity를 활용한 오답으로, 친숙함 때문에 고른 선택지에 대해 나중에 알게 된 사실로 적절하지 않음

2　②

해석 수년간 기억은 오명을 받아 왔다. 그것은 기계적 암기 및 정보를 여러분의 뇌 속으로 주입하는 것과 연관되어 왔다. 교육자들이 이해가 학습의 핵심이라고 말해 왔지만, 만약 여러분이 무언가를 기억해 내지 못한다면 어떻게 그것을 이해할 수 있겠는가? 우리 모두는 정보를 인식하고 이해하지만, 그것이 필요할 때 기억해 내지 못하는 이러한 경험을 해본 일이 있다. 예를 들어, 여러분은 몇 개의 농담을 알고 있는가? 아마도 수천 개를 들었겠지만 지금 당장은 대략 네다섯 개만 겨우 기억해 낼 수 있다. 농담 네 개를 기억해 내는 것과 수천 개를 인식하거나 이해하는 것 사이에는 큰 차이가 있다. 이해는 사용을 만들어 내지 않는데, 이해한 것을 즉각적으로 기억해 내고 기억된 이해를 사용하는 것을 연습할 수 있을 때만 숙달을 이룬다. 기억은 여러분이 배운 것을 저장하는 일을 의미하는데, 그렇지 않다면(배운 것을 저장하지 않는다면) 애초에 우리는 왜 배우려고 애쓰는가?

어휘 associate A with B A와 B를 연관 짓다　rote learning 기계적 암기　cram 주입하다; 밀어[쑤셔] 넣다; 벼락치기 공부를 하다　recognize 인식하다, 인지하다　instantly 즉각, 즉시　mastery 숙달, 통달; 지배　otherwise 그렇지 않으면[않았다면]　bother 애를 쓰다; 괴롭히다; 귀찮게 하다　in the first place 애초에; 첫째로

해설 글의 도입부는 기억이 오명을 받아 왔다는 내용으로, 수사의문문을 통해 이해가 학습의 핵심이라는 주장에 반박하며 기억의 중요성을 강조하고 있다. 이어지는 세부 사항에서 농담을 예로 들어 많은 농담을 들었어도 당장 떠올릴 수 있는 것은 극히 일부라고 하며, 이해한 것을 바로 기억해 내고 그 기억을 사용할 수 있을 때에만 숙달한다고 했다. 따라서 필자가 주장하는 바로 가장 적절한 것은 ② '배운 것을 활용하기 위해서는 내용을 기억해야 한다.'이다.

① 창의력은 언급되지 않음
③ 기억의 중요성을 다루지만 기억력 저하에 대한 내용은 없음
④ 농담은 예로 언급된 세부 사항에 해당함
⑤ 학습 의욕을 유지하는 방법은 언급되지 않음

47 Context

Stage 1　　다의어 Check **1** ⓑ　**2** ⓑ　**3** ⓐ
　　　　　　INTRO **Q** ②　**Q** ③

Stage 2　　**1** behavior　**2** anxiously → anxious　**3** raising → raised　**4** (b) suggested　**5** ⓑ
　　　　　　6 ⓐ　**7** 3

Stage 3　　(A) context　(B) perceive

---

¹**The way [we behave in any situation]** / has a lot to do with the context.
방식은　　　어떤 상황에서든 우리가 행동하는　　　　맥락과 많은 관련이 있다

²**We whisper in hospitals** / and become anxious in police stations, /
우리는 병원에서 속삭인다　　　그리고 경찰서에서는 불안해진다

sad in cemeteries, / and excited at parties.
묘지에서는 슬퍼진다　　그리고 파티에서는 신이 나게 된다

³**Many of the contexts [that affect us most powerfully]** / are learned /
많은 맥락은　　　우리에게 가장 강력하게 영향을 미치는　　　학습된다

in childhood.
어린 시절에

⁴**For instance,** / our early visual **exposure** to the world /
예를 들어　　　세상에 대한 우리의 초기 시각적 **노출**은

may actually shape // what we later see.
실제로 형성할 수 있다　　우리가 나중에 보는 것을

⁵**A study of Euro-Canadians (brought up in urban settings [where**
유럽계 캐나다인에 대한 연구는　　　도시 환경에서 **길러진**

buildings with right angles surround them]), / and with Cree Indians
직각인 건물들이 그들을 둘러싼　　　그리고 크리 족과

(raised near tents [that have many shapes and angles]), / suggested //
텐트 가까이에서 길러진　　　여러 모양과 각도를 지닌　　　시사했다

that the effects (of early visual context) / may be lasting.
영향이　　　초기 시각적 맥락의　　　지속될 수 있다는 것을

⁶**In adulthood,** / right angles could be better recognized /
성인기에　　　직각은 더 잘 인식될 수 있었다

than other line **orientations** / by the Euro-Canadians.
다른 선 **배치 방향**보다　　　유럽계 캐나다인들에 의해

⁷**At the same time,** / they seemed to have less visual ability
동시에　　　그들은 시각적 능력이 덜한 것 같았다

(with other orientations) / than the Cree.
다른 배치 방향에 대한　　　크리 족보다

⁸**From the beginning,** / the Cree have a distinct mental landscape, //
처음부터　　　크리 족은 다른 정신적 지형을 가지고 있다

which may allow them / to take in a greater variety of visual cues.
그리고 이것은 그들이 (~하게) 할지도 모른다　　　더 다양한 시각적 신호를 받아들일 수 있게

전문해석 ¹어떤 상황에서든 우리가 행동하는 방식은 맥락과 많은 관련이 있다. ²우리는 병원에서 속삭이고, 경찰서에서는 불안해지며, 묘지에서는 슬퍼지고, 파티에서는 신이 난다. ³우리에게 가장 강력하게 영향을 미치는 많은 맥락은 어린 시절에 학습된다. ⁴예를 들어, 세상에 대한 우리의 초기 시각적 노

Stage 1 정답 찾아가기

Q 빈칸 문장으로 보아, 크리 족이 더 다양한 시각적 신호를 받아들이도록 한 것이 '무엇인지'를 찾아야 한다. 먼저 글 초반에서 우리의 행동에 영향을 미치는 맥락이 어린 시절에 학습된다고 했다. 이를 뒷받침하는 예에서 여러 모양과 각도를 지닌 텐트 가까이에서 자란 크리 족보다 직각 건물에 둘러싸여 자란 유럽계 캐나다인은 직각이 아닌 다른 선 배치를 인식하는 시각적 능력이 덜하다고 했다. 이는 크리 족에게 다양한 선 배치를 인식하는 다른 능력이 있음을 의미한다. 따라서 빈칸에 가장 적절한 것은 ③ 'a distinct mental landscape(다른 정신적 지형)'이다.

① 자유 활동의 다양성 활동 유형에 대한 언급은 없음
② 공유된 시각적 상상력 상상력에 관한 내용이 아님
④ 방대한 감정 반응 글의 초반에 언급된 감정 반응은 행동 방식이 맥락과 관련이 있다는 예에 불과함
⑤ 최소한의 환경 노출 크리 족은 다양한 환경에 노출됨

Stage 2 한 문장씩 뜯어보기

1 behavior | 우리 **행동**은 맥락의 영향을 많이 받는다.
해설 우리가 행동하는 방식이 맥락과 많은 관련이 있다는 문장을 바꿔 표현한 것이다. 빈칸은 명사 자리이므로 동사 behave를 behavior로 바꾸어 쓴다.

2 anxiously → anxious
해설 동사 become 뒤에는 주어(We)를 보충 설명하는 보어가 와야 한다. 부사는 보어로 쓸 수 없으므로 형용사 anxious로 고쳐야 한다.

3 raising → raised
해설 수식받는 명사 Cree Indians와 raise(기르다)는 수동 관계이므로 과거분사 raised로 고쳐야 한다.

4 (b) suggested
해설 (a)는 앞의 명사 Euro-Canadians를 수식하는 분사이다. (c)는 suggested의 목적어인 that절의 동사이다.

5 ⓑ | 어린 시절 맥락의 힘은 그것의 **지속적인** 영향에 있다. ⓐ 사회적인 ⓒ 일시적인 •enduring 지속적인 temporary 일시적인, 임시의
해설 많은 맥락이 어린 시절에 학습된다고 한 뒤, 예를 들며 그 맥락의 영향이 지속될 수 있다고 했다.

6 ⓐ | 직각을 **제외한** 다른 각도 또는 선의 방향

출은 실제로 우리가 나중에 보는 것을 형성할 수 있다. **⁵**직각인 건물이 둘러싸고 있는 도시 환경에서 자란 유럽계 캐나다인과 여러 모양과 각도를 지닌 텐트 가까이에서 자란 크리 족에 대한 연구는 초기 시각적 맥락의 영향이 지속될 수 있다는 것을 시사했다. **⁶**성인기에 유럽계 캐나다인은 다른 선 배치 방향보다 직각을 더 잘 인식할 수 있었다. **⁷**동시에, 그들은 다른 배치 방향에 대한 시각적 능력이 크리 족보다 덜한 것 같았다. **⁸**처음부터 크리 족은 다른 정신적 지형을 가지고 있으며, 이것은 더 다양한 시각적 신호를 받아들일 수 있게 할지도 모른다.

ⓑ ~뿐만 아니라 ⓒ ~와 함께

해설 직각인 건물들에 둘러싸여 자란 유럽계 캐나다인들은 직각을 '제외한' 다른 각도와 선의 배치 방향을 인식하는 시각적 능력이 덜할 것이다.

7 3

해설 글의 도입부 내용이 문장 3에서 구체적으로 서술된 뒤, 한 연구를 예로 들어 이를 뒷받침하고 있으므로 주제문은 문장 3이다.

Stage 3 요약하기

초기 환경에 따라 사람들이 시각 정보를 (B) 인식하는 방식을 다르게 형성한다는 것을 한 연구가 보여주었듯이, 우리의 행동 그리고 세상과의 상호작용은 (A) 맥락에 의해 깊게 영향을 받고 보통 어린 시절에 뿌리를 두고 있다.

함께 풀면 좋은 기출문제

p. 154

1 ②

해석 학습자는 복잡한 발달, 인지, 신체, 사회, 그리고 문화 체계 안에서 기능한다. 다양한 분야의 연구와 이론은 모든 학습자들이 문화적으로 한정된 맥락 안에서 문화적으로 한정된 방식으로 성장하고 학습한다는 이해를 발전시키는 데 기여해 왔다. 인간은 가족과의 관계, 나이와 관련된 단계, 그리고 더 많은 것들과 같은 근본적인 경험뿐만 아니라 기본적인 뇌 구조와 처리 과정도 공유하지만, 이러한 각 현상은 개인의 정밀한 경험에 의해 형성된다. 문화적 영향이 인생의 시작부터 영향을 미치기 때문에 학습은 모든 사람들에게 똑같은 방식으로 일어나지는 않는다. 학습과 문화의 뒤얽힘에 관한 이러한 생각은 학습과 발달의 여러 측면에 대한 연구를 통해 뒷받침되어 왔다.

어휘 function 기능하다, 작용하다 cognitive 인지의, 인식의 diverse 다양한 field 분야; 들판; 현장 contribute to A A에 기여하다; ~의 한 원인이 되다 defined 한정된 A as well as B B뿐만 아니라 A도 fundamental 근본적인, 본질적인; 핵심적인 phenomena ((복)) 현상 precise 정밀한, 정확한; 꼼꼼한 influence 영향(력); 영향을 주다 cf. influential 영향력 있는

해설 글의 도입부는 학습자들이 문화적으로 한정된 맥락에서 한정된 방식으로 성장하고 학습한다는 내용이지만, 글의 중반 양보 접속사 While(~이지만)이 이끄는 문장에서 개인의 정밀한 경험이 중요하다는 내용으로 글의 흐름이 전환된다. 그런 다음 문화적 영향은 인생의 시작부터 영향을 미치므로 학습은 모든 사람에게 똑같은 방식으로 일어나지 않는다고 했다. 따라서 글의 요지로 가장 적절한 것은 ② '개인의 문화적 경험이 학습에 영향을 끼친다'이다.

① 문화 다양성에 대한 언급은 없음
③ 뇌 구조 진화에 대한 내용이 아님
④ 대인관계는 근본적 경험의 예로 언급된 세부 사항임
⑤ 자극에 대한 언급은 없음

2 ④

해석 상품의 동일한 할인액에 대한 인식은 최초 가격과의 관계에 달려 있다. 한 연구에서, 응답자들은 어떤 구매 상황을 보게 되었다. 15달러인 계산기를 사는 상황에 놓인 사람들은 같은 제품을 20분 떨어진 다른 상점에서 판촉가인 10달러에 살 수 있다는 것을 판매자로부터 알게 되었다. 이 경우 응답자의 68%가 5달러를 절약하려고 그 가게까지 가기로 결정했다. 두 번째 상황에서, 125달러짜리 재킷을 사는 것이 포함되었는데, 응답자들은 또한 같은 제품을 20분 떨어진 상점에서 살 수 있고 그곳에서는 120달러라고 들었다. 이번에는 29%의 사람들만 더 저렴한 재킷을 살 것이라고 말했다. 두 경우 모두 제품은 5달러 더 저렴했으나, 첫 번째 경우 그 액수가 가격의 3분의 1이었고, 두 번째 경우 가격의 25분의 1이었다. 이 두 상황 모두에서 달랐던 것은 구매의 가격 맥락이었다.

↓

구매 상황에서 동일한 할인액이 주어지면, 할인의 (A) 상대적인 가치가 사람들이 그 가치를 (B) 인식하는 방식에 영향을 미친다.

어휘 perception 인식; 지각, 자각 initial 최초의, 처음의; 이름의 첫 글자 present 보여주다; 제시하다; (~에) 있는, 참석한 cost (값, 비용이) ~이다[들다]; 희생시키다; 값, 비용 find out 알게 되다, 알아내다 vendor 판매자; (거리의) 행상인[노점상] available 구할[이용할] 수 있는; 시간이 있는 [선택지] absolute 절대적인; 완전한, 완벽한 modify 수정[변경]하다, 바꾸다; 수식하다

해설 구매 상황에서 할인액이 같을 때 '어떤' 가치가 사람들이 그 가치를 '어떻게 하는' 방식에 영향을 미치는지 추론해야 한다. 각각 15달러와 125달러짜리 상품의 할인액 5달러에 대한 가치가 다르다는 예를 들므로 (A)에는 relative(상대적인)가 알맞다. 또한 최초 가격(15달러, 125달러)에 따라 할인 상품의 구매 여부가 달라졌다는 내용에서 할인의 상대적인 가치가 사람들이 그 가치를 '인식'하는 방식에 영향을 미침을 알 수 있다. 따라서 (B)에는 perceive(인식하다)가 알맞다.

   (A)   (B)
① 절대적인 - 수정하다 (A)와 (B) 모두 틀림
② 절대적인 - 표현하다 (A)와 (B) 모두 틀림
③ 동일한 - 생산하다 (A)와 (B) 모두 틀림
⑤ 상대적인 - 광고하다 (A)는 맞지만 (B)는 틀림

48 Research Validity

Stage **1**　**다의어 Check 1** ⓐ　**2** ⓑ　**3** ⓑ
　　　　INTRO Q ①　**Q** ④　**OUTRO Q** ②

Stage **2**　**1** distortion　**2** ⓑ　**3** Researchers also believe that the knowledge that[which] they get from students　**4** how to get that work done　**5** ©

Stage **3**　(A) ease　(B) similarities　(C) cognitive

---

¹Much psychological research has been done / with student samples, /
많은 심리학 연구는 행해져 왔다　　　　　　　학생 표본으로
usually undergraduates.
보통 대학생들인

²As a consequence, / it may be a little distorted / in its view
그 결과　　　　　그것(심리학 연구)은 약간 왜곡될 수 있다　관점에서
(of how much they rely on thought / rather than emotion / in daily
그들이 얼마나 많이 사고에 의존하는지에 대한　　　감정보다는　　　일상적인
decision making).
의사결정에서

³This is // because undergraduates have strong cognitive skills, /
이는 (~이다)　　　대학생은 뛰어난 인지 능력을 가지고 있기 때문이다
a crucial variable, / and tend to rely on them more.
중요한 변인인　　그리고 그것들(인지 능력)에 더 의존하는 경향이 있기 때문이다

⁴The cynical view (of why psychological research accepts these
냉소적인 견해는　　　왜 심리학 연구가 이러한 잠재적인 편향을 용인하는지에 대한
potential biases) / **cites** convenience: // most psychologists have
편리함을 **이유로 든다**　　　즉, 대부분의 심리학자가
access / to large numbers of **accessible** students (on the campus).
접근할 수 있다는 것이다　　**접근 가능한** 많은 학생에게　　　캠퍼스 내의

⁵Researchers also believe / the knowledge [they get from students] /
연구자들은 또한 믿는다　　　　지식이　　　자신들이 학생들로부터 얻는
will apply to other groups of people // because their lives have parallels
다른 집단의 사람들에게도 적용될 것이라고　　　그들(학생들)의 삶은 유사점이 있기 때문에
/ to what grown-ups might call real life.
어른들이 실제 삶이라고 부를 것과

(**⁶**Research found // that a moderate amount of stress can be beneficial
연구는 알아냈다　　　적당한 양의 스트레스가 이로울 수 있다는 것을
/ and motivate students to do well.)
그리고 학생들이 잘 하도록 동기를 부여할 수 있다는 것을

⁷For example, / college students have to figure out exactly / what is
예를 들어　　　대학생들은 정확히 알아내야 한다　　　　자신들에게
expected of them, / how much work it will take / to **meet** those
무엇이 기대되는지　　　얼마나 많은 노력이 들지　　　그 기대를 **충족시키려면**
expectations, / and how to get that work done effectively and efficiently,
　　　　　　　　그리고 그 일을 효과적이고 효율적으로 완수되게 하는 방법
// just as they would / in having a new and more challenging job.
그들(대학생들)이 꼭 그러할 것처럼　　　새롭고 더 도전적인 직업을 갖는 것에 있어서

전문해석 ¹많은 심리학 연구는 보통 대학생들인 학생 표본으로 행해져 왔다. **²**그 결과, 심리학 연구는 일

Stage 1　정답 찾아가기

Q 많은 심리학 연구가 보통 대학생들인 학생 표본으로 행해져 왔다는 첫 문장 이후로, 연구가 약간 왜곡될 수 있다는 단점에도 불구하고 대학생을 대상으로 심리 연구를 하는 이유는 많은 학생에게 쉽게 접근할 수 있다는 편리함과 학생들로부터 얻은 지식의 적용 가능성 때문이라고 설명하는 글이다. 반면에 ④는 적당한 양의 스트레스가 학생들에게 이로울 수 있다는 연구 시사점에 대한 내용으로 글의 흐름과 무관하다.

Stage 2　한 문장씩 뜯어보기

1 distortion | 대학생 표본은 사고에 대한 의존 때문에 왜곡을 초래할 수 있다.
해설 동사 can result in의 목적어 자리이므로 문장 2의 distorted를 명사형인 distortion으로 변형해야 한다.

2 ⓑ
해설 학생들을 대상으로 한 심리학 연구에서 잠재적 편향을 용인하는 이유는 많은 학생에게 접근할 수 있다는 편리함 때문이라는 내용을 간단히 표현한 것이다.

3 Researchers also believe that the knowledge that[which] they get from students
해설 동사 believe의 명사절 목적어를 이끄는 접속사 that과 선행사 the knowledge를 수식하는 관계사절의 목적격 관계대명사 that[which]을 포함하여 쓴다.

4 how to get that work done
해설 우리말이 'V하는 방법'이므로 <how to-v> 형태를 써서 how to get 이하를 완성한다. to get의 목적어 that work와 목적격보어 do가 수동 관계이므로 do는 과거분사 done으로 써서 <get+O+p.p.: O가 ~되게 하다>를 완성한다.

5 ©
해설 문장 5는 연구자들이 대학생들의 삶이 어른들이 실제 삶이라고 부를 것과 유사해 대학생들에게서 얻는 지식이 다른 집단 사람들에게도 적용될 것이라고 믿는다는 내용이고, 문장 7은 유사성의 예를 들어 이를 뒷받침하고 있으므로 ©로 간단히 표현할 수 있다.

상적인 의사결정에서 대학생들이 감정보다는 사고에 얼마나 많이 의존하는가라는 관점에서 약간 왜곡될 수 있다. **³**이는 대학생들은 중요한 변인인 뛰어난 인지 능력을 가지고 있고, 그것에 더 의존하는 경향이 있기 때문이다. **⁴**왜 심리학 연구가 이러한 잠재적인 편향을 용인하는지에 대한 냉소적인 견해는 편리함이라는 이유를 드는데, 즉 대부분의 심리학자가 캠퍼스 내의 접근 가능한 많은 학생에게 접근할 수 있다는 것이다. **⁵**연구자들은 또한 자신들이 학생들로부터 얻는 지식이 다른 집단의 사람들에게도 적용될 것이라고 믿는데, 학생들의 삶이 어른들이 실제 삶이라고 부를 것과 유사하기 때문이다. (**⁶**연구는 적당한 양의 스트레스가 이로울 수 있으며 학생들이 잘 하도록 동기를 부여할 수 있다는 것을 알아냈다.) **⁷**예를 들어, 대학생들은 새롭고 더 도전적인 직업을 갖는 것에 있어서 꼭 그러할 것처럼, 자신들에게 무엇이 기대되는지, 그 기대를 충족시키려면 얼마나 많은 노력이 들지, 그리고 그 일을 효과적이고 효율적으로 완수하는 방법을 정확하게 알아내야 한다.

심리학 연구는 대학생들의 잦은 (C) 인지적 결정 사용 때문에 왜곡된 관점으로 이어질 수도 있지만, (A) 편의성과 '실제 삶'에서의 어려움에 대한 (B) 유사성 때문에 대학생을 자주 이용한다. • ease 편의성, 쉬움; 편해지다, 편하게 해 주다

함께 풀면 좋은 기출문제

p. 155

1 ④

해석 두 변인이 관련된 것처럼 보일지라도, 인과 관계가 없을 수도 있다. (C) 사실, 그 두 변인은 어떤 제3의 변인의 영향으로 단지 서로 관련된 것처럼 보일지도 모른다. 사회학자들은 이러한 오해의 소지가 있는 관계를 허위라고 부른다. 전형적인 예는 아이들의 신발 크기와 읽기 능력 사이의 표면상의 연관성이다. 신발 크기가 커질수록, 읽기 능력이 향상되는 것처럼 보인다. (A) 이것이 발 크기(독립 변인)가 읽기 능력(종속 변인)의 향상을 유발한다는 것을 의미하는가? 물론 아니다. 이러한 허위 관계는 읽기 능력뿐만 아니라 신발 크기와도 관련이 있는 제3의 변인인 연령에 의해 발생한다. (B) 따라서, 연구자들이 독립 변인과 종속 변인 사이의 관계에 대한 인과 관계를 주장하려고 할 때 허위 관계를 만들어 낼 수도 있는 다른 변인들을 통제하거나 배제해야만 한다.

어휘 causal relationship 인과 관계   independent 독립적인; 독립된, 별개의(↔ dependent 종속된; 의존하는; ~에 좌우되는[달려 있는])   cause 유발하다, 발생시키다, ~의 원인이 되다; 원인   false 허위의, 거짓의   hence 따라서, 그러므로; 이런 이유로   rule out 배제하다, 제외시키다   be associated with ~와 관련되다 cf. association 연관성; 연관; 협회   effect 영향; 결과, 효과; (결과를) 가져오다   misleading 오해의 소지가 있는, 호도[오도]하는   classic 전형적인; 일류의, 최고 수준의; 고전적인   apparent 표면상의, ~인 것처럼 보이는; 분명한

해설 주어진 글은 관련된 것처럼 보이는 두 변인이 인과 관계가 없을 수도 있다는 내용이다. In fact로 연결되는 (C)는 주어진 글의 two variables를 the two variables로 받아, 그 두 변인이 제3의 변인의 영향으로 관련된 것처럼 보일지도 모른다고 설명을 덧붙이므로 주어진 글의 바로 뒤에 와야 한다. 신발 크기와 읽기 능력을 예로 들어 설명한 (C)의 마지막 문장을 (A)에서 this로 받아 두 변인 사이에는 인과 관계가 없으며 연령이라는 제3의 변인에 의해 허위 관계가 발생한다고 설명하는 것이 자연스럽다. (B)는 결론을 이끄는 연결어 Hence로 이어져 허위 관계를 만들어 낼 수도 있는 다른 변인들을 통제하거나 배제해야 한다는 시사점을 언급하며 글을 맺고 있으므로 마지막에 오는 것이 자연스럽다. 따라서 글의 순서로 가장 적절한 것은 ④ (C)-(A)-(B)이다.

2 ②

해석 상관관계 관찰을 통해 우리는 하나의 변인이 제2의 변인과 연관되어 있다고 결론을 내린다. 그러나 연관성이 있다고 하더라도 한 행동이 직접적으로 다른 행동을 초래하지 않을 수도 있다. (B) 다음 예는 상관관계 관찰에 기초하여 인과 관계 진술을 하는 것이 왜 어려운지를 보여줄 것이다. 미 육군 연구원들은 사고의 수를 사회경제적인 수준과 나이와 같은 다른 변인과 연관시키려는 시도를 하면서 오토바이 사고에 관한 연구를 수행했다. (A) 그들은 최상의 예측 변인이 오토바이를 타는 사람이 가진 문신의 수라는 것을 발견했다. 문신이 오토바이 사고를 초래한다거나 오토바이 사고가 문신을 초래한다고 결론 내리는 것은 터무니없는 오류가 될 것이다. (C) 분명히, 제3의 변인은 둘 다와 관련이 있는데, 아마도 위험에 대한 선호도이다. 위험을 기꺼이 감수하려는 사람은 문신을 받는 것을 좋아할 것이며 오토바이를 탈 가능성 또한 더 높다.

어휘   correlational 상관관계의, 상호관계의 cf. correlate 연관시키다; 연관성[상관관계]이 있다   observation 관찰, 관측; 논평[의견]   predictor 예측 변인[변수]   illustrate 보여주다; 삽화를 쓰다[넣다]   statement 진술(서), 성명(서), 서술; 표현   conduct 수행하다; 지휘하다; 전도하다   preference 선호도   be willing to-v 기꺼이 v하다   chance 가능성; 기회; 위험(성); 운

해설 주어진 글은 두 변인 사이에 연관성이 있더라도 한 행동이 직접적으로 다른 행동을 초래하지 않을 수도 있다는 내용이다. 그 뒤에는 오토바이 사고 연구를 예로 들어 주어진 글의 이유를 구체적으로 설명하기 시작하는 (B)가 이어지는 것이 적절하다. (A)는 그 연구 결과에 해당하므로 (B) 뒤에 연결돼야 한다. 오토바이 사고의 최상의 예측 변인이 문신으로 밝혀졌다고 해서 문신과 오토바이 사고를 연관 짓는 것은 오류라고 지적하는 (A) 뒤에는 그 두 변인(문신과 오토바이 사고)과 관련 있는 제3의 변인(위험에 대한 선호도)을 제시하는 (C)가 오는 것이 자연스럽다. 따라서 글의 순서로 가장 적절한 것은 ② (B)-(A)-(C)이다.

49

Twinkling Stars

난이도 ★★☆　　p. 88

Stage 1　　**다의어 Check** 1 ⓐ　2 ⓑ
　　　　　　INTRO Q ②　**Q** ⑤　**OUTRO Q** ③

Stage 2　　1 ⓑ　2 ⓑ　3 ⓒ　4 (a): astronomers (b): telescopes　5 ⓒ　6 have been made

Stage 3　　(A) interference　(B) space

---

[1] The clearness (of sky images) / is worsened / by air movements
선명도는　　하늘 사진의　　더 나빠진다　　공기 이동으로 인해
(in our atmosphere).
우리 대기 중의

[2] Even on the clearest night, / stars twinkle, / shimmering in the sky.
심지어 가장 맑은 밤에도　　별들은 반짝거린다　　하늘에서 희미하게 빛나며

[3] Those (near the horizon) / twinkle more / than those overhead.
별들은　　지평선 근처의　　더 반짝거린다　　머리 위에 있는 것들보다

[4] They do so / because of air movements (passing in front of them).
그것들은 그렇다　　공기 이동 때문에　　그것들 앞을 지나가는

[5] Also, / the size of the lenses (in a telescope) / gives an absolute
또한　　렌즈 크기는　　망원경의　　절대적인 한계를 부여한다
limit / to the concentration of starlight / due to another behavior of
별빛 집중도에　　빛의 또 다른 성질인 회절 때문에
light, diffraction— / the bending of light / around the edge of a lens.
빛의 휨인　　렌즈 가장자리 주변에서

[6] To get the clear images (of stars and planets), / astronomers select
선명한 사진을 얻으려고　　별과 행성의　　천문학자들은
special locations (for telescopes).
특별한 장소를 선택한다　　망원경을 위한

[7] On the surface of the Earth, / they build them / at high ground
지구 표면에서　　그들은 망원경을 설치한다　　고지에
[where the air is **thin**, / such as mountains], / and at locations
공기가 **희박한**　　산처럼　　그리고 위치에
[where the airflow is smooth, / such as near the coast].
공기 흐름이 잔잔한　　해안 근처와 같이

[8] The best location (for clearer images) / is in space, // where there is
최적의 장소는　　더 선명한 사진을 위한　　우주에 있다　　그리고 그곳에는
no **atmosphere**.
대기가 없다

[9] Thus, / the deepest images (ever taken) (of the universe) /
따라서　　가장 심층적인 사진은　　지금까지 찍힌　　우주의
have been made / by the orbiting Hubble Space Telescope.
만들어졌다　　궤도를 도는 허블 우주 망원경에 의해

전문해석 [1]하늘 사진의 선명도는 우리 대기 중의 공기 이동으로 인해 더 나빠진다. [2]심지어 가장 맑은 밤에도 별들은 하늘에서 희미하게 빛나며 반짝거린다. [3]지평선 근처의 별들은 머리 위에 있는 별들보다 더 반짝거린다. [4]그 별들은 그것들 앞을 지나가는 공기 이동 때문에 그렇다. [5]또한 렌즈 가장자리 주변에서 빛이 휘는, 빛의 또 다른 성질인 회절 때문에 망원경의 렌즈 크기도 별빛 집중도에 절대적인 한계를

Stage 1 정답 찾아가기

Q 주어진 문장에서 '더 선명한' 사진을 찍기 위한 최적의 장소는 대기가 없는 우주라고 했으므로 그 앞에는 선명한 사진을 찍기 적합한 다른 장소가 먼저 언급되어야 함을 추측할 수 있다. ⑤ 앞에서 지구에서 심층적인 사진을 찍기 좋은 장소(공기가 희박하거나 공기 흐름이 잔잔한 곳)를 언급했고, ⑤ 뒤에서는 우주에서 찍은 가장 심층적인 사진에 대해 언급한다. 주어진 문장을 ⑤에 넣어보면 더 선명한 사진을 찍기 좋은 장소는 우주이고, 따라서 가장 심층적인 우주 사진은 지구 궤도를 도는 허블 망원경이 우주에서 찍은 사진이라는 내용이 자연스럽게 이어진다. 그러므로 주어진 문장이 들어가기에 가장 적절한 곳은 ⑤이다.

Stage 2 한 문장씩 뜯어보기

1 ⓑ
해설 do so는 같은 동사구의 반복을 피하기 위한 표현으로, 밑줄 친 부분은 문맥상 바로 앞 문장의 내용을 대신한다.

2 ⓑ | 공기는 별을 보는 것에 영향을 준다.
ⓐ 반영하다 ⓒ 맑게 하다
해설 공기의 이동으로 인해 하늘 사진의 선명도가 더 나빠진다는 것은 공기가 별을 보는 것에 '영향을 준다'는 것을 의미한다.

3 ⓒ | 하늘 사진의 선명도 부족의 원인이 되는 또 다른 요인
ⓐ 장치 ⓑ 결과 • lack 부족, 결핍; ~이 없다
해설 문장 5에서 언급한 망원경의 렌즈 크기는 렌즈 가장자리 주변에서 빛이 휘는 성질 때문에 별빛 집중도에 한계를 부여하여 하늘 사진의 선명도를 떨어뜨리는 또 다른 '요인'이다.

4 (a): astronomers (b): telescopes | (a): 천문학자들 (b): 망원경
해설 문장 7은 문장 6의 천문학자들이 망원경을 설치하는 특별한 장소에 대한 구체적 설명이다. 즉 선명한 사진을 얻고자 (a) they(천문학자들)가 공기가 희박하거나 공기 흐름이 잔잔한 곳에 (b) them(망원경)을 설치한다는 내용이다.

5 ⓒ | 잔잔한 공기 흐름 ⓐ 공기 이동 ⓑ 빛의 굴절
해설 잔잔한 공기 흐름은 선명한 사진을 얻기 위한 조건이다.

6 have been made
해설 문장의 주어인 복수명사 the deepest images

부여한다. **⁶**천문학자들은 선명한 별과 행성 사진을 얻으려고 망원경을 위한 특별한 장소를 선택한다. **⁷**지구 표면에서, 그들은 산처럼 공기가 희박한 고지(高地), 그리고 해안 근처와 같이 공기 흐름이 잔잔한 곳에 망원경을 설치한다. **⁸**더 선명한 사진을 위한 최적의 장소는 우주에 있으며 그곳에는 대기가 없다. **⁹**따라서 지금까지 찍힌 우주의 가장 심층적인 사진은 궤도를 도는 허블 우주 망원경에 의해 만들어졌다.

는 동사 make와 수동 관계이므로 수동태로 써야 한다. 또한, ever(지금까지)로 보아 과거 행동이 '현재'에 영향을 주는 의미가 되도록 현재완료 수동태인 have been made로 써야 한다.

Stage 3 요약하기

천문학자들은 공기의 (A) 간섭과 회절에도 불구하고 선명한 별과 행성 사진을 얻기 위해 대기가 희박하거나 안정적인 곳이나 심지어 (B) 우주에 망원경을 설치한다.

1　②

해석 다음에 여러분이 맑고 어두운 하늘 아래에 있다면, 위를 올려다보아라. 별을 보기에 좋은 장소를 골랐다면, 수천 개의 눈부신 보석처럼 빛나고 반짝거리는 별로 가득한 하늘을 보게 될 것이다. (B) 하지만 이 놀라운 별들의 광경은 또한 혼란스러울 수도 있다. 어떤 사람에게 별 하나를 가리켜줘 보라. 아마 그 사람은 여러분이 어떤 별을 보고 있는지를 정확하게 알기 어려울 것이다. (A) 만약 여러분이 별의 패턴을 묘사한다면 그것은 더 쉬워질 수도 있다. "저기 큰 삼각형을 이루는 밝은 별들이 보이세요?"와 같은 말을 할 수 있을 것이다. 혹은, "대문자 W처럼 보이는 다섯 개의 별이 보이세요?"라고 말할 수도 있을 것이다. (C) 여러분이 그렇게 하면, 여러분은 우리가 별을 바라볼 때 우리 모두가 하는 일을 정확하게 하고 있는 것이다. 우리는 패턴을 찾는다. 우리가 다른 사람에게 어떤 것을 가리켜 보이기 위해서뿐만 아니라, 그것은 우리 인간이 항상 해왔던 일이기도 하기 때문이다.

어휘 stargaze 별을 보다　describe 묘사하다, 말하다[서술하다]　letter 문자, 글자; 편지　chances are (that) 아마 ~일 것이다, ~일 것 같다　have a hard time (in) v-ing v하는 데 어려움을 겪다　look for ~을 찾다; ~을 기대하다　not just[only] A but (also) B A뿐만 아니라 B도　point A out (to B) (B에게) A를 가리켜 보이다[알려주다]

해설 주어진 글은 수천 개의 반짝거리는 별로 가득한 하늘을 보는 상황을 가정하고 있다. 그 뒤에는 역접 연결어 But으로 이 놀라운 별들의 광경(this amazing sight of stars)이 혼란스러울 수도 있다고 문제를 제시하는 (B)가 이어지는 것이 적절하다. (B)에서 다른 사람은 여러분이 어떤 별을 보고 있는지 정확하게 알기 어려울 수 있다고 했고, (A)는 그 해결책으로 별의 패턴을 묘사하는 것을 예로 들어 설명하므로 (B) 뒤에 와야 한다. 마지막으로 (A)의 별의 패턴을 묘사하는 것을 that으로 받아 인간이 패턴을 찾는 이유를 설명하는 (C)가 오는 것이 자연스럽다. 따라서 글의 순서로 가장 적절한 것은 ② (B)-(A)-(C) 이다.

2　⑤

해석 한 번에 한 영역에만 집중하기보다 전체 그림을 중심으로 작업하는 것은 여러분이 어떤 지점에서도 멈출 수 있고 그림이 '완성된' 것으로 간주될 수 있다는 것을 의미할 것이다. 화가는 종종 언제 그림 그리던 걸 멈춰야 할지 알기 어려워하고, 자신의 그림에 계속해서 더 추가하고 싶은 유혹을 느낄 수도 있다. 자신의 진행 상황을 평가하기 위해 때때로 그림에서 몇 걸음 뒤로 물러서는 것이 중요하다. 한 그림에 너무 많은 것을 넣으면 그것의 영향력을 망칠 수 있고 그것이 과하게 작업된 것처럼 보이게 둘 수 있다. 만약 여러분이 끝냈는지를 결정하는 데 자신이 애쓰고 있음을 알게 된다면, 휴식을 취하고 나중에 새로운 눈으로 그것(그림)으로 다시 돌아와라. 그러면 여러분은 더 정교하게 꾸미는 것으로 자신의 그림 어느 부분이 득을 볼지를 결정할 수 있다.

어휘 work 작업[근무]하다, 일하다; 일, 직장; 작품　A rather than B B라기보다 A　take a step back 한 걸음 물러서다　assess 평가하다; 재다, 가늠하다　progress 진행[진척]; 진전; 나아가다　put into (시간, 노력 등을) 들이다; (어떤 특질을) 더하다　spoil 망치다; 응석받이로 키우다　impact 영향(력); 영향[충격]을 주다　leave 그대로 두다; 떠나다; 놓아두다[미루다]　overwork 과하게 작업하다; 과로, 과도한 노동　struggle 애쓰다, 분투하다; 분투, 투쟁　benefit from ~으로 득[이익]을 보다　[선택지] draw 끌어내다; 끌다; 그리다　inspiration (예술적 창조를 가능하게 하는) 영감　incomplete 미완성의, 불완전한　interpretation 해석, 이해, 설명

해설 그림 작업을 끝내는 결정을 내리는 것에 관한 문제와 해결책을 제시하는 글이다. 화가는 언제 그림 그리던 걸 멈춰야 할지 알기 어려워하고 그림에 더 추가하고 싶은 유혹을 느끼는데, 그러면 그림이 과하게 작업된 것처럼 보일 수 있으므로 뒤로 물러서서 휴식을 취한 뒤 새로운 눈으로 그림을 보며 작업을 끝낼지를 결정하라고 했다. 따라서 글의 제목으로 가장 적절한 것은 ⑤ 'Avoid Overwork and Find the Right Moment to Finish(과한 작업을 피하고 끝낼 적절한 시기를 찾아라)'이다.

① 다양한 예술가로부터 영감 끌어내기
　다른 예술가로부터 영감을 얻는 내용은 없음
② 그림을 미완성으로 둬서 망치지 말라
　그림의 '완성 시기'를 결정하는 것에 관한 글임
③ 예술 해석으로 그림에서 의미 찾기
　그림의 의미를 해석하는 것에 관한 내용은 없음
④ 붓을 내려놓지 말라. 더 할수록 더 좋다
　과한 작업을 피하고 그림을 끝낼 시기를 결정하라는 글의 내용과 상반됨

50

Consumer Loyalty

Stage 1　　**다의어 Check 1** ⓑ　**2** ⓐ
　　　　　　INTRO Q ①　**Q** ⑤

Stage 2　　**1** ⓑ　**2** learning by doing　**3** ⓒ　**4** effort, loyal

Stage 3　　(A) limited　(B) habit

---

[1] The underlying reason (for using a limited amount of Internet resources
근본적인 이유는　　　　　　　　제한된 양의 인터넷 자원을 사용하는
/ when shopping for cheaper and same kind of products online) /
온라인으로 더 저렴하고 같은 종류의 상품을 쇼핑할 때
may be explained / by using the human **capital** model (Becker, 1993).
설명될 수 있다　　　인적 **자본** 모델(베커, 1993)을 사용하여

[2] The model suggests // that / learning by doing / is a key aspect
이 모델은 시사한다　~라는 것을　행동에 의한 학습이　핵심 측면이라는 (것을)
(of how humans acquire knowledge).
인간이 지식을 습득하는 방법의

[3] Over time and through experience, / we obtain the skills [we need] /
시간이 지나고 경험을 통해　　　우리는 기술을 얻는다　우리가 필요한
to survive and thrive / in the societies [in which we live].
살아남고 번성하기 위해　　사회에서　　우리가 사는

[4] When engaging in novel tasks, / we tend to have to make an effort.
새로운 일에 참여할 때　　　우리는 노력해야 하는 경향이 있다

[5] However, / with time and **practice**, / behaviors [that were originally
그러나　　시간이 지나고 **연습**함에 따라　　행동들이　　원래는
difficult and demanding] / become less so, / and eventually become
어렵고 힘들었던　　　덜 그렇게 된다　　　그리고 결국 습관화된다
habitual.

[6] An Internet site [that consumers have had previous experience of] /
인터넷 사이트는　　　　　소비자가 이전에 경험해 본
will be more useful // in that it will decrease the mental effort (put in).
더 유용할 것이다　　　정신적인 노력을 줄인다는 점에서　　들어가는

[7] The ease (of using a particular website [that consumers are familiar
용이함은　　특정 웹사이트를 이용하는 것의　　소비자가 익숙한
with]) / means / that consumers are ultimately becoming loyal /
의미한다　궁극적으로 소비자들이 충성스러워지고 있다는 것을
to one site, // which explains / why consumers fail to shop around
한 사이트에　그리고 이것은 설명한다　소비자들이 온라인 쇼핑몰을 돌아다니지 않는 이유를
online, / even though it would be really easy to do.
그렇게 하는 것이 매우 쉬울지라도

전문해석 **[1]** 온라인으로 더 저렴하고 같은 종류의 상품을 쇼핑할 때 제한된 양의 인터넷 자원을 사용하는 근본적인 이유는 인적 자본 모델(베커, 1993)을 사용하여 설명할 수 있다. **[2]** 이 모델은 행동에 의한 학습이 인간이 지식을 습득하는 방법의 핵심 측면이라는 것을 시사한다. **[3]** 시간이 지나고 경험을 통해, 우리는 우리가 사는 사회에서 살아남고 번성하기 위해 필요한 기술을 얻는다. **[4]** 새로운 일에 참여할 때 우리는 노력해야 하는 경향이 있다. **[5]** 그러나 시간이 지나고 연습을 하면서 원래는 어렵고 힘들었던 행동들이 덜 그렇게[어렵고 힘들게] 되고, 결국 습관화된다. **[6]** 소비자가 이전에 경험해 본 인터넷 사이트

Stage 1　정답 찾아가기

INTRO Q ① 소비자 습관　② 소비자 후기　③ 소비자 불만

Q 첫 문장에서 온라인으로 쇼핑할 때 제한된 양의 인터넷 자원을 사용하는 이유라는 화두를 던지고, 이어지는 내용에서 이전에 경험해 본 사이트가 정신적 노력을 줄여 주기 때문에 소비자는 한 사이트에 충성스러워진다고 설명한다. 따라서 글의 제목으로 가장 적절한 것은 ⑤ 'What Keeps Online Consumers Using Specific Websites? (무엇이 온라인 소비자들이 특정 웹사이트를 계속 이용하게 하는가?)'이다.

① 온라인 소비자 충성도 부족에 대한 이해
　소비자 충성도 '부족'이 아닌 '충성하는 이유'에 대한 글임
② 새로운 일에 필요한 노력인 낯선 것 시도하기
　새로운 일에 노력이 필요하다는 것은 세부 사항에 해당함
③ 더 나은 거래를 위해 가능한 한 많은 선택지를 찾아라!
　더 많은 선택지를 찾아야 한다는 언급은 없음
④ 전자 상거래에서의 소비자 어려움인 온라인 정보 탐색
　소비자의 어려움을 논하는 글이 아님

Stage 2　한 문장씩 뜯어보기

1 ⓑ | 소비자들이 몇 개의 웹사이트만을 선호하는 이유
　ⓐ 더 저렴한 제품 ⓒ 같은 종류의 제품
　해설 온라인 쇼핑 시 제한된 양의 인터넷 자원을 사용하는 근본 이유를 설명하는 모델로 제시됐으므로 '몇 개의 웹사이트만'을 선호하는 이유에 대한 것이다.

2 learning by doing | 행동에 의한 학습
　해설 시간이 지나고 연습을 통해 어렵고 힘들었던 행동이 결국 습관화된다는 것은 우리가 '행동에 의한 학습'을 한다는 것을 의미한다.

3 ⓒ | 어렵고 힘들게 ⓐ 습관적인 ⓑ 변치 않고 실용적인
　해설 어렵고 힘들었던 행동이 덜 그렇게, 즉 덜 어렵고 덜 힘들어진다는 뜻이다.

4 effort, loyal | 익숙한 웹사이트는 노력을 줄여 소비자가 충성하게 한다.
　해설 소비자가 경험해 본 웹사이트는 들어가는 정신적인 노력을 줄여 궁극적으로 소비자들이 한 사이트에 충성하게 만든다고 했으므로 정답은 effort(노력), loyal(충성스러운)이다.

는 들어가는 정신적인 노력을 줄인다는 점에서 더 유용할 것이다. [7]소비자에게 익숙한 특정 웹사이트를 이용하는 것의 용이함은 궁극적으로 소비자가 한 사이트에 충성스러워지고 있다는 것을 의미하는데, 이는 그들이 온라인 쇼핑몰을 돌아다니는 것이 매우 쉬울지라도 그렇게 하지 않는 이유를 설명한다.

Stage 3 요약하기

소비자들은 용이함과 익숙한 웹사이트의 반복적인 사용으로 형성된 (B) 습관 때문에 (A) 제한된 인터넷 쇼핑 자원을 사용하고 결국 그 사이트에 대한 충성도가 높아지게 된다.

함께 풀면 좋은 기출문제

p. 157

1 ⑤

해석 소비자들은 일반적으로 높은 위험을 감수하는 것을 불편해한다. 그 결과, 소비자들은 대개 위험을 줄이기 위해 많은 전략을 사용하도록 동기 부여된다. 소비자들은 온라인 조사를 하거나, 뉴스 기사를 읽거나, 친구들에게 이야기하거나, 전문가와 상담함으로써 추가적인 정보를 수집할 수 있다. 소비자들은 또한 그 제품이 적어도 자신들의 지난 구입품만큼 만족스러울 것이라고 믿으면서, 자신들이 지난번에 구매했던 동일한 브랜드를 구매함으로써 불확실성을 줄인다. 게다가, 몇몇 소비자들은 결과적으로 더 안전한 선택으로 이어지는 간단한 결정 규칙을 이용할 수도 있다. 예를 들어, 어떤 사람은 해당 브랜드가 다른 브랜드들보다 더 높은 품질을 갖추고 있다는 믿음으로 가장 비싼 제품을 사거나 아주 많이 광고되는 브랜드를 선택할지도 모른다.

어휘 uncomfortable 불편한   take a risk 위험을 감수하다   be motivated to-v v하도록 동기 부여되다   strategy 전략   additional 추가적인, 부가적인   conduct (특정한 활동을) 하다   article 기사, 글; 조항; 물품, 물건   consult 상담하다; (전문가에게) 자문을 구하다   uncertainty 불확실성   at least 적어도, 최소한   satisfactory 만족스러운   employ 이용하다; 고용하다   result in ~을 야기하다, ~라는 결과를 낳다   offering 제공된 물품[것]   [선택지] profit 수익, 이익   pursue 추구하다   eagerly 간절히, 열망하여

해설 첫 문장에서 소비자들이 높은 위험을 감수하는 것을 불편해한다고 한 뒤 이를 줄이기 위해 소비자들이 사용하는 전략들로 정보 수집, 사용했던 브랜드 재구매 등을 열거하고 있다. 따라서 제목으로 가장 적절한 것은 ⑤ 'Safe Purchase: What Consumers Pursue Eagerly (소비자들이 간절히 추구하는 것인 안전한 구매)'이다.

① 더 낮은 가격, 더 많은 판매
가격에 따른 판매량은 언급되지 않음

② 지나치게 많은 정보는 스트레스를 유발한다
추가 정보를 수집하는 것은 소비자들이 위험을 줄이기 위한 전략 중 하나임

③ TV 시청자들에게는 소음인 광고
많이 광고되는 브랜드를 소비자가 선택할 수 있다고 했으나 광고가 소음이라는 언급은 없음

④ 더 큰 수익의 원천인 위험 감수
위험을 줄이기 위해 소비자들이 사용하는 전략에 관한 글임

2 ④

해석 쇼핑객들은 보통 지출할 수 있는 돈의 양이 한정되어 있고, 쇼핑할 수 있는 시간도 한정되어 있다. 쇼핑은 사실 정보 검색이라고 깨닫는 것이 중요하다. 광고, 친구, 판매원, 상표, 잡지 기사, 인터넷 또는 몇몇 다른 출처에서 정보를 얻을 수 있다. 또한 옷을 입어보거나, 자동차 시험 운전을 해보거나, 헬스클럽에서 판촉 행사를 이용하는 것 같이 그 제품을 실제 사용하는 것에서 정보를 얻을 수도 있다. 그러나 쇼핑객들은 이러한 정보의 출처 중에서 어떤 것을 얻으려면 비용이 든다는 것을 이해해야 한다. 이러한 비용에는 교통비와 시간이 포함될 수 있다. 오직 여러분만이 그 비용을 감수할지 말지를 결정할 수 있다.

어휘 source 출처; 원천, 근원   cost 비용, 값; 비용이 들다   amount 양   search 검색, 탐색; 찾아보다   take advantage of ~을 이용하다   include 포함하다, ~을 포함시키다   transportation 교통, 운송, 수송 (수단)   whether to-v (or not) v할지 (아니면 말지)

해설 주어진 문장은 역접 연결어 However(그러나)로 시작하여 이러한(these) 정보의 출처에서 어떤 것을 얻는 것에는 비용이 든다는 내용이므로 그 앞에는 정보를 얻는 여러 출처가 언급되어야 함을 알 수 있다. ④ 앞까지는 정보를 얻는 다양한 출처가 언급되었고 그 뒤 문장의 These costs는 주어진 문장의 costs를 받아 부연 설명하므로, 주어진 문장이 들어가기에 가장 적절한 곳은 ④ 이다.

51 Adults vs. Infants

Stage 1   **다의어 Check** 1 ⓐ 2 ⓐ
        INTRO Q ② **Q** ⑤

Stage 2   **1** ⓑ **2** ⓒ **3** where **4** have vivid memories **5** ⓐ

Stage 3   (A) specific   (B) distracted   (C) novel

---

¹When we pay attention to something / as adults, // we're more open
우리가 어떤 것에 주의를 기울일 때   성인으로서   우리는 정보에 더
to information (about that thing), / but the other parts (of our brain) /
열려 있다   그것에 대한   하지만 다른 부분들은   우리 뇌의
get inhibited.
억제된다

²It's like a spotlight.
그것은 마치 스포트라이트와 같다

³We don't pay attention to all the distractions (around us), /
우리는 모든 방해 요소에 주의를 기울이지 않는다   우리 주변의
and just pay attention to one thing / at a time.
그리고 한 가지에만 주의를 기울인다   한 번에

⁴However, / babies are really bad at that // because their consciousness
그러나   아기들은 그것을 정말 못한다   왜냐하면 그들의 의식이
is like a lantern / instead of being like a spotlight.
랜턴과 같기 때문이다   스포트라이트와 같은 것보다는

⁵They're open to all of the experience [that's going on around them].
그들은 모든 경험에 열려 있다   그들 주변에서 일어나고 있는

⁶The thing [that babies are really bad at] / is inhibition, // so we say /
(어떤) 것은   아기들이 정말 못하는   억제이다   그래서 우리는 말한다
that they're bad at not paying attention / or weak to distractions.
그들(아기들)이 주의를 기울이지 않는 것을 못한다고   혹은 주의를 산만하게 하는 것에 약하다고

⁷There are certain kinds of **states** [that we're in / as adults], /
특정한 종류의 **상태**가 있다   우리가 있는   성인으로서
like when we go to a new city / for the first time, //
새로운 도시에 갈 때와 같은   처음으로
where we experience / baby-like information processing.
(그리고) 우리는 경험한다   아기와 같은 정보 처리를

⁸When we do that, // we feel / as if our consciousness has expanded.
우리가 그렇게 할 때   우리는 느낀다   우리의 의식이 확장된 것처럼

⁹We have more vivid memories (of the three days in Bangkok) //
우리는 더 생생한 기억을 갖는다   방콕에서 보낸 3일에 대한
than we do (of all the **rest** of the months [that we spend as walking,
우리가 (생생한 기억을) 가진 것보다 **나머지** 모든 달에 대한   우리가 걷고,
talking, teaching, meeting-attending robots / in our hometown]).
말하고, 가르치고, 회의에 참석하는 로봇으로 보낸   우리가 현재 살고 있는 도시에서

전문해석 ¹성인으로서 어떤 것에 주의를 기울일 때, 우리는 그것에 대한 정보에 더 개방적이지만
우리 뇌의 다른 부분들은 억제된다. ²그것은 마치 스포트라이트와 같다. ³우리는 주변의 모든 방해

Stage 1 **정답 찾아가기**

Q 빈칸이 certain kinds of states를 보충 설명하는 관계
사절에 있으므로, 새로운 도시를 처음 방문할 때 성인의 상태
에 관한 내용을 찾아야 한다. 도입부는 성인과 아기의 의식을
각각 스포트라이트와 랜턴에 비유하며 대조하는데, 성인은 한
번에 한 가지에만 주의를 기울이지만 아기는 주변의 모든 경험
에 열려 있다고 했다. 그런데 빈칸 문장 뒤에서는 우리가 그렇
게 할 때(빈칸 내용) 의식이 확장된 것처럼 느낀다고 하고, 방
콕에서 보낸 3일을 일상보다 더 생생하게 기억한다는 예를 들
었다. 이를 통해 새로운 도시를 처음 방문할 때 성인은 아기와
같은 주의 집중 수준을 갖는 것을 알 수 있으므로, 빈칸에 들어
갈 말로 가장 적절한 것은 ⑤ 'we experience baby-like
information processing(우리는 아기와 같은 정보 처리를
경험한다)'이다.

① 우리는 우리의 감각이 더 예리해지는 것을 깨닫는다
감각이 예리해지기보다는 주의 집중의 방식이 바뀜
② 우리는 일상생활에서처럼 활발하다
주의 집중에 관한 글이며 활발함에 관한 내용은 없음
③ 우리의 의식은 여전히 스포트라이트처럼 작동한다
스포트라이트처럼 작동하던 의식이 랜턴과 같이 바뀜
④ 우리는 자신의 과거 기억에 의존한다
새로운 정보를 경험하고 처리하는 것에 관한 글임

Stage 2 **한 문장씩 뜯어보기**

1 ⓑ | 단일 초점 뇌 활동을 하는 것
ⓐ 정보에 열려 있는 것 ⓒ 주변에 의해 주의가 산만해지는 것
해설 a spotlight는 어떤 것에 주의를 기울일 때 뇌의 다
른 부분은 억제되며 한 번에 한 가지에만 주의를 기울이는
성인의 의식을 비유적으로 나타낸다.

2 ⓒ
해설 a lantern은 한 번에 한 가지에만 집중하는 스포트라
이트와 대조적으로 주변에서 일어나고 있는 모든 경험에
열려 있는 아기의 의식을 비유적으로 나타낸다.

3 where
해설 뒤에 주어+동사 ~를 갖춘 완전한 절이 쓰였으며, 문맥
상 추상적 '공간'을 나타내는 states(상태)가 선행사이므로
관계부사 where가 알맞다.

4 have vivid memories
해설 일상생활에 대한 기억보다 새로운 도시에서 보낸 며
칠의 기억이 더 생생하다는 의미로 do는 앞의 have vivid
memories를 대신하는 대동사이다.

요소에 주의를 기울이지 않고 한 번에 한 가지에만 주의를 기울인다. **⁴**그러나 아기들은 그것을 정말 못하는데, 그들의 의식이 스포트라이트와 같은 것이 아니라 랜턴과 같기 때문이다. **⁵**아기들은 주변에서 일어나고 있는 모든 경험에 개방적이다. **⁶**아기들이 정말 못하는 것은 억제이기에 주의를 기울이지 않는 것을 못하거나, 주의를 산만하게 하는 것에 약하다고 말한다. **⁷**우리가 새로운 도시에 처음 갈 때처럼 성인으로서 있는 특정한 종류의 상태가 있는데, 그 상태에서 <u>우리는 아기와 같은 정보 처리를 경험한다.</u> **⁸**그렇게 할 때, 우리는 의식이 확장된 것처럼 느낀다. **⁹**우리는 현재 살고 있는 도시에서 걷고, 말하고, 가르치고, 회의에 참석하는 로봇으로 보낸 나머지 모든 달보다 방콕에서 보낸 3일 동안의 기억이 더 생생하다.

5 ⓐ

> **해설** 걷고, 말하는 것 등은 평상시에 하는 익숙한 행동을 의미하며 그것을 일상에서 기계적으로 수행하는 상태를 robots로 표현하고 있다.

Stage 3 요약하기

성인의 주의력은 스포트라이트와 같아서 (A) <u>특정</u> 정보에 주의를 기울이고 나머지는 무시하는 반면, 아기의 주의력은 랜턴과 같아서 쉽게 (B) <u>산만해진다.</u> 그러나 (C) <u>새로운</u> 환경은 성인에게서 이러한 확장된 인식을 돌려줄 수 있다.

• novel 새로운; 소설

함께 풀면 좋은 기출문제

p. 158

1 ⑤

해석 교육 심리학자 수잔 엥겔에 따르면, 호기심은 네 살 정도의 어린 나이에 줄어들기 시작한다. 우리가 <u>어른</u>이 될 무렵, 우리는 질문이 적어지고 더 많은 기본값을 갖는다. 헨리 제임스가 말했듯이, "흥미를 유발하지 않는 호기심은 지나가고, 정신의 고랑과 경로가 자리 잡는다." 호기심의 감소는 유년 시절 동안의 뇌 발달에서 원인을 찾을 수 있다. 비록 <u>성인</u>의 뇌보다 작지만, <u>유아</u>의 뇌는 수백만 개 더 많은 신경 연결을 가지고 있다. 그러나 연결 상태는 엉망이다. 그래서 <u>유아</u>의 뉴런 간의 연결은 <u>성인</u> 뇌에서의 연결보다 훨씬 덜 효율적이다. 결과적으로 세상에 대한 <u>아기</u>의 인식은 매우 풍부하면서도 상당히 무질서하다. 아이들이 주변 세상으로부터 <u>더 많은 증거를 흡수함에 따라, 특정 가능성이 훨씬 더 커지고 더 유용하게 되며 지식이나 신념으로 굳어진다.</u> 그러한 신념을 가능하게 하는 신경 경로는 더 빨라지고 무의식적이게 되는 반면에, 아이가 주기적으로 사용하지 않는 경로는 제거된다.

해설 주어진 문장에 뚜렷한 연결 단서가 없는 경우, 지시어와 내용 흐름을 통해 위치를 파악할 수 있다. 주어진 문장은 아이들이 주변 세상으로부터 증거를 흡수함에 따라 특정 가능성이 지식이나 신념으로 굳어진다는 내용이다. 글의 흐름을 보면, ⑤의 앞은 아기의 무질서한 인식에 관한 내용으로 주어진 문장이 설명하는 아동의 인식 발달 이전에 해당한다. 한편, ⑤ 뒤의 문장은 주어진 문장의 beliefs를 those beliefs로 받아 신경 경로가 더 빨라지고 무의식적이게 된다고 주어진 문장의 발달 과정을 부연 설명하므로, 주어진 문장이 들어가기에 가장 적절한 곳은 ⑤이다.

어휘 harden 굳다, 경화되다   channel 경로; 수단; 채널   set 자리 잡다; 놓다   trace (추적하여) 찾아내다, 추적하다   infant 유아, 젖먹이, 아기   wiring 연결 (상태); 배선   neuron 뉴런, 신경 세포 *cf.* neural 신경(계통)의   intensely 매우, 몹시   disordered 무질서한, 어수선한; 장애가 있는   pathway 경로, 길   automatic 무의식적인, 반사적인; 자동의

2 ④

해석 진정성 있고 효과적인 몸짓 언어는 개별 전달 신호의 합계 이상이다. 사람들이 사전식 접근법과 같은 기계적 암기로부터 의사전달을 할 때, 그들은 더 큰 그림, 즉 사회적 인식의 모든 다양한 측면을 보는 것을 멈춘다. 대신, 팔짱을 낀 사람을 보고 '과묵하고, 화가 난' 것으로 생각한다. 미소를 보고 '행복한' 것으로 생각한다. 다른 사람들에게 '누가 윗사람인가'를 보여 주기 위해 굳은 악수를 한다. <u>몸짓 언어 사전을 읽어서 몸짓 언어를 사용하려고 하는 것은 프랑스어 사전을 읽어서 프랑스어를 말하려고 하는 것과 같다.</u> (의미 구성의) 요소들이 진정성 없는 엉망인 상태로 분리되어 버리는 경향이 있다. 당신의 행동은 로봇처럼 어색해 보이며 당신의 몸짓 언어 신호는 서로 단절된다. 당신의 몸짓 언어가 그저 잘못 전달되기 때문에 결국 당신이 마음을 끌려고 하는 바로 그 사람들을 혼란스럽게 하게 된다.

해설 기계적 암기가 아닌 사회적 인식의 모든 다양한 측면을 고려하여 몸짓 언어를 사용해야 한다는 내용의 글이다. 밑줄을 포함한 문장은 몸짓 언어 사전을 읽어서 몸짓 언어를 사용하는 것을 프랑스어 사전을 읽어서 프랑스어를 말하는 것에 비유하며 그것이 사회적 인식의 다양한 측면을 고려하지 않는 사전식 접근법임을 설명한다. 따라서 밑줄 친 부분이 의미하는 바로 가장 적절한 것은 ④ 'without understanding the social aspects(사회적 측면을 이해하지 않고)'이다.

어휘 authentic 진정성 있는; 진품인, 진짜인(↔inauthentic 진정이 아닌; 진짜가 아닌)   signal 신호; 신호를 보내다; 시사[암시]하다   rote-memory 기계적 암기   reserved 과묵한, 내성적인   firm 굳은, 단단한; 확실한   fall apart 분리되다; 다 허물어질[부서질] 정도이다   mess 엉망인 상태; 엉망으로[지저분하게] 만들다   end up v-ing 결국 v하게 되다   attract 마음을 끌다; 끌어들이다[끌어 모으다]   ring false 잘못 전달되다; 거짓으로 들리다   [선택지] native 태어난 곳의; 원주민(의); 현지인

① 사회적 맥락에서 몸짓 언어를 배워서
  사전식 접근법은 사회적 맥락을 보지 않는다고 했으므로 의미가 반대됨

② 몸짓 언어와 프랑스어를 비교해서
  두 언어를 비교하는 내용은 없음

③ 몸짓 언어 전문가의 도움으로
  전문가의 도움을 구한다는 언급은 없음

⑤ 사람들이 모국어를 배우는 방식으로
  모국어 학습은 언급되지 않음

Stage 1 다의어 Check 1 ⓐ 2 ⓑ
  INTRO Q 1 ① 2 (1) (C) (2) (A) (3) (B) **Q** ⑤

Stage 2 1 (a): hypothesis (b): evidence 2 ⓒ 3 ⓒ 4 ⓐ

Stage 3 (A) evidence (B) fail (C) conclusion

---

[1] Many scientists and philosophers believed // that the way (to do
많은 과학자와 철학자는 생각했다   방법은   과학적 연구를 하는

science) / was to seek out evidence [that supported your hypothesis].
증거를 찾아내는 것이라고   당신의 가설을 뒷받침하는

(C) [2] For example, / if you wanted to prove / that all swans are white, //
예를 들어   만약 입증하고 싶다면   모든 백조가 흰색이라는 것을

you'd make a lot of observations of white swans.
당신은 흰색 백조를 많이 관찰할 것이다

[3] If all the swans [you looked at] / were white, // it seemed reasonable /
모든 백조가 (~라면)   당신이 살펴본   흰색이라면   (~은) 타당해 보인다

to **assume** / that your hypothesis "All swans are white" / was true.
추정하는 것은   '모든 백조는 흰색이다'라는 당신의 가설이   사실이라고

(B) [4] This style of reasoning goes / from "All the swans I've seen are white"
이러한 추론 방식은 이어진다   '내가 본 모든 백조는 흰색이다'에서

/ to the conclusion "All swans are white."
'모든 백조는 흰색이다'라는 결론으로

[5] But clearly, / a swan [that you haven't **observed**] / could turn out /
그러나 분명히   백조가   당신이 **관찰하지** 못한   밝혀질지도 모른다

to be black.
검은색으로

[6] There are black swans / in Australia / and in many zoos (around the
흑조들이 있다   호주에   그리고 많은 동물원에   세계의

world).

[7] So the conclusion doesn't follow logically / from the evidence.
그러므로 결론이 논리적으로 나올 수 없다   그 증거로부터

(A) [8] This is an instance (of the Problem of Induction).
이것은 한 사례이다   귀납법이 가진 문제점의

[9] Even if you have looked at thousands of swans / and they were all
당신이 수천 마리의 백조를 살펴봤더라도   그리고 그것들이 전부 흰색

white, // it could still be invalidated.
이었더라도   그것('모든 백조는 흰색이다'라는 결론)은 여전히 무효화될 수 있다

[10] The only way (to prove conclusively // that they are all white) /
유일한 방법은   확실하게 입증하는   백조는 모두 흰색이라는 것을

is to look at every single swan.
모든 백조를 하나하나 살펴보는 것이다

[11] If just one black swan exists, // your conclusion will have been
흑조가 한 마리라도 존재한다면   당신의 결론은 틀렸음이 입증될 것이다

disproved.

Stage 1 정답 찾아가기

Q 주어진 글은 많은 과학자와 철학자가 과학적 연구를 하는 방법은 가설을 뒷받침하는 증거를 찾아내는 것이라고 생각했다는 내용이다. 주어진 글 뒤에는 For example로 시작해 '모든 백조는 흰색이다'라는 가설 증명을 예로 들어 주어진 글에서 말한 연구 방법을 설명하는 (C)가 와야 한다. 이를 (B)에서 This style of reasoning으로 받아 미처 관찰하지 못한 흑조가 나타날 수 있다는 이 추론법의 문제점이 이어지고, 이를 This로 받아 그 문제에 대해 부연 설명하는 (A)가 마지막에 오는 것이 자연스럽다. 따라서 글의 순서로 가장 적절한 것은 ⑤ (C)-(B)-(A)이다.

Stage 2 한 문장씩 뜯어보기

1 (a): hypothesis (b): evidence | (a): 가설 (b): 증거
해설 밑줄 친 (a) all swans are white(모든 백조는 흰색이다)라는 '가설'을 증명하려면 (b) a lot of observations of white swans(흰색 백조에 관한 많은 관찰)가 '증거'로 뒷받침되어야 할 것이다.

2 ⓒ
해설 문맥상 could는 과거에는 관찰하지 못한 백조가 현재나 미래에 검은색으로 밝혀질 가능성이 있다는 '현재, 미래의 추측(~일지도 모른다, ~할 수도 있다)'을 의미한다.

3 ⓒ | 흑조의 존재는 모든 백조가 흰색이라는 가설이 틀렸음을 입증한다. ⓐ 세우다 ⓑ 사실임을 보여주다
• existence 존재, 실재
해설 관찰하지 못한 백조가 검은색으로 밝혀질지도 모른다는 것은 흑조의 존재로 모든 백조가 흰색이라는 가설이 틀린 것이 될 수 있음을 의미한다.

4 ⓐ | 한정된 관찰로 일반화하는 것
ⓑ 논리적인 ⓒ 객관적인
해설 수많은 흰색 백조를 관찰해 모든 백조는 흰색이라는 결론을 내렸더라도 흑조의 존재가 밝혀지는 순간 그 결론은 틀린 것이 될 수 있다는 것은 한정된 관찰로 일반화하는 문제점을 보여준다.

Stage 3 요약하기

가설을 뒷받침하는 관찰 가능한 (A) 증거를 수집하는 전통적인 과학적 접근법은 관찰되지 않은 사례가 (C) 결론이 틀렸음을 입증할 수도 있는 귀납법의 문제점으로 인해 논리적으로 (B) 실패할 가능성이 있다. • gather 모으다, 수

전문해석 [1]많은 과학자와 철학자는 과학적 연구를 하는 방법이 당신의 가설을 뒷받침하는 증거를 찾아내는 것이라고 생각했다. (C) [2]예를 들어, 만약 모든 백조가 흰색이라는 것을 입증하고 싶다면 당신은 흰색 백조를 많이 관찰할 것이다. [3]당신이 살펴본 모든 백조가 흰색이라면, '모든 백조는 흰색이다'라는 가설이 사실이라고 추정하는 것은 타당해 보인다. (B) [4]이러한 추론 방식은 '내가 본 모든 백조는 흰색이다'에서 '모든 백조는 흰색이다'라는 결론으로 이어진다. [5]그러나 분명히, 당신이 관찰하지 못한 백조가 검은색으로 밝혀질지도 모른다. [6]호주와 세계의 많은 동물원에는 흑조들이 있다. [7]그러므로 그 증거로부터 결론이 논리적으로 나올 수 없다. (A) [8]이것은 귀납법이 가진 문제점의 한 사례이다. [9]당신이 수천 마리의 백조를 살펴봤고 그것들이 전부 흰색이었더라도 그것('모든 백조는 흰색이다'라는 결론)은 여전히 무효화될 수 있다. [10]백조는 모두 흰색이라는 것을 확실하게 입증하는 유일한 방법은 모든 백조를 하나하나 살펴보는 것이다. [11]흑조가 한 마리라도 존재한다면, 당신의 결론은 틀렸음이 입증될 것이다.

집하다 observable 관찰 가능한

해설 (C) 동사 disprove의 목적어 역할을 해야 하며, 정관사 the 뒤의 명사 자리이므로 동사 conclude는 명사 conclusion으로 변형해야 한다.

1 ③

해석 우리가 어떤 주장을 믿고 싶지 않을 때, 우리는 "내가 그것을 믿어야만 하나?"라고 자신에게 묻는다. 그런 후에 우리는 정반대되는 **증거**를 탐색하고 만일 우리가 그 주장을 (A) 의심할 단 하나의 이유라도 발견하면 그 주장이 **틀렸음을 입증**할 수 있다. 심리학자들은 현재 '동기 부여된 **추론**'에 관한 수많은 연구 결과를 보유하고 있는데, 이것은 사람들이 도달하길 원하는 **결론**에 도달하려고 사용하는 많은 요령을 보여준다. 실험 대상자들은 지능 검사에서 자신이 낮은 점수를 받았다고 들었을 때, 그들은 지능 검사의 **타당도**를 (B) 비판하는 기사를 읽기로 선택한다. 과도한 카페인 섭취가 유방암에 걸릴 위험을 증가시키는 것과 관련이 있다고 보고한 (가상의) 과학 연구를 읽을 때, 커피를 많이 마시는 여성들은 카페인을 덜 섭취한 여성들보다 그 연구에서 (C) 더 많은 오류를 찾아낸다.

어휘 certain 어떤, 무슨; 확실한, 틀림없는 claim 주장(하다); 요구[요청]하다 contrary ~와 정반대되는[다른]; 반대되는 것 numerous 수많은 motivate 동기를 부여하다; 이유[원인]가 되다 subject 실험[연구] 대상; 문제; ~될 수 있는 heavy (양, 정도 등이) 많은[심한]; 무거운 be associated with ~와 관련되다 caffeinate 카페인을 섭취하다; 카페인을 첨가하다 [선택지] defend 방어[수비]하다; 옹호[변호]하다 doubt 의심하다, 의문을 품다 support 지지[옹호]하다; 지원하다 criticize 비판[비난]하다; 비평하다

해설 (A) 주장과 정반대되는 증거를 찾아 '의심할' 하나의 이유라도 발견하면, 그 주장이 틀렸음을 입증할 수 있으므로 doubt가 알맞다.
(B) 첫 문장에서 어떤 주장을 믿고 싶지 않으면 정반대되는 증거를 탐색한다고 했으므로, 지능 검사에서 낮은 점수를 받았다고 들은 실험 대상자들은 검사의 타당도를 '비판하는' 기사를 찾을 것이다. 따라서 criticizing이 알맞다.
(C) (B)와 마찬가지로 과도한 카페인 섭취가 유방암에 걸릴 위험을 높인다는 연구를 읽었을 때 커피를 많이 마시는 여성이 카페인을 덜 섭취하는 여성보다 그 연구에서 '더 많은' 오류를 찾아낼 것이므로 more가 적절하다.

2 ①

해석 과학자들은 개구리의 조상이 물에 사는, 물고기 같은 동물이었다고 생각한다. 최초의 개구리와 그들의 동족은 육지로 나와 그곳에서 먹이와 살 곳에 대한 기회를 누릴 수 있는 능력을 얻었다. 하지만 개구리는 여전히 물과의 여러 관계를 유지했다. 개구리의 폐는 그다지 기능을 잘하지 않고, 개구리는 피부를 통해 호흡함으로써 산소의 일부를 얻는다. 하지만 이런 종류의 '호흡'이 제대로 이뤄지기 위해서는, 개구리의 피부가 촉촉하게 유지되어야 한다. 그래서 개구리는 건조해지는 것을 막기 위해 이따금 몸을 잠깐 담글 수 있는 물 근처에 있어야 한다. 물고기 같은 조상들이 그랬던 것처럼, 개구리 역시 물속에 알을 낳아야 한다. 그리고 물속에 낳은 알이 살아남으려면, 물에 사는 생물로 발달해야 한다. 따라서, 개구리에게 탈바꿈은 물에 사는 어린 형체와 육지에 사는 성체를 이어주는 다리를 제공한다.

어휘 ancestor 조상 dwell (~에) 살다[거주하다] relative 동족; 친척; 상대적인 shelter 주거지; 피신 lung 폐, 허파 properly 제대로, 적절히; 올바로 moist 촉촉한, 습기 있는 take a dip (몸을) 잠깐 담그다, 잠깐 수영을 하다 every now and then 이따금 dry out 건조해지다 lay (알을) 낳다; 놓다[두다]; 깔다, 설치하다 [선택지] tie 관계, 유대; 넥타이; 묶다 organ (인체의) 기관, 장기 appetite 식욕; 욕구 compete with ~와 경쟁하다

해설 빈칸 문장이 역접 연결어 But으로 시작하므로 앞 내용과 반대되는 내용이 들어가야 함을 추론할 수 있다. 빈칸 앞은 개구리의 조상이 물에 사는 동물이었는데 최초의 개구리가 육지에서 살 수 있는 능력을 얻었다는 내용이다. 반면에 빈칸 문장 뒤에 이어지는 세부 내용은 개구리는 피부가 촉촉해야 숨을 쉬고, 물속에 알을 낳아야 하고, 알이 물에 사는 생물로 발달해야 한다는 등 개구리가 물과 연관된 동물이라는 내용이다. 따라서 빈칸에 들어갈 말로 가장 적절한 것은 ① 'still kept many ties to the water(여전히 물과의 여러 관계를 유지했다)'이다.

② 거의 모든 필수 기관을 가졌다
　폐어 관한 언급은 있지만 세부 사항에 불과함
③ 새로운 먹이에 대한 식욕을 길러야 했다
　육지의 먹이를 누릴 수 있다고 했음
④ 육지에 사는 종과 종종 경쟁했다
　다른 동물과 경쟁했다는 언급은 없음
⑤ 급격한 기온 변화에 시달렸다
　기온 변화에 대한 언급은 없음

53 Nature's Clues

Stage 1　　다의어 Check 1 ⓑ　2 ⓐ
　　　　　　INTRO Q ②　Q ④

Stage 2　　1 ⓑ　2 ⓐ　3 ⓑ　4 (a)

Stage 3　　(A) interprets　(B) implicit

---

1 There is much beauty in nature's clues, // and we can all recognize it /
자연의 단서에는 많은 아름다움이 있다　　그리고 우리는 모두 그것을 인식할 수 있다
without any mathematical training.
어떤 수학적 훈련도 없이

2 There is beauty, too, in the mathematical stories [that start from the
수학적 이야기 속에도 아름다움이 있다　　단서에서 출발하는
clues / and deduce the underlying rules], // but it is a different kind
그리고 숨겨진 규칙을 추론하는　　하지만 그것은 다른 종류의
of beauty, / applying to ideas rather than things.
아름다움이다　　(그리고) 사물보다는 개념에 적용된다

3 Mathematics is to nature // as Sherlock Holmes is to evidence.
수학과 자연의 관계는　　셜록 홈스와 증거의 관계와 같다

4 When given a cigar butt, / the great fictional detective could deduce /
담배꽁초가 주어지면　　소설 속 위대한 탐정은 추론할 수 있다
the age, profession, and financial state (of its owner).
나이, 직업, 재정 상태를　　그것(담배꽁초)의 주인의

5 His partner, Dr. Watson, / who was not as sensitive to such **matters**, /
그의 동업자인 왓슨 박사는　　그런 **문제들**에 민감하지 않았는데
could only look on / in confused admiration, // until the **master**
지켜볼 수밖에 없다　　혼란스러운 감탄으로　　그 **대가**가
revealed his chain of perfect logic.
일련의 완벽한 논리를 드러낼 때까지

6 Similarly, / when given data (on the growth of populations over time), /
마찬가지로　　자료가 주어지면　　시간의 흐름에 따른 인구 증가에 대한
mathematicians can deduce many underlying principles
수학자들은 많은 숨겨진 원리를 추론할 수 있다
(of population dynamics).
인구 역학의

7 Or when given the evidence (of hexagonal snowflakes), /
또는 증거가 주어지면　　육각형 눈송이라는
they can deduce the atomic geometry (of ice crystals).
그들(수학자들)은 원자의 기하학적 구조를 추론할 수 있다　　얼음 결정의

8 We live in a universe [that speaks the language of the universe].
우리는 세상에 산다　　우주의 언어를 쓰는

전문해석 ¹자연의 단서에는 많은 아름다움이 있고, 우리는 모두 어떤 수학적 훈련도 없이 그것을 인식할 수 있다. ²단서에서 출발하여 숨겨진 규칙을 추론하는 수학적 이야기 속에도 아름다움이 있지만, 이것은 사물보다는 개념에 적용되는 다른 종류의 아름다움이다. ³수학과 자연의 관계는 셜록 홈스와 증거의 관계와 같다. ⁴담배꽁초를 주면, 소설 속 위대한 탐정은 그 주인의 나이, 직업, 재정 상태를 추론할 수 있다. ⁵그의 동업자인 왓슨 박사는 그런 문제들에 민감하지 않았는데, 그 대가가 일련의 완벽한 논리

Stage 1 정답 찾아가기

INTRO Q ① 일반적으로 사용되는 언어 ② 수학이라는 보편적 언어

Q 셜록 홈스가 증거를 통해 대상에 대해 추론하는 것처럼 수학도 자연의 단서를 통해 숨겨진 원리를 추론한다는 내용의 글이다. 이를 통해, 밑줄 친 문장의 the language of the universe(우주의 언어)는 자연의 숨겨진 규칙을 추론하는 수학이라는 보편적 언어를 의미함을 알 수 있으므로 밑줄 친 문장이 의미하는 바로 가장 적절한 것은 ④ 'Mathematics expresses the underlying rules of the natural world.(수학은 자연계의 숨겨진 규칙을 표현한다.)'이다.

① 수학의 원리는 전 세계 어디에서나 동일하다.
수학의 보편성은 언급되지 않음
② 수학은 세계 경쟁력을 위한 강력한 도구이다.
세계 경쟁력은 언급되지 않음
③ 수학은 논리적이고 비판적인 사고를 하도록 장려한다.
수학으로 원리를 추론할 수 있다고 했지만, 논리적, 비판적 사고를 장려한다는 내용은 없음
⑤ 수학은 우주에 대한 우리의 인식을 잘 설명한다.
우주에 대한 우리의 인식은 언급되지 않음

Stage 2 한 문장씩 뜯어보기

1 ⓑ | 자연의 단서는 아름답고, 수학은 그것의 숨겨진 규칙을 드러낸다. ⓐ눈에 보이는 ⓒ무작위의
해설 수학이 자연의 단서로부터 숨겨진 규칙을 추론해 낸다는 것을 표현한 것이다.

2 ⓐ | 셜록 홈스가 증거를 <u>이용하는</u> 것처럼, 수학도 자연의 단서를 <u>이용한다</u>. ⓑ기대하다 ⓒ포함하다
해설 비유 표현(A is to B as C is to D)을 통해, 수학과 자연의 관계는 셜록 홈스와 증거의 관계와 같다는 것을 알 수 있고, 이는 셜록 홈스가 증거를 이용해 추론하는 것처럼 수학도 자연의 단서를 이용해 규칙을 추론한다는 것을 의미한다.

3 ⓑ | 수학이 자연의 숨겨진 원리를 밝혀내는 것처럼 탐정은 증거를 통해 세부 사항을 추론한다.
ⓐ동업자 ⓒ등장인물
해설 수학과 자연, 셜록 홈스와 증거의 관계가 같다고 한 뒤, 탐정인 셜록 홈스가 증거를 통해 세부 사항을 밝히는 것을 설명하는 부분이다.

를 드러낼 때까지 혼란스러운 감탄으로 지켜볼 수밖에 없다. [6]마찬가지로 시간의 흐름에 따른 인구 증가에 대한 자료를 주면, 수학자들은 인구 역학의 많은 숨겨진 원리를 추론할 수 있다. [7]또는 육각형 눈송이라는 증거를 주면 수학자들은 얼음 결정의 원자 기하학적 구조를 추론할 수 있다. [8]우리는 우주의 언어를 쓰는 세상에 산다.

4 (a)

해설 인구 증가에 관한 자료(data)가 주어지면 수학자들이 인구 역학의 원리를 추론할 수 있다고 했으므로, 자연의 단서에 해당하는 것은 (a) 자료이다.

Stage 3 요약하기

수학은 자연의 단서를 (A) 해석하여 자연 현상의 (B) 내재적인 원리를 밝혀낸다. •evident 분명한, 눈에 띄는

해설 (A) Mathematics는 학문명인 수학을 의미하는 단수명사이므로 단수동사 interprets로 변형한다.

1 ④

해석 그 당시, 고대 그리스 문명은 놀랍도록 발전했었다. 그리스인들은 계산기가 이용 가능하기 훨씬 전에 **수학**, **기하학**, 미적분학을 이해했다. 망원경이 발명되기 몇 세기 전에 그들은 지구가 축을 중심으로 자전하거나, 혹은 태양 주위를 공전할지도 모른다고 제안했다. (C) 이러한 **수학적**, 과학적 발전과 함께, 그리스인들은 몇몇 초기 연극과 시를 만들었다. 강력한 왕과 피에 굶주린 전사들이 지배하는 세상에서 그리스인들은 심지어 민주주의라는 **개념**을 발전시켰다. (A) 하지만 그리스인들은 여전히 원시적인 사람들이었다. 그들이 잘 이해하지 못했던 주변 세상의 측면이 많았다. 그들은 '왜 우리는 여기에 있는가?' 그리고 '왜 저 근처 화산에서 연기가 나오고 있는가?'와 같은 커다란 의문을 가졌다. (B) 신화는 그러한 질문들에 대한 답을 제공했다. 신화는 지식을 한 세대에서 다음 세대로 전달하는 교육적 도구였다. 신화는 또한 도덕성을 가르쳤고 삶의 복잡성에 대한 진리를 전달했다. 이런 방식으로, 그리스인들은 자신의 삶에서 옳고 그름을 이해할 수 있었다.

어휘 civilization 문명 (사회); 전 세계 (사람들) remarkably 놀랍도록, 놀라울 정도로 advance 발전하다, 진보하다; 진전, 발전 calculus 미적분학 available 이용 가능한; 시간이 있는 telescope 망원경; (시간을) 단축하다 rotate ((천문)) 자전하다; 회전하다 axis (중심) 축, 축선 revolve ((천문)) 공전하다; 회전하다 primitive 원시적인; 초기의 myth 신화; 근거 없는 믿음 morality 도덕성; 도덕 convey 전달하다; 운반하다 along with ~와 함께, ~에 덧붙여 bloodthirsty 피에 굶주린; 잔인한 warrior 전사 democracy 민주주의; 민주 국가; 평등

해설 주어진 글은 고대 그리스 문명의 놀라운 발전에 대해 수학과 지구 과학에 관한 이해를 예로 들어 설명한다. 그 예들을 these mathematical, scientific advances로 받아 그와 함께 연극, 시, 민주주의 개념도 발전했다고 부연 설명하는 (C)가 바로 뒤에 이어지는 것이 적절하다. 그다음에는 역접 연결어 But으로 흐름을 전환해 그리스인들의 이해의 한계를 설명하는 (A)가 연결되는 것이 자연스럽다. 마지막으로 (A)에서 언급된 그리스인들이 이해하지 못했던 의문들을 those questions로 받아 그런 질문들에 신화가 답을 제공했다고 설명하는 (B)가 와야 한다. 따라서 글의 순서로 가장 적절한 것은 ④ (C)-(A)-(B)이다.

2 ②

해석 우리는 우리가 알고 있다고 '생각하는' 것에 따라 결정한다. 대다수 사람이 세상이 편평하다고 믿었던 것은 그리 오래되지 않았다. (B) 이렇게 인지된 사실은 행동에 영향을 미쳤다. 이 시대에 탐험은 거의 없었다. 사람들은 너무 멀리 가면 지구의 가장자리에서 떨어질까 두려워했다. 그래서 대개 그들은 이동할 엄두를 내지 못했다. (A) 세상이 둥글다는 사소한 사항이 **밝혀지고** 나서야 비로소 엄청나게 큰 규모로 행동이 변화했다. 이 발견 이후 사람들은 지구를 가로질러 이동하기 시작했다. 무역로가 만들어졌고, 향신료가 거래되었다. (C) 모든 종류의 혁신과 발전이 가능했던 사회 간에 **수학**과 같은 새로운 **개념**이 공유되었다. 단순한 잘못된 가정을 바로잡은 것이 인류를 앞으로 나아가게 했다.

어휘 majority 대다수, 대부분 massive 엄청나게 큰, 심각한; 거대한 scale 규모, 범위; 등급 establish 만들다; 설립[설정]하다; (관계를) 수립하다 spice 향신료, 양념 perceive 인지하다, 인식하다; ~을 (~로) 여기다 exploration 탐험, 탐사; 탐구 edge 가장자리, 모서리, 끝; (칼 등의) 날; 위기 for the most part 대개, 보통 dare to-v v할 엄두를 내다, v할 용기가 있다 innovation 혁신, 쇄신; 획기적인 것 correction 바로잡기, 수정[정정](한 것) assumption 가정, 추정; (권력, 책임의) 인수[장악] human race 인류

해설 주어진 글은 우리는 우리가 알고 있다고 '생각하는' 것에 따라 결정하며, 세상이 편평하다고 믿었던 게 그리 오래되지 않았다는 내용이다. 그 뒤에는 주어진 글에서 언급한 세상이 편평하다고 생각했던 믿음을 This perceived truth로 받아 그로 인해 탐험과 이동이 거의 없었다는 결과를 설명하는 (B)가 이어져야 한다. (A)는 세상이 둥글다는 사실이 밝혀진 후의 변화를 설명하므로 시간 흐름상 (B) 뒤에 오는 것이 적절하다. (C)는 잘못된 가정을 바로잡은 것이 인류를 앞으로 나아가게 했다고 요약하며 글을 맺고 있으므로 마지막에 오는 것이 자연스럽다. 따라서 글의 순서로 가장 적절한 것은 ② (B)-(A)-(C)이다.

54 Food Science

Stage 1   다의어 Check 1 ⓐ   2 ⓑ   3 ⓑ
          INTRO Q ①   Q ⑤

Stage 2   1 ○   2 ⓐ   3 ⓒ   4 문장 3 참고   5 food science   6 4

Stage 3   (A) consider   (B) understanding

---

[1] Cooking is often described / as an art form, / and the Indian phrase
요리는 종종 묘사된다   예술의 한 형태로   그리고 인도의 어구

kai manam **refers to** "hand flavor," // which is used to describe
'kai manam'은 '손맛'을 지칭한다   그리고 이것은 사람들을 묘사하는 데

people [who have an innate understanding of taste].
사용된다   맛에 대한 타고난 이해를 지닌

[2] This knowledge is thought / to be stored in their hands /
이 지식은 여겨진다   그들의 손에 저장되는 것으로

rather than their brains, / making it challenging / for it /
그들의 뇌보다는   그래서 (~을) 어렵게 한다   그것(지식)이

to be passed on to others.
다른 사람들에게 전달되는 것을

[3] However, / considering cooking traditions only as an art form / and
그러나   요리 전통을 예술 형태로만 여기는 것   그리고

ignoring the tools and language (of modern science and engineering) /
도구와 언어를 무시하는 것   현대 과학과 공학의

may result in simply copying recipes / without achieving true
그저 요리법을 베끼는 결과를 초래할지도 모른다   진정한 이해를 달성하지 않고

understanding (of the **underlying** principles).
근본적인 원리에 대한

[4] A helpful approach (for improving your cooking skills) /
유용한 접근법은   당신의 요리 솜씨를 향상시키기 위한

involves **grasping** the fundamentals (of food science), /
기본 원칙을 **완전히 이해하는 것**을 수반한다   식품 과학의

including the physics of heat and the chemistry of water.
열의 물리학과 물의 화학을 포함하여

[5] By understanding / how heat affects grains, vegetables, meats, eggs,
이해함으로써   열이 곡물, 채소, 고기, 계란 그리고 지방에 영향을 미치는 방식을

and fats, / as well as the physical and chemical changes
물리적, 화학적 변화뿐만 아니라

[that arise at varying temperatures], / you can improve your mastery and
변화하는 온도에서 발생하는   당신은 숙련도와 통제력을 향상시킬 수 있다

control / in the kitchen.
부엌에서

전문해석 [1] 요리는 종종 예술의 한 형태로 묘사되고, 인도의 어구 'kai manam'은 '손맛'을 지칭하는데, 이는 맛에 대한 타고난 이해를 지닌 사람들을 묘사하는 데 사용된다. [2] 이 지식은 그들의 뇌보다는 손에 저장되는 것으로 여겨져서 그 지식이 다른 사람들에게 전달되는 것을 어렵게 한다. [3] 그러나 요리 전통을 예술 형태로만 여기고 현대 과학과 공학의 도구와 언어를 무시하면 근본적인 원리에 대한 진정한 이해를 달성하지 않고 그저 요리법을 베끼는 결과를 초래할지도 모른다. [4] 당신의 요리 솜씨를 향상시키기 위한 유용한 접근법은 열의 물리학과 물의 화학을 포함하여 식품 과학의 기본 원칙을 완전히 이해하는 것을 수반한다. [5] 변화하는 온도에서 발생하는 물리적, 화학적 변화뿐만 아니라 열이 곡물, 채소, 고기, 계란 그리고 지방에 영향을 미치는 방식을 이해함으로써, 당신은 부엌에서 숙련도와 통제력

Stage 1 정답 찾아가기

INTRO Q ① 요리 솜씨 ② 창의적 요리 ③ 요리 전통
Q 요리 솜씨의 향상에 관한 글이다. 요리를 예술로만 여기는 것의 부정적인 결과를 지적하며, 요리 솜씨를 향상시키기 위해서는 식품 과학의 기본 원칙을 완전히 이해하는 것이 필요하다고 했다. 따라서 글의 주제로 가장 적절한 것은 ⑤ 'how to improve cooking skills(요리 솜씨를 향상시키는 방법)'이다.

① '손맛'이 요리에 필수적인 이유
손맛보다는 과학적 지식이 요리에 도움이 된다는 글임
② 식품 과학의 근본적인 원리 요리 솜씨를 향상시키기 위해 이해 해야 할 것으로 언급된 세부 사항에 해당함
③ 식품 과학을 이해하는 방법
식품 과학 이해가 중요하다고 했으나, 구체적인 방법은 언급되지 않음
④ 요리법을 보호하는 접근법 요리법 보호는 언급되지 않음

Stage 2 한 문장씩 뜯어보기

1 ○
해설 hand flavor(손맛)가 맛에 대한 타고난 이해를 지닌 사람들을 '묘사하는 데 사용된다'는 문맥이 알맞으므로 be used to-v가 알맞게 쓰였다.

2 ⓐ | 요리는 예술이자 몇몇 사람들이 **타고난** 솜씨로 간주된다. ⓑ 익숙하지 않은 ⓒ (생각 등이) 사로잡힌
해설 요리는 예술의 한 형태로 묘사되며, 남에게 전달하기 어려운 타고난 '손맛'으로 여겨진다는 내용을 표현한 것이다.

3 ⓒ
해설 문장 3은 요리를 예술로만 여기고 과학적인 부분을 무시하면 일어날 수 있는 부정적 결과를 언급하며 과학적 원리 이해의 필요성을 시사하고 있다.

4 문장 3 참고
해설 주어로 쓰인 동명사구 considering ~ art form과 ignoring ~ and engineering을 연결하는 등위접속사 and 앞에서 한 번, 동사 may result 앞에서 한 번, 전명구를 이끄는 without 앞에서 한 번 끊어 읽는다.

5 food science | 식품 과학을 배우는 것은 요리 솜씨와 부엌 통제력을 향상시키기 위한 핵심이다.
해설 식품 과학의 기본 원칙을 이해하는 것은 요리 솜씨를 향상시키기 위한 유용한 접근법이며, 이러한 이해는 부엌에서 통제력을 향상시킬 수 있다는 내용을 간단히 표현한 것이다.

을 향상시킬 수 있다.

6 4

해설 요리를 예술로만 여기는 문제에 대해 식품 과학의 기본 원칙 이해를 해결책으로 제시하고, 마지막 문장에서 이것이 부엌에서 숙련도와 통제력을 향상시킨다는 것을 논거로 제시한다. 따라서 해결책을 제시하는 문장 4가 주제문이다.

Stage 3 **요약하기**

어떤 사람들은 요리를 예술 또는 타고난 재능으로 (A) 여기지만, 열과 물의 화학과 같은 식품 과학의 기초를 (B) 이해하는 것은 요리 솜씨와 부엌 통제력을 향상시킨다.

함께 풀면 좋은 기출문제

p. 161

1 ①

해석 호주의 한 연구에 따르면, 한 사람이 부엌에서 갖는 자신감은 자신이 즐겨 먹는 경향이 있는 음식의 종류와 관련된다. 보통 사람과 비교하면, 자신이 만든 요리에 자부심을 가지는 사람들은 채식과 건강에 좋은 음식을 즐길 가능성이 더 많다. 게다가, 이 집단은 보통 사람보다 샐러드와 해산물부터 햄버거와 감자튀김에 이르기까지 다양한 종류의 음식을 먹는 것을 즐길 가능성이 더 많다. 반대로, "나는 요리하기보다는 차라리 청소할래."라고 말하는 사람들은 음식에 대한 이러한 광범위한 열정을 공유하지 않는다. 그들은 보통 사람보다 다양한 종류의 음식을 즐길 가능성이 더 적다. 일반적으로 그들은 패스트푸드 음식점에서 먹는 때를 제외하고는 보통 사람보다 외식을 덜 한다.

↓

일반적으로 (A) 요리에 자신감이 있는 사람들은 그렇지 않은 사람들보다 (B) 다양한 음식을 즐길 가능성이 더 많다.

어휘 tend to-v v하는 경향이 있다   average 보통의, 일반적인; 평균적인; 평균   be more[less] likely to-v v할 가능성이 더 많다[적다]   vegetarian 채식의; 채식주의자   diverse 다양한   hot chips 감자튀김   wide-ranging 광범위한, 폭넓은   enthusiasm 열정; 열광; 열광하는 대상   except for ~을 제외하고

해설 요약문으로 보아, '무엇'에 자신감이 있는 사람들이 '어떤' 음식을 즐길 가능성이 더 많은지를 찾아야 한다. 첫 문장에서 부엌에서 갖는 자신감이 즐겨 먹는 음식의 종류와 관련된다고 한 뒤, 자신이 만든 '요리'에 자부심이 있는 사람들이 보통 사람보다 건강에 좋은 음식과 더불어 '다양한' 종류의 음식을 즐길 가능성이 더 많다고 구체적으로 설명한다. 따라서 요약문의 빈칸 (A)와 (B)에 들어갈 말로 적절한 것은 ① 'cooking(요리) - various(다양한)'이다.

   (A)   (B)
② 요리　 - 특정한 (A)는 맞지만 (B)는 틀림
③ 맛　 - 유기농의 (A)는 가능하지만 (B)는 틀림
④ 다이어트 - 건강한 (A)는 틀리지만 (B)는 맞음
⑤ 다이어트 - 이국적인 (A)와 (B) 모두 틀림

2 ⑤

해석 생물 인류학자 리처드 랭엄이 말하는 것처럼 요리가 인간의 정체성, 생물학, 그리고 문화에 중요하다면, 우리 시대의 요리 감소가 현대 생활에 심각한 결과를 초래한다고 추론하는 것은 당연하고, 실제로도 그래오고 있다. 그것들이 모두 나쁜가? 전혀 그렇지 않다. 요리의 많은 일을 기업에 위탁하는 것은 여성에게서 가족들을 먹이는 것에 대한 전통적으로 그들의 독점적인 책임이었던 일을 덜어 주었고, 그들이 집 밖에서 일하고 직업을 갖는 것을 더 쉽게 했다. 그것은 성 역할과 가족 역학의 그러한 큰 변화가 촉발할 수밖에 없는 많은 가정의 갈등을 막았다. 그것은 더 긴 근무일과 분주한 자녀를 포함한 가정의 다른 압박을 덜어주었고, 이제 우리가 다른 일에 투자할 수 있는 시간을 벌어 주었다. 그것은 또한 우리가 식단을 상당히 다양화하게 해주었고, 요리 솜씨가 없고 돈이 거의 없는 사람들까지도 완전히 색다른 요리를 즐길 수 있게 해 주었다. 필요한 것은 전자레인지뿐이다.

어휘 anthropologist 인류학자   it stands to-v v하는 것은 당연하다   reason 추론하다, 판단하다; 이유, 근거; 이성   outsource 외부에 위탁하다   relieve A of B A에게서 B를 덜어[없애] 주다   exclusive 독점적인, 전용의; 배타적인   head off ~을 막다, 저지하다   domestic 가정의, 집안의; 국내의   be bound to-v v할 수밖에 없다, 반드시 v하다   spark 촉발시키다, 유발하다; 불꽃   overscheduled 분주한   pursuit 일, 활동; 취미; 추구; 추적   substantially 상당히, 많이   cuisine 요리; 요리법   [선택지] dietary 식습관의   cost-effective 가성비 좋은, 비용 효율[효과]이 높은   duty 책무, 임무; 업무; 의무

해설 글의 도입부에서 우리 시대의 요리 감소가 모두 나쁜 것인지 질문한 후에 전혀 그렇지 않다고 즉답했다. 이어서 여성이 직업을 갖게 하고, 가정의 갈등을 막고, 식단을 다양하게 하는 등 요리의 많은 일을 기업에 위탁하는 것의 긍정적 측면을 구체적으로 열거하며 답변을 뒷받침한다. 따라서 글의 주제로 가장 적절한 것은 ⑤ 'benefits of reduced domestic cooking duties through outsourcing(외부 위탁을 통해 줄어든 가사 요리 책무의 이점)'이다.

① 상업용 요리 장비의 현재 경향 요리 장비의 경향은 언급 없음
② 식습관 양식 변화의 환경적 영향 환경적 영향 언급 없음
③ 집에서 건강한 식사를 요리하는 가성비 좋은 방법
　집에서 하는 요리 감소에 관한 글임
④ 음식 서비스 산업 쇠퇴의 이유 요리를 기업에 위탁한다는 언급은 했으나 음식 서비스 산업을 다루는 글이 아님

55 Frame

Stage 1
다의어 Check 1 ⓑ 2 ⓑ
INTRO Q ② Q ④ OUTRO Q ②

Stage 2
1 ⓒ 2 ⓑ 3 favors 4 ⓑ 5 ⓐ 6 1

Stage 3
(A) present (B) focus

---

¹When it comes to participating in the political process, //
정치 과정에 참여하는 것에 관해 말하자면

the first step is / to shape people's perception (of the present situation)
첫 번째 단계는 ~이다   사람들의 인식을 형성하는 것   현재 상황에 대한

/ as either a gain or a loss.
이득 또는 손실로

²To frame the present as a gain, / politicians often emphasize //
현재를 이득으로 표현하고자   정치인들은 종종 강조한다

how much better things are now / than they were in the past.
지금 사정이 얼마나 더 나아졌는지를   그것(사정)이 과거에 그랬던 것보다

³This approach is designed / to increase support (for maintaining
이 접근법은 고안된다   지지를 늘리기 위해

the current state of affairs) / and favors those [who are responsible for
일의 현재 상태를 유지하는 것에 대한   그리고 사람들을 편든다   ~에 책임이 있는

/ the perceived improvements].
인지된 개선점(에)

⁴It is especially effective / at appealing to voters [who are more focused
그것(이 접근법)은 특히 효과적이다   유권자들에게 호소하는 데   더 집중하는

/ on the past].
과거에

⁵When politicians **frame** the present as a loss, / on the other hand, //
정치인들이 현재를 손실로 **표현할** 때   반면에

they highlight / how much worse things are now / compared to the past.
그들은 강조한다   지금 사정이 얼마나 더 나빠졌는지를   과거와 비교하여

⁶This approach is intended / to increase support (for change) / and
이 접근법은 의도된다   지지를 늘리기 위해   변화에 대한   그리고

encourages voters to support the **party** [that is not responsible for /
유권자들이 **정당**을 지지하도록 독려한다   ~에 책임이 없는

the perceived losses].
인지된 손실(에)

⁷It is particularly effective / at appealing to voters [who are more focused
그것(이 접근법)은 특히 효과적이다   유권자들에게 호소하는 데   더 집중하는

/ on the present and future].
현재와 미래에

전문해석 ¹정치 과정에 참여에 관해 말하자면, 첫 번째 단계는 현재 상황에 대한 사람들의 인식을 이득 또는 손실로 형성하는 것이다. ²현재를 이득으로 표현하고자 정치인들은 과거보다 지금 사정이 얼마나 더 나아졌는지를 종종 강조한다. ³이 접근법은 현재 정세를 유지하는 것에 대한 지지를 늘리기 위해 고안되며, 인지된 개선점에 책임이 있는 사람들을 편든다. ⁴이 접근법은 과거에 더 집중하는 유권자들에게 호소하는 데 특히 효과적이다. ⁵반면에 정치인들이 현재를 손실로 표현할 때, 그들은 과거와 비교하여 지금 사정이 얼마나 더 나빠졌는지를 강조한다. ⁶이 접근법은 변화에 대한 지지를 늘리기 위해 의도

Stage 1 정답 찾아가기

다의어 Check 2 ⓐ 모임 ⓑ 정치 단체

Q 역접 연결어 on the other hand(반면에)를 포함한 주어진 문장은 정치인들이 현재를 손실(현재가 과거보다 퇴보했다는 주장)로 표현하는 경우에 관한 내용이므로, 그 앞에는 그와 반대로 현재를 이득(현재가 과거보다 개선되었다는 주장)으로 표현하는 경우에 관한 내용이 와야 한다. 첫 문장에서 정치 과정 참여의 첫 단계는 현재 상황에 대한 사람들의 인식을 이득 또는 손실로 형성하는 것이라고 한 뒤, ④ 앞까지 현재를 이득으로 표현하는 경우를 설명한다. ④ 뒤부터는 현재를 손실로 표현하는 경우에 대한 부연 설명이 이어지므로, 주어진 문장이 들어가기에 가장 적절한 곳은 ④이다.

Stage 2 한 문장씩 뜯어보기

1 ⓒ
해설 정치 과정 참여의 첫 단계가 현재 상황에 대한 사람들의 인식을 이득 또는 손실로 형성하는 것이라는 내용을 간단히 표현한 것이다.

2 ⓑ
해설 밑줄 친 politicians는 현재를 이득으로 표현해 현재 정세를 유지하는 것에 대한 지지를 늘리려는 정치인들을 의미한다.

3 favors
해설 '접근법이 ~한 사람들을 편든다'라는 의미로, 주어 This approach와 동사 favor은 능동 관계이다. 따라서 능동태 favors가 알맞다. 주어 This approach에 두 개의 동사구 is designed ~ of affairs와 favors ~ improvements가 and로 연결된 구조이다. 절과 절이 병렬 연결되었을 때 태가 다를 수도 있음에 주의한다.

4 ⓑ | 현재를 이득으로 강조하는 정치적 표현은 <u>안정성</u>을 선호한다. ⓐ 변화 ⓒ 참여
해설 현재를 이득으로 표현하는 것은 현재 정세를 유지하는 것에 대한 지지를 늘리는 것이 목적이므로 안정성을 선호한다고 볼 수 있다.

5 ⓐ | 현재를 손실로 강조하는 정치적 표현은 <u>변화</u>를 선호한다. ⓑ 정치인 ⓒ 일관성
해설 현재를 손실로 표현하는 것은 '변화'에 대한 지지를 늘리는 것이 목적이다.

되며, 유권자들이 인지된 손실에 책임이 없는 정당을 지지하도록 독려한다. [7]이 접근법은 현재와 미래에 더 집중하는 유권자들에게 호소하는 데 특히 효과적이다.

6 1

해설 정치 과정 참여의 첫 단계는 현재 상황에 대한 사람들의 인식을 이득 또는 손실로 형성하는 것이라는 첫 문장 뒤에, 각각의 경우에 관한 구체적인 설명이 이어지고 있으므로 주제문은 문장 1이다.

Stage 3 **요약하기**

정치적 표현은 (A) 현재를 이득 또는 손실로 정의한다. 현재를 이득으로 표현하는 것은 지속성을 펀드는 반면, 손실로 표현하는 것은 변화를 촉진한다. 이는 유권자들이 과거에 (B) 집중하는지 현재와 미래에 (B) 집중하는지에 영향받는다. • continuity 지속성 transformation 변화

1 ⑤

해석 다른 문화에 대한 존중과 지식을 발달시키는 방법을 이해하는 것은 '나는 내가 대접받고 싶은 방식으로 다른 사람들을 대접한다.'라는 황금률을 재검토하는 것에서 시작된다. (C) 이 법칙은 어느 수준에서는 말이 된다. 만약 우리가 대접받고 싶은 만큼 다른 사람들을 잘 대접한다면 우리는 그 보답으로 잘 대접받을 것이다. 이 법칙은 모두가 같은 문화적 틀 안에서 일하는 단일 문화 환경에서는 잘 작동한다. (B) 그러나 단어, 몸짓, 신념, 그리고 관점이 다른 의미를 지닐 수 있는 다문화 환경에서 이 법칙은 의도치 않은 결과를 낳는다. 그것은 나의 문화가 너의 것보다 낫다는 메시지를 보낼 수 있다. (A) 그것은 또한 우리가 옳은 일을 하고 있다고 믿지만, 우리가 하고 있는 일이 의도된 방식으로 해석되지 않는 답답한 상황을 낳을 수도 있다. 이런 의사소통 오류는 문제로 이어질 수 있다.

어휘 reexamine 재검토[재검사]하다; 재심문하다 the golden rule 황금률 treat 대접하다, 대우하다; 치료하다; 여기다 frustrating 답답한, 불만스러운 interpret 해석하다; 이해하다; 통역하다 multicultural 다문화의 cf. monocultural 단일 문화의; 단일 재배의 unintended 의도하지 않은 make sense 말이 되다, 타당하다; 이해가 되다 in return 보답으로; 반응으로; ~ 대신에

해설 주어진 글은 다른 문화에 대한 존중과 지식을 발달시키는 방법으로 '나는 내가 대접받고 싶은 방식대로 다른 사람들을 대접한다.'라는 황금률(the golden rule)을 재검토할 것을 제시하는 내용이다. 그 뒤에는 주어진 문장의 the golden rule을 This rule로 받아 이 법칙이 단일 문화 환경에서는 잘 작동한다고 설명하는 (C)가 이어져야 한다. 그런 다음 역접 연결어 however(그러나)로 (C)와 반대되는 다문화 환경에서 이 법칙이 낳는 부정적 결과를 언급하는 (B)가 와야 하며, also(또한)로 그 법칙이 일으킬 수 있는 또 다른 문제를 첨가하는 (A)가 마지막에 오는 것이 자연스럽다. 따라서 글의 순서로 가장 적절한 것은 ⑤ (C)-(B)-(A)이다.

2 ④

해석 모든 탄수화물은 기본적으로 당이다. 복합 탄수화물은 당신의 몸에 좋은 탄수화물이다. 이러한 복합당 화합물은 분해되기 매우 어렵고, 비타민과 미네랄 같은 다른 영양소를 복합당 화합물의 사슬 안에 가둘 수 있다. 복합당 화합물이 천천히 분해되면서, 다른 영양소도 당신의 몸으로 방출되고 많은 시간 동안 당신에게 연료를 제공할 수 있다. 반면에 나쁜 탄수화물은 단당류이다. 단당류의 구조는 복잡하지 않아서 분해되기 쉽고 단당류가 만들어지는 당을 제외하고는 몸을 위한 영양소가 거의 없다. 당신의 몸은 이러한 탄수화물을 꽤 빠르게 분해하고, 몸이 사용할 수 없는 것은 지방으로 바뀌어 몸에 저장된다.

어휘 complex 복합의; 복잡한; 복합 건물 compound 화합물; 복합체; 합성[복합]의 break down 분해되다; 분해하다; 고장 나다 trap 가두다; 끼이다; 덫, 함정 nutrient 영양소 chain 사슬; 일련, 띠; 속박, 구속; (사슬로) 묶다 release 방출하다; 풀어 주다; 공개[발표]하다 fuel 연료; 연료를 공급하다; 부채질하다 rather 꽤, 약간, 상당히; 오히려, 차라리 store 저장[보관]하다; 가게, 상점

해설 역접 연결어 on the other hand(반면에)를 포함한 주어진 문장은 나쁜 탄수화물이 단당류라는 내용이므로, 그 앞에는 이와 반대로 좋은 탄수화물에 관한 내용이 와야 함을 알 수 있다. ④의 앞부분은 복합 탄수화물이 몸에 좋으며 오랫동안 우리에게 연료를 제공할 수 있다는 긍정적인 내용이고, ④ 뒤는 구조가 복잡하지 않고 영양소가 거의 없는 나쁜 탄수화물에 관한 내용이 서술되고 있으므로 주어진 문장이 들어가기에 가장 적절한 곳은 ④이다.

56 Deliberate Violation

Stage 1　다의어 Check 1 ⓑ　2 ⓑ
　　　　　INTRO Q ②　Q ⑤

Stage 2　1 done　2 ⓒ　3 ⓑ　4 측정값이 사실일 가능성은 백만분의 일이었다　5 ⓑ　6 ⓑ
　　　　　7 ⓑ

Stage 3　(A) underestimating　(B) low　(C) high

1People will sometimes deliberately violate / procedures and rules, //
때때로 사람들은 고의로 위반한다　　　　절차와 규칙을

perhaps because they cannot get their jobs done otherwise, /
아마 그들은 다른 방법으로는 일이 완수되게 할 수 없기 때문이다

perhaps because they believe / there are extenuating circumstances, /
아마 그들이 믿기 때문이다　　　정상 참작이 가능한 사정이 있다고

and sometimes because they are taking the risk / that the relatively
그리고 때로는 그들이 위험을 무릅쓰고 있기 때문이다　　상대적으로

low probability of failure / does not apply to them.
낮은 실패 확률이　　자신에게는 적용되지 않는다는

2Unfortunately, / if someone does a dangerous activity [that only
불행하게도　　누군가가 위험한 활동을 한다면　　부상이나

results in injury or death / one time in a million], // that can lead to
사망을 초래할 뿐인　　백만분의 일의 확률로　　그것은 매년

hundreds of deaths annually / across the world, / with its 7 billion people.
수백 명의 사망자로 이어질 수 있다　　세계적으로　　70억 인구를 가진

3An example (in aviation) / is of a pilot [who, / after experiencing
한 예는　　항공에서의　조종사에 대한 것이다　　낮은 오일 압력

low oil pressure **readings** (in all three of his engines), / stated / that
측정값을 경험한 후　　세 개의 엔진 모두에서　　말했던

it must be an instrument failure // because it was a one-in-a-million
그것은 계기 고장이 틀림없다고　　**가능성**이 백만분의 일이었기 때문에

chance / that the readings were true].
측정값이 사실일

4He was right in his assessment, // but unfortunately, / he was the
그의 평가는 옳았다　　하지만 불행하게도　　그는

one-in-a-million.
백만분의 일이었다

5In the United States alone in 2012, / there were roughly 9 million
2012년에 미국에서만　　약 900만 번의 비행이 있었다

flights— // in other words, / a one-in-a-million chance could translate /
다시 말해서　　백만분의 일의 가능성은 바뀔 수 있다

into nine incidents.
아홉 건의 사건으로

전문해석 **1**때때로 사람들은 고의로 절차와 규칙을 위반하는데, 다른 방법으로는 아마 일을 완수할 수 없기 때문일 수도 있고, 정상 참작이 가능한 사정이 있다고 믿기 때문일 수도 있고, 때로는 상대적으로 낮은 실패 확률이 자신에게는 적용되지 않는다는 위험을 무릅쓰고 있기 때문이다. **2**불행하게도, 누군가가 백만분의 일의 확률로 부상이나 사망을 초래할 뿐인 위험한 활동을 한다면, 그것은 70억 인구를 고려할 때 세계적으로 매년 수백 명의 사망자로 이어질 수 있다. **3**항공에서의 한 예로, 세 개의 엔진 모두에서 낮은 오일 압력 측정값을 경험한 후 측정값이 사실일 가능성은 백만분의 일이었기 때문에 계기 고

Stage 1　정답 찾아가기

다의어 Check 2 ⓐ 기회 ⓑ 가능성

Q 빈칸 문장으로 보아, 조종사가 계기 고장이라고 확신하게 한 백만분의 일의 가능성이 '무엇'인지를 찾아야 한다. 도입에서 사람들이 고의로 절차와 규칙을 위반하는 이유 중 하나로 낮은 실패 확률이 자신에게 적용되지 않는다고 생각해 위험을 무릅쓰는 것을 들었다. 이어지는 예는 이를 뒷받침해야 하므로, 조종사가 계기 고장을 주장했던 이유는 그가 경험한 측정값이 사실일 가능성이 매우 희박하다고 생각했기 때문이었다는 내용이 되어야 한다. 따라서 빈칸에 들어갈 말로 가장 적절한 것은 ⑤ 'the readings were true(측정값이 사실이었다)'이다.

① 그것들은 그의 주의가 필요했다
② 그의 엔진은 사용 중이었다
③ 오일 압력이 측정되었다
④ 그것은 엔진 고장 때문이었다
①, ②, ③, ④ 모두 추론 근거 없음

Stage 2　한 문장씩 뜯어보기

1 done
해설 '일'이 '완수되는' 것이므로 목적어 their jobs와 목적격보어 do는 수동 관계이다. 따라서 과거분사인 done으로 고쳐야 한다.

2 ⓒ | 절차와 규칙을 어기지 않음으로써
ⓐ 직업을 찾음으로써 ⓑ 절차와 규칙을 위반함으로써
해설 otherwise(다른 방법으로는)는 앞서 언급한 '절차와 규칙을 위반한다'는 것과는 다른 방법을 가리킨다.

3 ⓑ | 위험이 낮은 활동이라도 전 세계적으로 많은 사망을 초래할 수 있다. ⓐ 주의 깊은 ⓒ 일상적인
해설 부상이나 사망을 초래할 확률이 백만분의 일인 위험한 활동도 세계적으로 수백 명의 사망자를 낼 수 있음을 간단히 표현한 것이다.

4 측정값이 사실일 가능성은 백만분의 일이었다
해설 밑줄 친 부분에서 that절 이하는 chance와 동격을 이루며 '~라는 가능성'으로 해석한다.

5 ⓑ
해설 밑줄 친 (a)의 assessment(평가)는 앞 문장의 낮은 확률상 '계기 고장이 틀림없다고 말한 것'을 의미한다.

장이 틀림없다고 말했던 조종사가 있다. **⁴**그의 평가는 옳았지만, 불행하게도 그는 백만분의 일이었다. **⁵**2012년에 미국에서만 약 900만 번의 비행이 있었다. 다시 말해서 백만분의 일의 가능성은 아홉 건의 사건으로 바뀔 수 있다는 것이다.

6 ⓑ | 모든 엔진의 오일 압력이 낮았다.

ⓐ 계기가 작동하지 않았다. ⓒ 조종사는 정확한 평가를 거의 하지 않았다.

해설 백만분의 일의 가능성으로 보았던 그 측정값이 사실이었음은 세 개의 엔진 모두 오일 압력이 낮았음을 의미한다.

7 ⓑ | 매년 수백만 번의 비행이 있으므로, 백만분의 일의 위험이라도 많은 사건을 초래할 수 있다.

ⓐ 심각한 ⓒ 예상치 못한

해설 확률이 백만분의 일이라도 900만 번 비행하면 아홉 건의 사건이 일어날 수 있음을 간단히 표현한 것이다.

Stage 3 요약하기

사람들은 때때로 실패 가능성을 (A) 과소평가하며 규칙을 위반한다. (B) 낮은 확률에도 불구하고, 특정 활동은 세계적으로 (C) 많은 양의 활동으로 인해 여전히 수많은 사건을 일으킬 수 있다. • volume 양; 음량

1 ①

해석 많은 사람들은 비행기를 타는 것을 두려워한다. 종종, 이 두려움은 통제력 부족에서 기인한다. 조종사는 통제를 하지만 승객은 그렇지 않으며, 이러한 통제력 부족은 두려움을 스며들게 한다. 많은 잠재적 승객들은 너무 두려워서 비행 대신 목적지에 도착하기 위해 상당히 먼 거리를 운전하는 것을 선택한다. 그러나 운전을 하려는 그들의 결정은 논리가 아닌 오로지 감정에만 근거한다. 논리에 따르면 통계적으로 자동차 사고로 사망할 확률은 약 5,000분의 1인 반면에, 비행기 사고로 사망할 확률은 1,100만분의 1에 가깝다. 만약 여러분이 위험을 감수할 것이라면, 특히 어쩌면 여러분의 안녕을 포함할 수 있는 위험을 감수할 것이라면, 여러분에게 유리한 확률을 원하지 않겠는가? 그러나 대부분의 사람은 최소한의 불안감을 야기할 수 있는 선택을 한다. 위험을 감수하는 것에 대해 여러분이 가지고 있는 생각에 주의를 기울이고 여러분의 결정이 단지 감정이 아닌 사실에 근거하고 있는지 확인하라.

어휘 terrified 두려워[무서워]하는, 겁이 난   stem from ~에서 기인하다[생겨나다]   lack 부족, 결핍   solely 오로지, 단지; 단독으로   logic 논리   statistically 통계적으로   possibly 어쩌면, 혹시   well-being 안녕, 행복, 복지   in one's favor ~에 유리한   [선택지] satisfaction 만족(감), 흡족; (욕구 등의) 충족   responsibility 책임[의무](감)

해설 빈칸 문장으로 보아, 대부분의 사람이 최소한의 '무엇'을 야기하는 선택을 하는지를 추론해야 한다. 앞부분에서 위험을 감수해야 할 때 유리한 확률, 즉 사망 사고 확률이 높은 자동차보다 사망 사고 확률이 낮은 비행기로 이동하기를 원할 것이라고 이야기한다. 역접 연결어 However가 이끄는 빈칸 문장은 이와 반대로 비행기가 아닌 자동차를 선택하는 이유에 해당하는데, 앞에서 통제력 부족에서 오는 두려움 때문에 자동차를 선택한다고 했으므로, 빈칸에는 두려움과 관련된 감정인 ① 'anxiety(불안감)'가 오는 것이 가장 적절하다.

② 지루함   ③ 자신감

④ 만족감   ⑤ 책임감

②, ③, ④, ⑤ 모두 두려움과 무관한 감정임

2 ④

해석 나는 많은 회사들이 제품이나 서비스를 시장에 너무 서둘러 내놓는 것을 보았다. 이런 행동을 하는 데는 비용을 만회하거나 마감 기한을 지키려는 필요를 포함하여 많은 이유가 있다. 그러나 지나치게 급하게 행동하는 것의 문제점은 그것이 창작 과정에 해로운 영향을 미친다는 것이다. 위대한 발상은 훌륭한 와인과 같이 적절한 숙성, 즉 완벽한 풍미와 품질을 끌어낼 시간이 필요하다. (그 결과 많은 회사들은 나이, 교육, 사회적 배경과 상관없이 근로자들을 고용하고 있다.) 창작 과정을 서두르는 것은 추가적인 시간이 확보되면 성취될 수도 있었을 탁월한 수준을 밑도는 결과를 초래할 수 있다.

어휘 rush 서두르다; 재촉하다; 돌진하다   market (상품을) 내놓다[광고하다]; 시장   recover 만회하다, 되찾다; 회복되다   meet (기한 등을) 지키다; 만나다; 충족시키다   impact 영향, 충격; 영향[충격]을 주다   proper 적절한, 제대로 된   aging 숙성; 노화   bring out ~을 끌어내다[발휘되게 하다]   regardless of ~에 상관없이[구애받지 않고]   standard 수준, 기준; 일반적인, 보통의

해설 회사가 높은 수준의 결과를 얻으려면 서두르기보다는 충분한 시간을 확보해야 한다는 내용의 글이다. 와인에 빗댄 비유는 훌륭한 와인에 숙성 시간이 필요하듯 위대한 발상도 완벽해지기까지 시간이 필요하다는 것을 의미한다. 한편 ④는 회사가 나이, 배경 등에 상관없이 근로자들을 고용한다는 내용이므로 글의 흐름과 무관하다.

<table>
<tr><td>

57

Fan Work

난이도 ★☆☆   p. 120

Stage **1**   **다의어 Check** 1 ⓑ   2 ⓐ   3 ⓐ
           INTRO Q 1 ②   2 (A) ②   (B) ③   (C) ①   **Q** ②

Stage **2**   **1** ⓒ   **2** X, are   **3** ⓐ   **4** ⓐ   **5** O

Stage **3**   (A) controversial   (B) interactive

</td></tr>
</table>

[1]Racheline Maltese is a writer (of fan work): / stories, novels,
레이첼린 몰티즈는 작가이다 　　　 팬 창작물의 　　 이야기, 소설,

and other works [that make use of the characters and settings
그리고 다른 작품들인 　　　　　 등장인물과 배경을 활용하는

(from other people's professional creative works)].
다른 사람들의 전문적인 창작물에서 나온

[2]The writers (of fan work) / **post** their work online / just for the
작가들은 　 팬 창작물의 　 그들의 작품을 온라인에 **게시한다** 　 단지 만족감을 위해

satisfaction.

(B) [3]They're fans, // but they're not silent consumers (of media).
그들은 팬이다 　　　 하지만 조용한 소비자는 아니다 　　　 미디어의

[4]The culture talks to them, // and they talk back to the culture /
문화가 그들에게 말을 건다 　　　 그리고 그들은 문화에 응답한다

in its own language.
그것(문화)의 언어로

[5]But the people [who create the works [that fan work borrows from]] /
그러나 사람들은 　　　 작품을 창작하는 　　　 팬 창작물이 차용하는

are sharply divided.
뚜렷하게 나뉜다

[6]Some writers give fan work their blessing; // if anything, /
몇몇 작가들은 팬 창작물에 허락을 내린다 　　　　　 오히려

it has acted as a viral marketing agent (for their work).
그것이 바이럴 마케팅 대리인으로서 역할을 해왔기 때문이다 　 자신들의 작품에 대한

(A) [7]Others feel // as if their characters have been kidnapped.
다른 사람(작가)들은 느낀다 　　　 마치 자신의 등장인물이 납치당한 것처럼

[8]So do characters belong to the person [who created them] /
그렇다면 등장인물은 사람의 소유인가 　　　　　 그들을 창작한

or to the fans [who love them]?
아니면 팬들의 소유인가 　 그들을 사랑하는

[9]Is art about **making up** new things / or about transforming the raw
예술은 새로운 것을 **만들어 내는 것**인가 　　　 아니면 소재를 변형하는 것인가

materials [that are out there]?
존재하는

(C) [10]Whatever it is, // fan work seems to suggest a cultural trend
그것(예술)이 어떠한 것일지라도 　　　 팬 창작물은 문화적 추세를 시사하는 것으로 보인다

[that **reflects** readers' desire (to become creatively involved with
독자들의 열망을 **나타내는** 　　　　　 이러한 이야기들에 창의적으로 참여하려는

these stories)].

[11]This challenges just about everything [(we thought) we knew
이것은 거의 모든 것에 도전한다 　　　 우리가 생각하기에 　 우리가

Stage **1**   **정답 찾아가기**

INTRO Q 2 ① 예술 ② 원작 이야기의 창작자들 ③ 팬 창작물 작가들

Q 주어진 글은 팬 창작물의 정의와 작가가 온라인에 작품을 게시하는 이유를 설명한다. 그 뒤에는 주어진 글의 팬 창작물 작가들을 They로 받아 부연 설명하는 (B)가 와야 한다. (B)의 But 이후는 팬 창작물을 바라보는 원작자의 입장 차이 중 팬 창작물을 허락하는 원작자를 먼저 서술했으므로, 그 뒤에는 다른 원작자의 입장을 서술하는 (A)가 오는 것이 적절하다. 예술이 무엇인가에 대해 생각해 볼 거리를 던진 (A) 뒤에는 예술이 어떠한 것일지라도 팬 창작물은 문화적 추세를 시사한다고 말하는 (C)가 마지막에 오는 것이 자연스럽다. 따라서 글의 순서로 가장 적절한 것은 ② (B)-(A)-(C)이다.

Stage **2**   **한 문장씩 뜯어보기**

1 ⓒ | 팬 창작물 작가는 미디어 문화에 **적극적으로 참여한다** ⓐ 숨은 채로 있다 ⓑ 규범에 도전하다 • norms 규범, 규준
해설 팬 창작물 작가는 온라인에 작품을 게시하며 문화와 소통하는 적극적인 미디어 소비자이다.

2 X, are
해설 문장의 주어인 the people이 복수이므로 복수 동사 are로 고쳐야 한다. the people을 수식하는 관계사절 who ~ from 내에 the works를 수식하는 관계사절 that ~ from이 쓰인 구조이다.

3 ⓐ | 팬 창작물에 대한 작가들의 입장 **차이**
ⓑ 창의성 ⓒ 마케팅
해설 팬 창작물을 허락하는 작가들이 있는 반면, 자신들의 등장인물이 납치당한 것처럼 느끼는 작가들도 있음을 간단히 표현한 것이다.

4 ⓐ
해설 '(이미) 존재하는 소재'는 팬 창작물에서 참고한 원작에 해당한다.

5 O
해설 become의 보어로 쓰인 과거분사 involved를 수식하는 자리이므로 부사 creatively가 알맞게 쓰였다. 부사는 동사, 형용사, 다른 부사, 어구, 문장 전체를 수식한다.

about art and creativity].
　　예술과 창의성에 대해 알았던

전문해석 **¹**레이첼린 몰티즈는 팬 창작물 작가인데, 팬 창작물이란 다른 사람들의 전문 창작물에서 나온 등장인물과 배경을 활용하는 이야기, 소설, 그리고 다른 작품들이다. **²**팬 창작물 작가들은 단지 만족감을 위해 자신들의 작품을 온라인에 게시한다. (B) **³**그들은 팬이지만, 미디어의 조용한 소비자는 아니다. **⁴**문화가 팬 창작물 작가들에게 말을 걸고, 그들은 문화에 그것의 언어로 응답한다. **⁵**그러나 팬 창작물이 차용한 작품을 창작하는 사람들은 뚜렷하게 나뉜다. **⁶**몇몇 작가들은 팬 창작물을 허락하는데, 오히려 팬 창작물이 자신들의 작품에 대한 바이럴 마케팅 대리인 역할을 해왔기 때문이다. (A) **⁷**다른 작가들은 마치 자신들의 등장인물이 납치당한 것처럼 느낀다. **⁸**그렇다면 등장인물은 그들을 창작한 사람의 소유인가 아니면 그들을 사랑하는 팬들의 소유인가? **⁹**예술은 새로운 것을 만들어내는 것인가 아니면 이미 존재하는 소재를 변형하는 것인가? (C) **¹⁰**예술이 어떤 것이든, 팬 창작물은 이러한 이야기들에 창의적으로 참여하려는 독자들의 열망을 나타내는 문화적 추세를 시사하는 것으로 보인다. **¹¹**이 문화적 추세는 우리가 예술과 창의성에 대해 알고 있다고 생각한 거의 모든 것에 도전한다.

다른 전문적인 작품의 이야기를 활용하는 팬 창작물은 저작권과 창의성 문제에 관해 다소 (A) 논란이 있지만, (B) 상호적이고 참여적인 창의적 표현으로의 문화적 변화를 시사한다. • somewhat 다소, 어느 정도 copyright 저작권 indicate 시사하다; 보여주다 shift 변화; 옮기다 participatory 참여의 conventional 관습적인, 관례적인 interactive 상호적인, 상호작용을 하는

함께 풀면 좋은 기출문제

p. 164

1　⑤

해석 소설을 쓸 때 정보를 위한 조사가 행해질 필요가 있다. 문제는 어떤 종류의 소설은 더 높은 수준의 세부 사항을 요구한다는 것인데, 예를 들어 범죄 소설이나 과학 스릴러가 그렇다. 정보는 찾기에 결코 어렵지 않다. 작가들을 위한 한 웹사이트는 범죄물 작가들이 정보를 바르게 이해할 수 있도록 경찰서 탐방을 조직하기도 한다. 종종 정중한 편지를 통해 특정한 장소를 방문하고 필요한 모든 세부 사항을 기록할 수 있는 허가를 받을 수 있다. 하지만 만약 여러분이 발견한 모든 것을 작품에 담아야 한다고 생각할 경우 독자들을 지루하게 만들 수 있다는 점을 기억하라. 중요한 세부 사항은 인간의 경험을 드러내는 것이다. 중요한 것은 기차 시간표나 건물 설계도가 아니라 인물, 긴장, 그리고 갈등을 찾아가며 이야기하는 것이다.

어휘 the thing is ~ 문제[중요한 것]는 ~이다　demand 요구하다; 요구; 수요　organize 조직[준비]하다; 정리하다, 체계화하다　trip 탐방, 여행; 발을 헛디디다; ~을 넘어뜨리다　get right ~을 바르게 이해하다　earn 받다, 얻다; (돈을) 벌다　permission 허가, 허락; 승인　drive 만들다[몰아가다]; 운전하다; 추진시키다　boredom 지루함, 따분함　matter 중요하다; 문제; 상황　crucial 중요한, 결정적인　blueprint 설계도; 청사진

해설 첫 문장은 소설을 쓸 때 정보 조사가 필요하다는 내용이며, 뒤이어 정보를 얻는 방법들을 제시한다. 그런데 글 중반부의 But(하지만)이 이끄는 문장에서 발견한 모든 정보를 작품에 담는다면 독자를 지루하게 만들 것이라 경고하며, 중요한 세부 사항은 인간의 경험을 드러내는 것이라고 주장한다. 따라서 글의 요지로 가장 적절한 것은 ⑤ '소설에 포함될 세부 사항은 인간의 경험을 드러내는 것이어야 한다.'이다.

① experience를 활용한 오답. 작가 경험, 작품 완성도에 대한 언급 없음
② 작가의 상상력은 언급되지 않음
③ 많은 세부 사항은 독자를 지루하게 만든다는 글의 내용과 반대됨
④ 독자의 관심사를 고려해야 할 필요성은 언급되지 않음

2　⑤

해석 공상 과학 소설은 반짝이는 로봇과 환상적인 우주선 그 이상의 훨씬 더 많은 것을 포함한다. 실제로, 대부분의 많은 기이한 공상 과학 소설 작품들은 과학적 사실에 기초한다. 많은 공상 과학 소설이 과학에 기초하기 때문에 그것은 문학을 국어 교실에서 끌어내어 과학 교실로 가져오는 데 사용될 수 있다. 공상 과학 소설은 학생들이 과학적 원리들이 실제로 쓰이는 것을 볼 수 있도록 도울 뿐만 아니라 학생들의 비판적 사고와 창의적 기술을 길러준다. 학생들은 공상 과학 소설의 글을 읽으면서 자신들이 배운 과학적 원리와 그 글을 연결해야 한다. 학생들은 비슷한 개념을 다루는 공상 과학 소설의 글과 비소설의 글을 읽고, 그 둘을 비교하고 대조할 수 있다. 또한 학생들은 아마도 자기 자신의 과학 소설 이야기를 창작하거나 자신이 배운 지식과 기술을 적용하는 새로운 방법들을 상상하며, 다양한 방식으로 사용된 과학적 원리를 봄으로써 창의적 역량을 기를 수 있다.

어휘 piece 작품; 한 부분[조각]; 하나　a great deal of 많은, 다량의　rooted ~에 기초한; ~에 뿌리[근원]를 둔; 고정되어 있는　literature 문학; 문헌　principle 원리, 원칙　in action (실제로) 작동[활동]을 하는　cover 다루다; 씌우다[가리다]; 덮다; 덮개　possibly 아마; 가능한 대로　apply 적용하다; 신청[지원]하다; (크림 등을) 바르다　[선택지] theme 주제, 테마

해설 도입부는 공상 과학 소설이 실제 과학적 사실에 기초하므로 이를 과학 교실로 가져올 수 있다는 내용이다. 뒤이어 공상 과학 소설이 학생들에게 제공하는 이점들을 나열하므로 글의 주제로 가장 적절한 것은 ⑤ 'benefits of using science fiction in the science classroom (과학 교실에서 공상 과학 소설을 사용하는 것의 이점)'이다.

① 공상 과학 영화들의 공통된 주제
　공상 과학 영화는 언급되지 않음
② 대중문화에 미치는 공상 과학 소설의 영향
　공상 과학 소설이 대중문화에 영향을 미친다는 내용은 없음
③ 공상 과학 소설에 있는 과학 원리의 예 공상 과학 소설이 과학 원리에 기초한다고 했으나 구체적 예는 언급되지 않음
④ 공상 과학 소설 장르의 역사적 발전
　공상 과학 소설의 발전 과정은 언급되지 않음

58

Brain Potential

난이도 ★★★ p. 124

Stage 1 다의어 Check **1** ⓑ **2** ⓐ
INTRO Q ② **Q** ④ OUTRO Q ②

Stage 2 **1** provides **2** that **3** ⓑ **4** ⓑ **5** O **6** 당신이 지식이나 기술을 유지할 수 있도록

Stage 3 (A) Frequent (B) curiosity (C) memory

[1]Understanding the function (of the brain) / in relation to frequent use
기능을 이해하는 것은 뇌의 잦은 사용 및
and curiosity / provides valuable insights / into improving learning
호기심과 관련하여 귀중한 이해를 제공한다 학습 능력을 향상시키는 데
capabilities.

[2]Muscles grow / from increased usage, // and the amygdala, /
근육은 성장한다 증가된 사용으로부터 그리고 편도체는
located in an area (of the brain), / is thought to build mental muscle.
한 영역에 위치한 뇌의 정신 근육을 형성한다고 여겨진다

[3]Studies confirm // when this area (of the brain) / gets used more often, /
연구는 확인해 준다 이 영역이 (~하면) 뇌의 더 자주 사용되면
the person exhibits greater emotional and intellectual balance, /
그 사람은 더 큰 정서적 및 지적 균형을 보인다는 것을
responding to new stimuli / instead of **withdrawing** in fear.
새로운 자극에 반응할 때 두려움에 **물러나는** 대신

[4]Curiosity also activates the areas (of the hippocampus), //
호기심은 또한 영역을 활성화시킨다 해마의
which heighten the pleasure (of learning experiences) /
(그리고 그 영역은) 즐거움을 고조시킨다 학습 경험의
and increase memory retention.
그리고 기억 유지력을 높인다

([5]As a result, / strong curiosity makes us emotional and more easily
그 결과 강한 호기심은 우리가 감정적이고 더 쉽게 영향받게 만든다
influenced / by our surroundings and the people (around us).)
우리의 환경과 사람들에 의해 우리 주변의

[6]The more curious you are / about a **subject**, //
당신이 더 많이 궁금해 할수록 한 **대상**에 대해
the greater the emotion will be, / reinforcing long-term memories /
감정은 더 커질 것이다 이는 장기 기억을 강화한다
so that you can retain the knowledge or skill.
당신이 지식이나 기술을 유지할 수 있도록

전문해석 [1]뇌의 기능을 잦은 사용 및 호기심과 관련하여 이해하는 것은 학습 능력을 향상시키는 데 귀중한 이해를 제공한다. [2]근육은 사용량이 증가함에 따라 성장하고, 뇌의 한 영역에 위치한 편도체는 정신 근육을 형성한다고 여겨진다. [3]연구에 따르면 뇌의 이 영역이 더 자주 사용되면, 그 사람은 새로운 자극에 반응할 때 두려움에 물러나는 대신 더 큰 정서적 및 지적 균형을 보인다. [4]호기심은 또한 해마의 영역을 활성화시키는데, 그 영역은 학습 경험의 즐거움을 고조시키고 기억 유지력을 높인다. ([5]그 결과, 강한 호기심은 우리가 감정적이고 환경과 주변 사람들의 영향을 더 쉽게 받게 만든다.) [6]한 대상에 대해 더 많이 궁금해 할수록 감정은 더 커질 것이고, 이는 (결국) 지식이나 기술을 유지할 수 있도록 장기 기억을 강화한다.

Stage 1 정답 찾아가기
Q 잦은 사용 및 호기심이 뇌의 기능에 어떤 영향을 주어서 학습 능력 향상으로 이어지는지를 설명하는 글이다. 편도체의 잦은 사용은 정서적, 지적 균형을 가져오고 호기심으로 활성화된 해마는 학습의 즐거움과 기억 유지력을 높인다고 설명한다. 그런데 ④는 호기심이 우리를 감정적이고 주변 영향을 더 쉽게 받도록 한다는 부정적 영향에 관한 내용이므로 글의 흐름과 무관하다.

Stage 2 한 문장씩 뜯어보기
1 provides
해설 동명사구 Understanding the function ~ curiosity가 주어이고 단수동사 provides가 문장의 동사로 쓰였다.

2 that
해설 빈칸 앞뒤로 문법적으로 완전한 구조인 <주어+동사 ~>가 있는 것으로 보아 두 문장을 이어주는 접속사 that이 생략되었음을 알 수 있다.

3 ⓑ | 우리가 편도체를 더 많이 사용할수록, 감정과 지성을 더 잘 균형 잡을 수 있다. ⓐ덜 ⓒ더 느린
해설 편도체가 더 자주 사용되면 더 큰 정서적, 지적 균형을 보인다는 내용을 바꿔 표현한 것이다.

4 ⓑ | 적응성 ⓐ불확실성 ⓒ예측 가능성
해설 편도체가 더 자주 사용되면 새로운 자극에 반응할 때 더 큰 정서적 및 지적 균형을 보인다는 것은 뇌가 경험에 따라 변화하고 조정된다는 것이므로 적응성을 의미한다.

5 O
해설 밑줄 친 increase는 복수명사인 선행사 the areas of the hippocampus를 보충 설명하는 관계대명사절 내의 동사이므로, and로 연결된 heighten과 병렬 관계를 이루어 복수동사로 알맞게 쓰였다.

6 당신이 지식이나 기술을 유지할 수 있도록
해설 여기서 so that은 '~하도록'이라는 '목적'의 의미가 알맞다.

Stage 3 요약하기
편도체의 (A) 잦은 개입은 정서적, 지적 균형에 기여하는 동시에 (B) 호기심은 해마를 자극하여 학습의 즐거움과 (C) 기억력을 증진시킨다.

함께 풀면 좋은 기출문제 p. 165

1 ④

해석 청소년기의 뇌는 20대 초반까지는 완전히 발달하지 않는다. 이것은 청소년의 의사 결정 회로가 정보를 통합하고 처리하는 방식이 그들을 불리하게 만들 수 있음을 의미한다. (C) 나중에 성숙하는 뇌 영역 중 하나는 통제 센터인 전전두엽 피질이며, 그것은 미리 생각하고 결과를 평가하는 임무를 맡고 있다. 그것은 당신이 처음에 화가 난 문자를 보내는 것을 막고 더 친절한 단어로 수정하게 하는 데 책임이 있는 뇌의 영역이다. (A) 반면 대뇌변연계는 더 일찍 성숙하여 정서적 반응을 처리하는 데 중심적인 역할을 한다. 더 이른 발달로 인해 그것이 의사 결정에 영향을 미칠 가능성이 더 높다. 청소년기 뇌에서 의사 결정은 결과의 인식보다 정서적인 요인이 이끈다. (B) 이러한 차이점 때문에 더 성숙한 대뇌변연계에 의해 지배되는 감정 기반 의사 결정과 아직 성숙하지 않은 전전두엽 피질에 의한 논리 기반 의사 결정 사이에는 불균형이 있다. 이는 일부 십 대들이 잘못된 결정을 내릴 가능성이 왜 더 높은지를 설명해 줄 수 있다.

어휘 adolescent 청소년기의; 청소년 circuit 회로; 순환(로); 순회 process 처리하다; 과정, 절차 mature 성숙해지다; 다 자라다; 어른스러운; 숙성된 play a role 역할을 하다 perception 인식, 인지; 지각, 자각 consequence 결과; 중요성 rule 지배하다, 통치하다; 규칙; 통치, 지배 tasked with ~의 임무[업무]를 맡은 prevent O from v-ing O가 v하는 것을 막다 initial 처음의, 초기의; 이름의 첫 글자 modify 수정하다, 변경하다; 수식하다

해설 주어진 글은 청소년기의 뇌가 완전히 발달하지 않아서 불리한 의사 결정을 내릴 수 있다는 내용이다. 그 뒤에는 청소년의 뇌에서 나중에 성숙하는 영역 중 하나와 그 기능을 구체적으로 설명하는 (C)가 오는 것이 적절하다. 역접 연결어 On the other hand로 시작하는 (A)는 (C)와 상반되는 더 일찍 성숙하는 뇌의 영역에 관한 내용이므로 (C) 뒤에 이어지는 것이 자연스럽다. 마지막으로 (C)와 (A)에서 언급된 두 뇌 영역의 차이를 these differences로 받아 그 불균형으로 인해 십 대들이 잘못된 결정을 내릴 가능성이 높다고 설명하는 (B)가 와야 한다. 따라서 글의 순서로 가장 적절한 것은 ④ (C)-(A)-(B)이다.

2 ①

해석 뇌를 도시라고 생각해보라. 만약 당신이 도시를 내다보며 "경제가 어디에 위치해 있나요?"라고 묻는다면 그 질문에 대한 좋은 답이 없다는 것을 알게 될 것이다. 대신, 경제는 상점과 은행에서부터 상인과 고객에 이르기까지 모든 요소의 상호 작용으로부터 나타난다. 그리고 뇌의 작동도 그러한데, 즉 그것은 한 곳에서 일어나지 않는다. 도시에서처럼, 뇌의 어떤 영역도 독립적으로 작동하지 않는다. 뇌와 도시 안에서, 모든 것은 모든 규모에서, 근거리에서든 원거리에서든, 거주자들 간의 상호 작용으로부터 나타난다. 기차가 자재와 직물을 도시로 들여오고, 그것이 경제 속으로 처리되는 것처럼, 감각 기관으로부터의 가공되지 않은 전기화학적 신호는 뉴런의 초고속도로를 따라서 전해진다. 거기서 신호는 처리와 우리의 의식적인 현실로 변화를 겪는다.

어휘 located ~에 위치한 interaction 상호 작용 element (구성) 요소; 원소 merchant 상인 operation (시스템의) 작동, 운용; 수술; 작전, 활동 *cf.* operate 작동하다; 영업하다; 수술하다 just as (꼭) ~처럼 neighborhood 영역, 지역; 근처; 이웃 resident 거주자, 주민 textile 직물, 옷감 raw 가공[처리]되지 않은; 날것의 neuron 뉴런, 신경 세포 undergo 겪다 transformation 변화, 탈바꿈

해설 빈칸 문장으로 보아, 도시에서처럼 뇌의 어떤 영역도 '무엇'을 하지 않는지를 추론해야 한다. 뇌를 도시에 비유해 설명하는 글로, 빈칸 문장 앞에서는 도시에서처럼 뇌의 작동이 한 곳에서 일어나지 않는다고 했고, 그 뒤에서는 모든 것은 거주자들 간의 상호 작용으로 나타난다고 빈칸 문장을 다르게 풀어 설명하며 도시와 뇌에서의 상호 작용을 예로 들었다. 따라서 빈칸 문장은 모든 부분이 상호 작용으로 작동한다는 의미가 되어야 하는데, 부정어 no를 포함하고 있으므로 그 반대 의미인 ① 'operates in isolation (독립적으로 작동한다)'이 들어가는 것이 가장 적절하다.

② 급격한 변화를 겪다 급격한 변화는 언급되지 않음
③ 경제 요소를 닮다 도시의 경제 요소에 비유해 뇌의 작동을 설명하므로 글의 내용과 반대됨
④ 체계적인 방식으로 작동하다 작동 방식은 언급되지 않음
⑤ 다른 영역과 상호 작용하다
   부정어 no가 있어 글의 내용과 반대됨

Behavior Change

난이도 ★★☆   p. 128

Stage 1   **다의어 Check** 1 ⓐ   2 ⓐ
          INTRO Q ①   **Q** ②

Stage 2   **1** ⓑ   **2** 사적인 것을 공개되게 하기보다는   **3** ⓐ   **4** whose → who[that]   **5** ⓒ   **6** ⓐ

Stage 3   (A) increase   (B) reducing   (C) emphasizing

---

¹Talking about the minority [who are doing the wrong thing] /
소수에 대해 말하는 것은   잘못된 일을 하고 있는

can encourage / people to give in to temptation.
부추길 수 있다   사람들이 유혹에 굴복하도록

²Rather than making the private **public**, / preventing a behavior /
사적인 것을 **공개되게** 하기보다는   행동을 방지하는 것은

requires the opposite: / making others' behavior less observable /
정반대가 필요하다   즉, 다른 사람들의 행동이 눈에 덜 보이게 하는 것

and highlighting desirable outcomes instead.
그리고 대신 바람직한 결과를 강조하는 것

³Psychologist Bob Cialdini wanted to decrease / the number of people
심리학자 밥 치알디니는 줄이기를 원했다   사람의 수를

[who stole petrified wood / from Arizona's National Park /
규화목을 훔치는   애리조나주 국립공원에서

due to its potential (to be sold or collected)].
그것의 가능성 때문에   판매되거나 수집될

⁴So he posted signs around the park [that tried different strategies].
그래서 그는 공원 주변에 표지판을 게시했다   서로 다른 전략을 시도한

⁵One asked people / not to take the wood // because "many past
하나는 사람들에게 요청했다   목재를 가져가지 말라고   '과거의 많은

visitors have removed petrified wood from the park, / changing the
방문객들이 공원에서 규화목을 가져갔기 때문에   (그 결과) 자연

natural state (of the forest)."
상태를 바꾸었다   숲의'

⁶But the message almost doubled / the number of people (taking wood).
그러나 그 메시지는 거의 두 배로 늘렸다   사람의 수를   목재를 가져가는

⁷On a different set of posts, / they said, // "Please don't remove
다른 풋말들 위에는   그것들(표지판)은 쓰여 있었다   '공원에서 규화목을

the petrified wood from the park / in order to **preserve** the natural
가져가지 말아 주세요   자연 숲을 **보호하기** 위해'라고

forest."

⁸By focusing on the positive effects (of not taking the wood), /
긍정적인 효과에 집중함으로써   목재를 가져가지 않는 것의

rather than on what others were doing, / the park service was able
다른 사람들이 무엇을 하는지에 집중하는 대신   공원 관리청은 절도를

to reduce theft.
줄일 수 있었다

전문해석 ¹잘못된 일을 하고 있는 소수에 대해 말하는 것은 사람들이 유혹에 굴복하도록 부추길 수 있다. ²행동을 방지하려면 사적인 것을 공개되게 하기보다는, 정반대, 즉 다른 사람들의 행동이 눈에 덜 보

Stage 1 정답 찾아가기

Q 빈칸 문장으로 보아, 어떤 행동을 방지하는 데 다른 사람들의 행동이 눈에 덜 보이게 하는 것과 더불어 필요한 것을 추론해야 한다. 표지판 실험 예에서 다른 사람들의 잘못된 행동에 집중하기보다는 그 행동을 하지 않는 것의 긍정적인 효과에 집중했을 때 절도를 줄일 수 있었다고 했으므로 빈칸에 들어갈 말로 가장 적절한 것은 ② 'highlighting desirable outcomes(바람직한 결과를 강조하는 것)'이다.

① 효과적인 처벌을 하는 것
③ 사람들이 있는 데서 긍정적인 행동을 보상하는 것
④ 사람들이 나쁜 행위를 신고하도록 장려하는 것
처벌, 보상, 신고 장려에 관한 언급은 없음
⑤ 행동의 부정적 영향에 집중하는 것
긍정적 영향에 집중한다고 했으므로 글의 내용과 반대됨

Stage 2 한 문장씩 뜯어보기

1 ⓑ | 몇몇 사람들의 잘못된 행동에 대해 아는 것은 우리가 그들을 따라 하게 할 수 있다.
ⓐ무시하는 것 ⓒ비판하는 것
해설 잘못된 일을 하는 소수에 대해 말하는 것이 우리가 유혹에 굴복하도록 부추길 수 있다는 말을 바꿔 표현한 것이다.

2 사적인 것을 공개되게 하기보다는
해설 동명사로 쓰인 make의 목적어는 the private (사적인 것), 목적격보어는 public이므로 'O를 C로 되게 하다'로 해석한다. rather than은 '~보다는, ~대신에'라는 의미로 instead of와 같다.

3 ⓐ | 공개된 ⓑ 사적인 ⓒ 반대의
해설 남들의 행동을 덜 '보이게(observable)' 한다는 것은 덜 '공개되게(public)' 한다는 의미와 같다.

4 whose → who[that]
해설 선행사 people을 받는 관계대명사는 뒤따르는 절 안에서 동사 stole의 주어 역할을 한다. 따라서 사람을 가리키는 주격 관계대명사 who 또는 that으로 고쳐야 한다.

5 ⓒ | 부정적인 행동에 집중하는 것은 바람직하지 않은 결과를 증가시켰다. ⓐ중립적인 ⓑ긍정적인
해설 절도를 줄이려고 다른 사람들의 나쁜 행동을 알리는 메시지를 게시한 것이 오히려 그 행동을 두 배로 늘렸음을 바꿔 표현한 것이다.

6 ⓐ

이게 하고 대신 바람직한 결과를 강조하는 것이 필요하다. **³**심리학자 밥 치알디니는 애리조나주 국립공원의 규화목이 판매되거나 수집될 가능성 때문에 그곳에서 규화목을 훔치는 사람의 수를 줄이기를 원했다. **⁴**그래서 그는 공원 주변에 서로 다른 전략을 시도한 표지판을 게시했다. **⁵**하나는 '과거의 많은 방문객들이 공원에서 규화목을 가져가서 (그 결과) 숲의 자연 상태를 바꾸었다'라는 이유로 사람들에게 목재를 가져가지 말라고 요청했다. **⁶**그러나 그 메시지는 목재를 가져가는 사람의 수를 거의 두 배로 늘렸다. **⁷**다른 푯말들 위에는 '자연 숲을 보호하기 위해 공원에서 규화목을 가져가지 말아 주세요'라고 쓰여 있었다. **⁸**다른 사람들이 무엇을 하는지에 집중하는 대신, 목재를 가져가지 않는 것의 긍정적인 효과에 집중함으로써 공원 관리청은 절도를 줄일 수 있었다.

해설 푯말 위에 자연 숲을 보호하기 위해 규화목을 가져가지 말아 달라고 썼으므로 목재를 가져가지 않는 것의 긍정적인 효과(the positive effects)는 숲의 보호이다.

Stage 3 요약하기

몇몇의 잘못된 행동에 집중하는 것은 그 행동의 발생을 (A) 증가시킬 수 있다. 대신, 이를 예방하는 것은 부정적인 행동에 대한 인식을 (B) 줄이고 긍정적인 행동의 이점을 (C) 강조하는 것을 필요로 한다.

함께 풀면 좋은 기출문제

p. 166

1 ①

해석 버클리에 있는 캘리포니아 대학에 다니는 론다라는 여자는 한 가지 문제가 있었다. 그녀는 다른 여러 사람과 함께 캠퍼스 근처에 살고 있었는데 그들 중 누구도 서로를 알지는 못했다. 주말마다 환경미화원이 오면 화장실 두 개에 각각 두루마리 화장지 몇 개를 두고 갔다. 그러나 월요일쯤 모든 화장지가 없어지곤 했다. 그것은 전형적인 공유지의 비극 상황이었다. 일부 사람들이 공정한 몫보다 더 많은 화장지를 가져갔기 때문에 다른 모두를 위한 공공 자원이 없어졌다. 행동 변화에 대한 한 연구논문을 읽고 나서, 론다는 화장지는 공유 물품이므로 가져가지 말라는 쪽지를 한 화장실에 붙였다. 아주 만족스럽게도, 몇 시간 후에 화장지 한 개가 다시 나타났고 그다음 날에는 또 하나가 다시 나타났다. 하지만 쪽지가 없는 다른 화장실에서는 환경미화원이 돌아오는 그다음 주말까지 화장지가 없었다.

↓

자그마한 (A) 상기물은 자신이 필요한 것보다 더 많은 (B) 공유된 물품을 가져갔던 사람의 행동에 변화를 가져왔다.

어휘 attend (~에) 다니다; 참석하다; 주의를 기울이다　one another 서로(서로)　the tragedy of the commons 공유지의 비극 ((공유 자원이 사람들의 남용으로 쉽게 고갈되는 문제점))　fair 공정한, 공평한; 타당한; 상당한　share 몫, 지분; 공유하다　[요약문] bring about (결과 등을) 가져오다

해설 요약문으로 보아, 작은 '무엇'이 '어떤' 물품을 필요한 것보다 더 많이 가져간 사람의 행동 변화를 가져왔는지를 찾아야 한다. 화장실의 화장지가 사라지는 문제 상황에서, 화장지는 공유 물품이므로 가져가지 말라는 쪽지를 붙였을 때 없어졌던 화장지가 다시 나타났다고 했다. 여기서 쪽지는 작은 '상기물(reminder)'을 의미하며, 화장지는 '공유된(shared)' 물품을 가리키므로 요약문의 빈칸 (A)와 (B)에 각각 들어갈 말로 가장 적절한 것은 ① 'reminder(상기물)-shared(공유된)'이다.

　　(A)　　　(B)
② 상기물 - 재활용된 (A)는 맞지만, (B)는 틀림
③ 실수　 - 저장된 (A)와 (B) 모두 틀림
④ 실수　 - 빌린 (A)와 (B) 모두 틀림
⑤ 행운　 - 한정된 (A)는 틀리지만, (B)는 맞음

2 ②

해석 사람들의 행동을 바꾸기를 원한다면, 변하는 것의 이익을 강조하는 것이 더 좋을까 아니면 변하지 않는 것의 비용을 강조하는 것이 더 좋을까? 감정 지능 개념의 창시자 중 한 명인 피터 샐로비에 따르면, 이는 사람들이 새로운 행동을 안전하다고 인지하는지 아니면 위험하다고 인지하는지에 달려 있다. 사람들이 그 행동이 안전하다고 생각한다면, 우리는 그것을 하면 일어날 모든 좋은 점을 강조해야 하는데 왜냐하면 그 확실한 이익을 얻기 위해 즉각적으로 행동하고 싶어 할 것이기 때문이다. 하지만 사람들이 어떤 행동이 위험하다고 믿는다면, 그 접근법은 효과가 없다. 그들은 이미 현재 상태를 편안하게 느껴서 변화의 이익이 매력적이지 않아, 정지 시스템이 시작된다. 대신, 우리는 그 현재 상태를 불안정하게 만들고, 만약 그들이 변하지 않으면 발생할 나쁜 점들을 강조할 필요가 있다. 변하지 않으면 나타나는 보장된 손실에 직면해 있을 때는, 위험을 감수하는 것이 더 매력적이다. 특정 손실에 대한 예상은 '작동 시스템'을 가동시킨다.

↓

사람들의 행동을 바꾸는 방식은 그들의 (A) 인식에 달려 있다. 만약 그 새로운 행동이 안전하다고 여겨지면, 보상을 강조하는 것이 효과적이지만, 만약 (그 새로운 행동이) 위험하다고 여겨지면, (B) 변하지 않는 상태로 있는 것의 손실을 강조하는 것이 효과적이다.

어휘 kick in 효과가 나타나기 시작하다; (자기 몫을) 내다　destabilize 불안정하게 만들다(↔ stabilize 안정되다, 안정시키다)　appealing 매력적인; 호소하는, 애원하는　prospect 예상; 가망[가능성]; 전망　bring A online A를 가동[작동]시키다

해설 요약문으로 보아, 사람의 행동을 바꾸는 방식이 '무엇'에 달려있고, 새로운 행동이 위험하다고 여겨지면 '어떤' 상태에 있는 것의 손실을 강조하는 것이 행동 변화에 효과적인지를 찾아야 한다. 사람의 행동을 바꾸고자 할 때 어떤 것을 강조해야 하는지는 새로운 행동을 어떻게 '인식(perception)'하는지에 달려 있다는 내용의 글이다. 사람들이 새로운 행동을 안전하다고 여길 때는 변화의 이익을 강조하는 것이 효과적인 반면, 새로운 행동을 위험하다고 여길 때는 변하지 않으면 발생할 나쁜 점을 강조하는 것이 효과적이라고 설명한다. 따라서 요약문의 빈칸 (A)와 (B)에 각각 들어갈 말로 가장 적절한 것은 ② 'perception(인식)-unchanged(변하지 않는)'이다.

　　(A)　　(B)
① 인식　 - 변화된 (A)는 맞지만, (B)는 틀림
③ 인식　 - 변화된 (A)는 맞지만, (B)는 틀림
④ 일관성 - 변하지 않는 (A)는 틀리지만, (B)는 맞음
⑤ 일관성 - 집중된 (A)와 (B) 모두 틀림

59

 **60**

The Middle Ages

Stage **1**　**다의어 Check** **1** ⓑ　**2** ⓑ
　　　　　　INTRO Q ②　**Q** ②

Stage **2**　**1** 주어: towns　동사: established　**2** X, held　**3** The nobles ~ were located, 박람회
　　　　가 열리는 땅을 소유한 귀족들　**4** ⓐ　**5** (The) fairs　**6** ⓐ

Stage **3**　(A) nobles　(B) knowledge　(C) isolation

---

[1] As the trade (of the High Middle Ages) / grew, // towns (along the
　무역이 (~함에 따라)　　　중세 전성기의　　　　성장함에 따라　　도시는
European seas and land trade routes) / established trade fairs
　유럽의 바다와 육지 무역로를 따라서 있는　　　　무역 박람회를 설립했다
[where merchants (from many different areas) / met to **settle** debts
　상인들이　　　　　많은 다른 지역의　　　　　　빚을 **청산하고**
and prepare for future trades].
　향후 무역을 준비하고자 만나는

[2] Eventually, / some fairs excelled over the rest, / and became the annual
　마침내　　　몇몇 박람회들이 나머지를 능가했다　　　그리고 연례 박람회가 되었다
fairs (held at Champagne, Ghent, Leipzig, and Winchester).
　상파뉴, 겐트, 라이프치히, 윈체스터에서 열리는

[3] The nobles [who owned the lands [on which the fairs were located]] /
　귀족들은　　　　　　땅을 소유했던　　　　　박람회가 열렸던
also participated, / but in a unique way.
　또한 참여했다　　　그러나 독특한 방식으로 (참여했다)

[4] They took part / by providing services, / such as special **courts**
　그들은 참여했다　　　서비스를 제공하며　　　　특별 **법정**과 같은
(to settle disputes), / guards (for merchants and their goods), / clerks
　분쟁을 해결할　　　경비원　　　상인들과 그들의 상품을 위한　　　　사무원
(for the paperwork), / and buildings [where people met].
　서류 작업을 위한　　　그리고 건물　　　사람들이 만나는

[5] The fairs were also as important for the spread of ideas /
　박람회는 또한 지식의 확산에도 중요했다
as for the exchange of goods.
　상품의 교환(에 중요한) 만큼

[6] They were international events, // and ideas (from around the world) /
　그것들(박람회)은 국제적인 행사였다　　　그리고 지식은　　세계 곳곳에서 얻은
got tossed around / in many conversations.
　논의되었다　　　　많은 대화에서

[7] With time, / these fairs helped to end the isolation (of the peasants
　시간이 흘러　　이러한 박람회들은 고립을 끝내는 데 도움을 주었다　　유럽의 소작농들과
and lords of Europe).
　영주들의

전문해석 [1] 중세 전성기의 무역이 성장함에 따라, 유럽의 바다와 육지 무역로를 따라서 있는 도시는 많은 다른 지역의 상인들이 빚을 청산하고 향후 무역을 준비하고자 만나는 무역 박람회를 열었다. [2] 마침내 몇몇 박람회들이 나머지를 능가했고, 상파뉴, 겐트, 라이프치히, 윈체스터에서 열리는 연례 박람회가 되었다. [3] 박람회가 열리는 땅을 소유한 귀족들도 참여했는데, 독특한 방식으로 참여했다. [4] 그들은 분쟁을 해

Stage 1 **정답 찾아가기**

Q 주어진 문장은 박람회가 열리는 땅을 소유한 귀족들도 독특한 방식으로 박람회에 참여했다는 내용으로, 그 뒤에는 그 참여 방식에 대한 구체적인 설명이 이어질 것임을 추측할 수 있다. ② 앞에서는 박람회에 대한 소개를 하고 ② 뒤 문장은 주어진 문장의 The nobles를 They로 받아, 귀족들이 제공한 서비스를 예로 들어 그 독특한 참여 방식을 구체적으로 설명하므로, 주어진 문장이 들어가기에 가장 적절한 곳은 ②이다.

Stage 2 **한 문장씩 뜯어보기**

1 주어: towns, 동사: established
　해설 부사절 As ~ grew 뒤의 towns가 주절의 주어이며, 전명구 along ~ routes는 주어의 수식어구이다. 그 뒤의 established가 주절의 동사이며, where 이하는 목적어 trade fairs를 수식하는 관계사절이다.

2 X, held
　해설 수식받는 명사 the annual fairs(연례 박람회)와 hold(열다)는 수동 관계이므로 hold를 과거분사 held로 고쳐야 한다.

3 The nobles ~ were located, 박람회가 열리는 땅을 소유한 귀족들
　해설 주어 The nobles 뒤에 오는 두 개의 관계사절에 유의하여 해석한다. The nobles를 수식하는 관계사절 who owned ~ were located 내에 the lands를 수식하는 관계사절 on which ~ were located가 쓰인 형태이다.

4 ⓐ
　해설 귀족들이 박람회에 제공하는 서비스의 여러 예를 통해 박람회가 열리는 땅을 소유한 귀족들도 박람회에 참여했음을 설명하고 있다.

5 (The) fairs
　해설 밑줄 친 They가 '국제적인 행사였다'는 것으로 보아 문장 5의 (The) fairs를 받는 '박람회들'을 가리킨다.

6 ⓐ | 박람회는 모이는 장소였다.
　ⓑ 준비하는 ⓒ 확산되는
　해설 박람회가 유럽 소작농들과 영주들의 고립을 끝내

결할 특별 법정, 상인들과 그들의 상품을 위한 경비원, 서류 작업을 위한 사무원, 그리고 사람들이 만나는 건물과 같은 서비스를 제공하며 참여했다. ⁵박람회는 상품의 교환만큼이나 지식의 확산에도 중요했다. ⁶박람회는 국제적인 행사였고, 세계 곳곳에서 얻은 지식은 많은 대화에서 논의되었다. ⁷시간이 흘러, 이러한 박람회들은 유럽의 소작농들과 영주들의 고립을 끝내는 데 도움을 주었다.

는 데 도움을 주었다는 것을 사람들을 모이게 하는 박람회의 역할로 간단히 표현한 것이다.

 요약하기

중세 전성기의 무역 박람회는 (A) 귀족들도 참여하였고 상품 거래와 (B) 지식 공유에 중요한 역할을 하였으며, 유럽 소작농들과 영주들의 (C) 고립을 깨는 데 도움을 주었다.
해설 (B) 동사 break의 목적어 역할을 하는 명사 자리이므로 동사 isolate를 명사 isolation으로 변형하여 쓴다.

함께 풀면 좋은 기출문제
p. 167

1 ②

해석 정치 체제, 법, 문화, 그리고 가족 및 가까운 이웃을 넘어서는 일상적인 매일의 상호 작용에서, 폭넓게 이해되고 확실하게 표현된 언어는 상호 신뢰에 굉장한 도움이 된다. 재산이나 계약서를 거래할 때, 심지어 단순히 상품과 서비스의 일상적인 교환을 할 때 개념과 설명은 가능한 한 정확하고 모호하지 않아야 하며, 그렇지 않으면 오해가 생길 것이다. 만약 거래에서 잠재적 상대방과의 완전한 의사소통이 가능하지 않다면 불확실성과 아마 어느 정도의 불신이 남을 것이다. 경제생활이 중세 시대 후반에 더 복잡해지면서 더욱 완전하고 더욱 정확한 의사소통에 대한 필요가 강조되었다. 공유된 언어는 어떤 분쟁의 설명과 어쩌면 해결을 용이하게 했다. 국제무역에서 정확하고 잘 표현된 언어를 사용해서 통역 과정에 도움이 되었다. 실크로드가 그나마 기능할 수 있었던 이유는 교환 지점에서 통역가들이 항상 이용 가능했기 때문이다.

어휘 routine 일상적인; 지루한; 일상   interaction 상호 작용   immediate 가까운; 즉각적인; 당면한   formulate 표현하다, 진술하다; 만들어 내다   mutual 상호의, 서로의   property 재산; 부동산   unambiguous 모호하지 않은   counterparty (계약 등의) 상대방, 한쪽 당사자   a measure of 어느 정도의   facilitate 용이하게[가능하게] 하다; 촉진하다   clarification 설명, 해명; 깨끗하게 함   possibly 어쩌면, 아마   available 이용 가능한, 구할 수 있는; 시간[여유]이 있는   interchange 교환; 교환[공유]하다   [선택지] reliable 믿을 수 있는   linguistic 언어의   transaction 거래, 매매   barrier 장벽, 장애물   excessive 과도한, 지나친

해설 도입부는 폭넓게 이해되고 확실하게 표현된 언어가 상호 신뢰에 도움이 된다는 내용이다. 이후 거래 상황, 중세 시대의 경제생활을 예로 들어 완전하고 정확한 의사소통에 대한 필요성을 계속해서 강조하고 있으므로 글의 제목으로 가장 적절한 것은 ② 'Linguistic Precision: A Key to Successful Economic Transactions (성공적인 경제 거래의 열쇠인 언어의 정확성)'이다.

① 말보다는 믿을 수 있는 상품으로 신뢰를 얻어라!
  언어의 정확성이 상호 신뢰에 도움이 된다는 글의 내용과 반대됨
③ 무역에서 언어 장벽과 불신을 극복하는 어려움
  언어 장벽과 불신을 극복하는 어려움은 언급되지 않음
④ 경제가 성장할수록, 세상은 더욱 복잡해진다
  경제생활이 복잡해질수록 완전하고 정확한 의사소통이 필요하다고 했음
⑤ 의사소통 오류의 가장 큰 원인인 과도한 신뢰
  오해의 원인은 모호한 언어 사용이라고 했음

2 ①

해석 많은 역사가들은 서양의 경제적 진보에 있어서 정확한 시간 측정의 중요성을 시사해 왔다. 프랑스 역사가 자크 르고프는 공공 기계식 시계의 탄생을 서구 사회의 전환점이라고 불렀다. 중세 말기까지, 사람들은 해시계와 물시계를 가지고 있었는데, 그것들은 상업 활동에 있어서 아무런 의미 있는 역할을 하지 못했다. 시장 개장과 활동들은 일출과 함께 시작했고 태양이 최고점에 이르는 정오에 일반적으로 끝났다. 그러나 최초의 공공 기계식 시계들이 도입되고 유럽 도시들 전역으로 확산되었을 때, 시장 시간은 시간을 알리는 소리에 의해 정해졌다. 따라서 공공 시계들은 모두가 이해하기 쉬운 시간의 새로운 개념을 제공함으로써 공공의 생활과 업무에 크게 기여했다. 그 결과, 이것은 무역과 상업을 촉진하는 데 도움을 주었다. 소비자, 소매업자, 그리고 도매업자 간의 상호 작용과 거래는 덜 불규칙해졌다. 도시의 중요한 회의들은 시계의 속도를 따르기 시작했고, 이것은 사람들이 시간을 더 잘 계획하고 더 효율적인 방식으로 자원들을 분배하도록 했다.

어휘 point 시사하다; 가리키다; 의견[주장]; 요점   turning point 전환점   play a role in ~에서 역할을 하다   peak 최고점, 절정; 절정[최고조]에 달하다   introduce 도입하다; 소개하다; (법안을) 제출하다   stroke (시계, 종이) 치는[울리는] 소리; 치기, 때리기   commerce 상업, 무역   allocate 분배하다, 할당하다; 배치하다

해설 도입부에서 서양의 경제적 진보에서 정확한 시간 측정이 중요했다고 한 뒤, 이어지는 내용에서 공공 기계식 시계의 도입과 확산이 상업 활동에 가져온 긍정적인 변화와 그 결과에 대해 설명하고 있다. 따라서 글의 요지로 가장 적절한 것은 ① '공공 시계는 서양 사회의 경제적 진보에 영향을 미쳤다.'이다.

② 서양 시계의 정교함은 언급되지 않음
③ 공공 시계가 유럽 전역으로 확산되었다고 했지만, 세계적 대중화에 관한 언급은 없음
④ 다른 측량 장비의 개발은 언급되지 않음
⑤ 자연법칙의 이해가 아닌 서양의 경제적 진보에 전환점이 된 것임

MEMO

MEMO

MEMO

Be a Master of Reading

천일문 독해

쎄듀 초·중등 커리큘럼

초등

	예비초	초1	초2	초3	초4	초5	초6
구문		천일문 365 일력 |초1-3| 교육부 지정 초등 필수 영어 문장		초등코치 천일문 SENTENCE — 1001개 통문장 암기로 완성하는 초등 영어의 기초			
문법				초등코치 천일문 GRAMMAR — 1001개 예문으로 배우는 초등 영문법			
			왓츠 Grammar — Start (초등 기초 영문법) / Plus (초등 영문법 마무리)				
독해				왓츠 리딩 70 / 80 / 90 / 100 A / B — 쉽고 재미있게 완성되는 영어 독해력			
어휘				초등코치 천일문 VOCA&STORY — 1001개의 초등 필수 어휘와 짧은 스토리			
		패턴으로 말하는 초등 필수 영단어 1 / 2 — 문장 패턴으로 완성하는 초등 필수 영단어					
ELT	Oh! My PHONICS 1 / 2 / 3 / 4 — 유·초등학생을 위한 첫 영어 파닉스						
		Oh! My SPEAKING 1 / 2 / 3 / 4 / 5 / 6 — 핵심 문장 패턴으로 더욱 쉬운 영어 말하기					
		Oh! My GRAMMAR 1 / 2 / 3 — 쓰기로 완성하는 첫 초등 영문법					

중등

	예비중	중1	중2	중3
구문		천일문 STARTER 1 / 2		중등 필수 구문 & 문법 총정리
문법		천일문 GRAMMAR LEVEL 1 / 2 / 3		예문 중심 문법 기본서
		GRAMMAR Q Starter 1, 2 / Intermediate 1, 2 / Advanced 1, 2		학기별 문법 기본서
		잘 풀리는 영문법 1 / 2 / 3		문제 중심 문법 적용서
		GRAMMAR PIC 1 / 2 / 3 / 4		이해가 쉬운 도식화된 문법서
			1센치 영문법	1권으로 핵심 문법 정리
문법+어법		첫단추 BASIC 문법·어법편 1 / 2		문법·어법의 기초
문법+쓰기		EGU 영단어&품사 / 문장 형식 / 동사 써먹기 / 문법 써먹기 / 구문 써먹기		서술형 기초 세우기와 문법 다지기
				올씀 1 기본 문장 PATTERN — 내신 서술형 기본 문장학습
쓰기		거침없이 Writing LEVEL 1 / 2 / 3		중등 교과서 내신 기출 서술형
		중학 영어 쓰작 1 / 2 / 3		중등 교과서 패턴 드릴 서술형
어휘		천일문 VOCA 중등 스타트/필수/마스터		2800개 중등 3개년 필수 어휘
		어휘끝 중학 필수편 — 중학 필수어휘 1000개	어휘끝 중학 마스터편	고난도 중학어휘 +고등기초 어휘 1000개
독해		ReadingGraphy LEVEL 1 / 2 / 3 / 4		중등 필수 구문까지 잡는 흥미로운 소재 독해
		Reading Relay Starter 1, 2 / Challenger 1, 2 / Master 1, 2		타교과 연계 배경 지식 독해
		READING Q Starter 1, 2 / Intermediate 1, 2 / Advanced 1, 2		예측/추론/요약 사고력 독해
독해전략			리딩 플랫폼 1 / 2 / 3	논픽션 지문 독해
독해유형			Reading 16 LEVEL 1 / 2 / 3	수능 유형 맛보기 + 내신 대비
			첫단추 BASIC 독해편 1 / 2	수능 유형 독해 입문
듣기		Listening Q 유형편 / 1 / 2 / 3		유형별 듣기 전략 및 실전 대비
		쎄듀 빠르게 중학영어듣기 모의고사 1 / 2 / 3		교육청 듣기평가 대비